Perl

I Gwen a Meinir

Perl

Bet Jones

y Olfa

Diolch i'r canlynol:

Cyngor Llyfrau Cymru am y nawdd hael.

Gwasg y Lolfa am y gefnogaeth a'r gwaith gofalus fel arfer;
yn arbennig felly, Marged Tudur am ei chydweithrediad a'i
hawgrymiadau adeiladol yn ystod y broses o olygu.

Sion Ilar am gynllunio clawr mor drawiadol.

Siôn Jobbins am fod yn barod i rannu ei brofiad o fod yn bresennol
yn Senedd-dy Croatia pan ddatganwyd annibyniaeth y wlad.

Diolch arbennig i'r wraig honno o bentref Čilipi yng Nghroatia,
na chefais mo'i henw, a fu'n barod i drafod ei phrofiadau ysgytwol
yn ystod y rhyfel ac a'm hysgogodd i fynd ati i ysgrifennu'r llyfr hwn.
Gobeithiaf yn fawr na wnes gam â'i hanes dirdynnol.

Yn olaf, carwn ddiolch i Elwyn fy ngŵr a fu gyda mi ar bob rhan o'r daith.

Rhif Llyfr Rhyngwladol: 978 1 78461 870 4

Dymuna'r cyhoeddwyr gydnabod cymorth ariannol
Cyngor Llyfrau Cymru

Cyhoeddwyd ac argraffwyd yng Nghymru
ar bapur o goedwigoedd cynaliadwy gan
Y Lolfa Cyf., Talybont, Ceredigion SY24 5HE
e-bost ylolfa@ylolfa.com
gwefan www.ylolfa.com
ffôn 01970 832 304
ffacs 01970 832 782

Non bene pro toto libertas venditur auro!
(Ni ddylid gwerthu rhyddid am holl aur y byd!)

Arwyddair hen weriniaeth Dubrovnik
sydd wedi ei ysgythru ar furiau'r ddinas

Map o Groatia a gwledydd cyfagos

Rhagair

Roedd y tensiwn i'w deimlo fel peth byw ar strydoedd Zagreb wrth i Marko Babić a rhai o'i gyd-fyfyrwyr o'r brifysgol nesáu at y stadiwm i wylio gêm bêl-droed rhwng Sêr Cochion Belgrad a'r tîm lleol, y Dinamo. Gan ragweld y posibilrwydd o helyntion, swatiai dinasyddion cyffredin tu ôl i ddrysau caeedig a gostyngodd amryw o siopau a bariau'r ddinas eu shyteri oriau cyn y gêm.

Fel y gwyddai Marko, bu drwgdeimlad a thrais ar y terasau yn rhan o hanes y ddau dîm ers blynyddoedd wrth iddynt ymladd am safle'r pencampwyr yn uwch gynghrair Iwgoslafia. Fodd bynnag, doedd dim wedi ei baratoi at yr hyn a ddigwyddodd y noson honno ychydig ddyddiau wedi i Groatia gynnal ei hetholiad rhydd cyntaf, pan etholwyd y cenedlaetholwr, Franjo Tudman, a'i blaid yr Undeb Democrataidd, oedd â'u bryd ar dorri'n rhydd o weddill Iwgoslafia a sefydlu Croatia fel gwlad annibynnol.

Yn fuan wedi'r chwiban ddynodi dechrau'r gêm, dechreuodd cefnogwyr tîm Belgrad dynnu a rhwygo'r seddi a byrddau hysbysebion a amgylchynai'r cae a'u hyrddio gyda cherrig yn gawodydd tuag at gefnogwyr y tîm lleol, a chyn pen dim, roeddent wedi gwthio eu ffordd drwy'r ffens a wahanai'r ddwy garfan gan ymosod ar gefnogwyr Zagreb dan floeddio'r sloganau Serbaidd: *"Mae Zagreb yn ddinas Serbaidd!"* ac *"Fe laddwn ni Tudman!"*

Wedi hynny aeth pethau yn anhrefn llwyr ar y terasau wrth

i'r Croatiaid ymateb yr un mor ffyrnig gan geisio croesi'r cae at barth y Serbiaid. Ceisiodd yr heddlu eu hatal gyda'u batynau a nwy dagrau a bu'n rhaid galw am gymorth ychwanegol, a chyn hir daethpwyd â chanonau dŵr a cherbydau arfog i geisio adfer trefn. Awr yn ddiweddarach, gyda channoedd wedi eu hanafu, daeth y gyflafan i ben.

Cred llawer mai'r gyflafan hon ar derasau stadiwm bêl-droed Maksimir yn ninas Zagreb oedd y sbardun a arweiniodd at Ryfel Annibyniaeth Croatia.

Rhan 1 – 1990-91

Pennod 1

"**D**YMA BENAWDAU'R NEWYDDION am chwech o'r gloch," daeth llais melfedaidd y cyflwynydd dros donfedd y radio. "Mae'r BBC ar ddeall bod trefniadau ar droed i gynnal protestiadau dros y penwythnos yn Llundain a rhannau eraill o Brydain yn erbyn cynlluniau'r llywodraeth i gyflwyno Treth y Pen... Yng Ngogledd Iwerddon, saethwyd yn farw cyn-garcharor gweriniaethol 31 mlwydd oed gan yr UVF... Yn Iwgoslafia mae arweinydd y Serbiaid, Slobodan Milošević wedi cyhoeddi ei fod am..."

Gydag ochenaid, gwasgodd John Roberts y botwm i ddiffodd y radio. Doedd ganddo ddim diddordeb clywed am drafferthion mewn rhyw wlad dramor pan roedd cymaint yn digwydd yn nes adref ar ôl dros ddeg mlynedd o lywodraeth Thatcher. Pam y pleidleisiodd ei gyd-Gymry fel y gwnaethant yn '79, holodd ei hun, fel y gwnâi bron yn ddyddiol wrth i bolisïau'r llywodraeth Brydeinig wasgu'n dynnach.

Roedd John yn genedlaetholwr a sosialydd o argyhoeddiad ac yn weithiwr caled a chydwybodol. Bu'n gweini ffermydd am gyflog digon bychan am flynyddoedd cyn cael gwaith fel gyrrwr tancer yn y ffatri laeth hanner milltir i lawr y lôn o'i gartref ym mhentref bach y Ffôr, ger y ffin rhwng Llŷn ac Eifionydd. Yn ddyn tawel a diymhongar, ymdrechodd i fagu Nia, ei ferch, ar ei ben ei hun yn dilyn marwolaeth gynamserol ei wraig, gan geisio gwneud ei orau drosti bob amser. Roedd colli mam, a hithau ond yn dair ar ddeg ar y pryd, yn ergyd anodd i ferch a gwyddai John na fyddai wedi gallu ymdopi heb garedigrwydd a gofal rhai o'i gymdogion yn ystod yr amser anodd hwnnw.

Yn ystod cyfnod o wrthryfela yn erbyn awdurdod pan roedd hi tua un ar bymtheg oed, mynnodd Nia, yn erbyn ewyllys ei hathrawon, adael yr ysgol heb fawr o gymwysterau, er fod ganddi'r gallu academaidd i fynd yn ei blaen. Torrodd John ei galon wrth weld ei ferch beniog yn ailadrodd yr un camgymeriadau ag y gwnaeth yntau ryw chwarter canrif cyn hynny.

"Difaru nei di,'sti, fel nes i," ceisiodd ei darbwyllo. "Mae 'na ddigon yn dy ben di." Ond er iddo geisio'i chael i newid ei meddwl, roedd Nia'n benderfynol o ymuno gyda Bethan ei ffrind i weithio yn y ffatri laeth. Sôn am *'This lady is not for turning,'* meddyliodd John; gallai Nia fod yn fwy pengaled a di-ildio na'r ddynas haearn ei hun pan roedd hi'n dymuno bod.

Bellach, fodd bynnag, roedd y cyfnod cythryblus hwnnw tu ôl iddynt ac er y buasai wedi hoffi gweld Nia yn mynd ymlaen i goleg a graddio, roedd hi wedi tyfu i fod yn ferch hyfryd yr oedd o'n falch iawn ohoni. Ymhen ychydig fisoedd, serch hynny, byddai'n gadael y nyth, gan ei bod yn bwriadu priodi mab fferm Plas Dunod, un o ffermydd mwyaf llewyrchus Eifionydd.

"Mae Nia wedi gneud yn dda iddi ei hun," oedd barn rhai o'r pentrefwyr hŷn. "Mae hi wedi cael dipyn o fachiad yn fan'na. Siŵr dy fod ti'n hapus iawn, John?"

Doedd John Roberts ddim mor siŵr, fodd bynnag. Doedd ganddo ddim yn erbyn Huw Pritchard, ei dyweddi, fel y cyfryw; o'r achlysuron prin roedd o wedi ei gyfarfod, edrychai'n fachgen digon nobl a oedd yn amlwg wedi gwirioni ar Nia. Mater arall oedd ei rieni. Ar ôl cyfnod yn gweithio fel gwas fferm ym Mhlas Dunod cyn iddo briodi, gwyddai o brofiad mai pobl galed, ffroenuchel oedd Henry a Margaret Pritchard a phoenai yn fawr wrth feddwl sut dderbyniad a gâi Nia, merch tŷ cyngor cyffredin, ganddynt.

"Ond, dyna fo, mae hi'n ddigon hen a chall i wybod ei meddwl ei hun bellach," meddai wrtho'i hun, cyn tynnu'r caserol cig eidion adawodd Nia iddo allan o'r popty. Doedd waeth iddo ddechrau bwyta hebddi ddim, gan y gwyddai o brofiad na fyddai hi'n ymddangos o'r ystafell ymolchi am o leiaf hanner awr arall.

Ar ôl codi platiad o'r cig a'r llysiau iddo'i hun, agorodd gopi'r diwrnod hwnnw o'r *Daily Post* a'i osod o'i flaen ar y bwrdd ac ar ôl taro golwg ar golofn y marwolaethau, trodd i gefn y papur i ddarllen am hynt a helynt y timau pêl droed.

Yn y cyfamser, i fyny'r grisiau, gorweddai Nia yn y bath gan adael i'r dŵr cynnes a'r hylif ymolchi persawrus orchuddio ei chorff blinedig. Wrth i'r dŵr dylino ei chyhyrau anystwyth, teimlai ei hun yn ymlacio'n llwyr. Anadlodd yn ddwfn cyn suddo o dan y wyneb ewynog, gan ddychmygu ei bod yn gorwedd ar ryw draeth egsotig dramor. Rhyw ugain eiliad yn ddiweddarach, rhwygodd drwy arwyneb y dŵr gan chwerthin am ei phen ei hun am ddychmygu'r fath beth. O adnabod ei dyweddi, go brin y câi fyth ymlacio ar draeth egsotig gan mai creadur ei filltir sgwâr oedd Huw. Ond chwarae teg iddo, ymresymodd, roedd ei galon yn y lle iawn ac ni allai fforddio'r amser i adael y fferm i fynd ar wyliau – ar wahân i'r tridiau blynyddol yn sioe Llanelwedd, wrth gwrs!

Gwyddai Nia ei bod yn destun eiddigedd y rhan fwyaf o enethod yr ardal, gan fod Huw yn cael ei ystyried yn dipyn o fachiad. Yn dal a chyhyrog gyda'i wallt melyngoch a'i lygaid glas golau, gallai fod wedi cael unrhyw un o'r genethod eraill a'i llygadai yn rali'r Ffermwyr Ifanc; ond pan drawodd ar Nia yn ystod yr achlysur hwnnw, penderfynodd yn y fan a'r lle, mai hi oedd yr un iddo.

Syniad Bethan ei ffrind oedd mynychu'r rali. Roedd hi ar y pryd â'i llygad ar ryw fab ffarm o Ben Llŷn.

"Mae o'n le da i gael bachiad!" meddai, gan geisio dwyn perswâd ar Nia i fynd gyda hi.

"Be dwi'n mynd i neud os ti'n fy ngadael i a mynd hefo'r boi 'na?" holodd hithau'n bryderus. "Ti'n gwybod na 'sgen i'r syniad lleia am ffarmio os bysa rhywun yn dechra fy holi!"

Doedd dim angen iddi boeni fodd bynnag, gan i'r rali fod yn llawer mwy o hwyl nag a ddychmygodd. A dyna hi, dair blynedd yn ddiweddarach, wedi dyweddïo gyda Huw ac yn gwneud cynlluniau i briodi cyn y Sioe Frenhinol. Roedd hi'n ymwybodol fod ganddi le i fod yn ddiolchgar, ond roedd llais bach yng nghefn ei meddwl yn peri loes iddi ynglŷn â'u perthynas, oherwydd roedd Huw am ryw reswm yn gyndyn iawn o'i chyflwyno i'w rieni. Bob tro y byddai hi'n codi'r pwnc, byddai yntau'n ceisio ei ysgubo o'r neilltu gan ddweud bod digon o amser at hynny yn y dyfodol.

"Ond mi fydda i'n dŵad i fyw ar y ffarm ac yn rhannu tŷ hefo dy fam a dy dad ar ôl i ni briodi. Be os na fyddan ni'n gallu tynnu 'mlaen?"

"Paid â phoeni am bethau felly, ma nhw'n siŵr o gymryd atat ti. Wedi'r cwbl, pwy fysa'n gallu peidio gwirioni ar fy Nia Ben Aur i?" neu rywbeth cyffelyb fyddai ei ymateb sebonllyd pob tro, cyn mynd ati i dynnu ei fysedd yn gariadus drwy ei thresi hir golau.

Doedd seboni Huw, fodd bynnag, ddim wedi llwyddo i dawelu ei meddwl yn gyfan gwbl, gan y gwyddai bod gagendor anferth rhwng ei chefndir hi a theulu cefnog Plas Dunod.

Poenai hefyd a oedd ei chynlluniau ar gyfer eu priodas yn mynd i blesio ei rhieni yng nghyfraith. Er cystal ymdrechion Bethan i geisio'i helpu gyda'r trefniadau, ni allai ei ffrind gymryd lle ei mam, ac oherwydd hynny dyheai am gael cyfarfod mam Huw ac efallai cael ei chymorth a'i chyngor aeddfetach, ac o bosib, mwy chwaethus hi.

Wrth i ddŵr y bath ddechrau oeri, cododd ar ei heistedd a sgwrio pob modfedd ohoni ei hun. Yna, pan y'i bodlonwyd ei bod wedi cael gwared ar bob arlliw o oglau surfelys y ffatri gaws, tywalltodd y cwmwl o ewyn gwyn oddi ar ei phen gyda jygiad neu ddau o ddŵr oer cyn camu allan o'r bath.

Chwarter awr yn ddiweddarach, pan ymunodd â'i thad yn y gegin, sylwodd ei fod yn parhau i bori yn ei bapur newydd a'i fwyd heb ei gyffwrdd ar ei blât.

"O Dad, be na'i hefo chdi? Ma' dy fwyd 'di oeri. Mi fydd yn rhaid i chdi ddysgu edrach ar ôl dy hun yn well na hyn ar ôl i mi symud i Blas Dunod!"

"Sori cariad. Anghofio byta wrth ddarllan yr erthygl yma am holl drafferthion y bobl druan 'na yn Nhywyn ar ôl y llifogydd wnes i. Ti'n gwybod mai dim ond £50,000 mae'r llywodraeth yn fodlon ei gyfrannu er fod dros bum mil o bobol wedi gorfod symud o'u tai. Tasa'r un peth wedi digwydd yn Llund..."

"Mi fyddi *di* mewn trafferth os na nei di fyta a finna wedi paratoi'r caserol 'ma i chdi!" meddai hithau gan dorri ar ei draws cyn iddo gael cyfle i refru ymhellach am ddiffygion y llywodraeth.

"Ti yn un dda i ddeud. Ti wedi bod mor hir yn y bath 'na fel nad oes gen ti amsar i fyta tamad cyn mynd allan."

"Wel, sa ni'n cael cawod yn y tŷ 'ma, mi fyswn i'n barod llawar cynt! Mae mam a tad Bethan yn mynd i gael estyniad a gosod gwres canolog ac ystafell folchi newydd gyda chawod ynddo fo a phob dim ar ôl prynu eu tŷ nhw."

"Paid â dechra hynna eto. Ti'n gwybod be 'di marn i ar bolisïau Thatcher – mi fydd 'na brinder tai cyngor 'mhen 'chydig o flynyddoedd os bydd pawb yn penderfynu prynu eu cartrefi."

"O wel, ta waeth! Mi fydd 'na ddigon o 'stafelloedd molchi a chawodydd i mi ym Mhlas Dunod!" meddai hithau wrth blannu cusan ysgafn ar gorun ei thad.

"Bydd, mwn!" meddai yntau dan ei wynt. "Ond, mi ddylet ti fyta rwbath cyn mynd allan," ychwanegodd gan droi'r stori.

"Does gen i ddim awydd bwyd ar ôl bod yn ogla'r caws 'na drwy'r dydd. A pheth arall, dwi'n trio colli mymryn o bwysa cyn y briodas."

"Twt lol, ti'n edrach yn iawn fel wyt ti," atebodd yntau gan godi ei ben i edrych yn iawn ar ei ferch am y tro cyntaf ers tro. Teimlodd bwl o hiraeth yn dod drosto wrth iddo sylwi ar ei chorff tal, gosgeiddig, ei gwallt golau a'i llygaid gleision – mor debyg i'w mam pan briodasant hwythau.

Gwnaeth sioe o estyn hances o boced ei drowsus a chymryd arno sychu ei drwyn yn uchel er mwyn cuddio'r ffaith fod dagrau yn cronni yn ei lygaid. Yna, trodd at ei fwyd a oedd wedi dechrau ceulo ar y plât.

Ar hynny, canodd corn car y tu allan i'r tŷ a rhuthrodd Nia at y drws.

"Does dim angan i ti aros ar dy draed i ddisgwyl i mi gyrraedd adra heno, Dad!" galwodd dros ei hysgwydd, er y gwyddai'n iawn y byddai ei geiriau yn disgyn ar glustiau byddar.

Pennod 2

PAN GAMODD NIA i mewn i'r car, doedd dim angen iddi holi lle roedd Huw am fynd â hi, gan ei fod o'n greadur mor geidwadol ei ffordd ac yn casáu unrhyw newid i'r drefn, nes bod eu nosweithiau allan bron â bod wedi eu hamseru i'r funud. Haf neu aeaf, byddent yn treulio'r awr gyntaf ger y traeth yng Nghricieth. Os byddai'r tywydd yn caniatáu, aent am dro ar hyd y prom i gyfeiriad y siop hufen iâ ar yr allt a arweiniai o'r traeth. Ar nosweithiau gwlyb a stormus cysgodent yng nghlydwch y car gan wylio'r tonnau'n chwalu ar y creigiau dan y castell, cyn galw yn y dafarn sglodion i gael pryd o bysgod a sglods. Yna, byddai Huw yn troi trwyn y Volvo a gyrru ar hyd un o ffyrdd culion cefn gwlad Eifionydd nes cyrraedd rhyw lecyn anghysbell i garu'n drwsgl ar y sedd gefn cyn ei danfon adref yn brydlon am hanner awr wedi un ar ddeg.

Er fod Nia yn meddwl y byd o draeth Cricieth ac yn hoff iawn o'r hufen iâ enwog a werthid yn y dref, dyheai am gael mynd i rywle arall neu wneud rhywbeth gwahanol ambell waith. Byddai pethau'n newid ar ôl iddynt briodi, rhesymodd â'i hun. Erbyn hynny, byddai'n cefnu ar y tŷ cyngor a rannai gyda'i thad ac yn symud i mewn i Blas Dunod, lle byddai ganddi statws a chyfrifoldebau gwraig fferm.

A bod yn deg â Huw, fodd bynnag, roedd o wedi ei synnu a'i phlesio'n fawr rhyw dri mis ynghynt drwy drefnu, yn annisgwyl, eu bod yn aros noson ym mhentref Portmeirion dros ddathliadau'r flwyddyn newydd. Yno, ar ôl iddynt fwynhau pryd o fwyd hyfryd ac i'r cloc yn y gwesty daro hanner nos, estynnodd fodrwy o'i boced a gofyn iddi ei briodi. Wrth iddi rwbio'i bawd dros ymyl y cylch aur a'i glwstwr o ddiemwntau gwerthfawr ar ei bys, credai mai hi oedd yr eneth fwyaf lwcus yn y byd.

Parciodd Huw'r car ger traeth Cricieth yn ôl ei arfer ond cyn iddo gael amser i gynnig eu bod yn mynd am dro ar hyd y prom, dechreuodd Nia ei holi unwaith eto pryd roedd o am fynd â hi i gyfarfod ei rieni.

"Paid â dechra hewian am hynna eto. Dwi 'di deud o'r blaen bod 'na ddigon o amser i betha felly."

"Ond does 'na'm digon o amsar, Huw. Dyna'r pwynt – mi fyddan ni'n priodi 'mhen pedwar mis!"

"Dwi'n ama hynny," meddai yntau dan ei wynt.

"Be?" Teimlodd Nia ei chalon yn plymio. Roedden nhw wedi penderfynu ers Nos Galan eu bod yn priodi ddechrau Gorffennaf. Felly pam oedd o'n amau hynny rŵan? Oedd o'n cael traed oer ac eisiau torri'r dyweddïad?

"Dwi 'di bod yn pendroni sut i ddeud wrtha ti ers dyddia – ers i mi gael y llythyr 'ma yn fy ngwahodd i fynd i gynrychioli'r Ffermwyr Ifanc mewn cynhadledd yn Auckland fis nesa," meddai gan dynnu amlen o boced ei siaced.

"Auckland? Lle ma fanno?"

"Seland Newydd."

"Ond ma' hwnnw ochor arall i'r byd! Am faint fyddi di yno?"

"Wel, dyna'r pwynt. Mae o'n rhy bell i fynd yr holl ffordd am ryw wythnos neu ddwy; felly mi ddefnyddiodd Dad ei gysylltiadau, fel mod i'n cael aros i weithio fel rheolwr dan hyfforddiant ar ffarm ddefaid anfarth yno am chwe mis."

"Chwe mis? Ond be am y briodas? Dwi 'di bwcio'r gwesty a phob dim."

"Wel, mi fydd yn rhaid i ni ohirio."

"Ond mi gollwn ni'n diposit!"

"Paid â phoeni am y blaendal, dwi'n siŵr y bydd mam a dad yn barod i ddigolledu. Tria ddallt, Nia, ma' hwn yn gyfle dwi 'di bod yn breuddwydio amdano fo ers blynyddoedd. Dychmyga'r profiada gwerthfawr ga i yno. Neith chwe mis hedfan heibio, gei di weld," ceisiodd ei darbwyllo.

Trodd Nia ei phen oddi wrtho gan gymryd arni ei bod yn edrych ar yr olygfa drwy ffenest y car. Ond ni allai weld y tonnau gwynion yn torri ar y traeth drwy ei dagrau, na'r calchaid o wylanod a heidiai yn swnllyd uwchben y dŵr cyn iddi nosi. Oedd hi'n ymddwyn yn afresymol holodd ei hun. Wedi'r cwbl, beth oedd chwe mis pan gâi dreulio gweddill ei hoes gydag o?

"Ydi fy Nia Ben Aur i wedi sori'n bwt hefo fi?" holodd Huw yn ei lais ffug fwythlyd gan ddefnyddio'r llysenw fyddai fel arfer yn ei phlesio. Gwthiodd ei gwallt hir yn ôl dros ei hysgwydd yn ofalus cyn sibrwd yn ei chlust: "Ti'n gwybod y byswn i wrth fy modd taswn i'n gallu mynd â chdi hefo fi; ond gwaetha'r modd, mae hynny yn amhosib."

Gollyngodd Nia ochenaid cyn ymateb. Doedd hi ddim am wneud pethau yn rhy hawdd iddo oherwydd nid cadach llawr mohoni. Efallai bod Huw yn dod o gefndir breintiedig ac wedi derbyn addysg well yn yr ysgol breswyl yr anfonwyd o iddi cyn iddo fynychu coleg amaethyddol Harper Adams yn Swydd Amwythig ond roedd ganddi hithau ei balchder hefyd, balchder y meithrinodd ei thad ynddi dros y blynyddoedd.

"Paid â gadael iddo fo droi dy ben di hefo'i bres Nia," oedd rhybudd John Roberts ar ôl iddo gyfarfod Huw am y tro cyntaf. "Cofia dy fod titha yn dŵad o linach lawn cystal ag o. Llinach o weithwyr caled a gonest y gelli di fod yn falch ohoni."

"Iawn 'ta," meddai ymhen sbel gan sychu ei dagrau gyda chefn ei llaw. "Dwi'n fodlon aros tan Medi os nei di addo ein bod ni'n cael mynd i ffwrdd i Sbaen ne rwla ar y mis mêl."

Ni allai Huw ddychmygu dim gwaeth na gorweddian yn hanner noeth ar ryw draeth tramor ynghanol twristiaid aflednais. Os oedd Nia am fod yn wraig iddo, byddai'n rhaid iddi ddysgu cydymffurfio ac anghofio ryw syniadau dichwaeth felly neu ni fyddai gobaith i'w rieni ei derbyn yn rhan o'r teulu.

Gwyddai o'r gorau mai ymgais ei dad i chwalu eu perthynas oedd tu ôl i'w gefnogaeth iddo fynd i Seland Newydd. Ond er gwaethaf gwrthwynebiad ei rieni, roedd Huw wedi gwirioni yn lân ar Nia ers iddo daro llygad arni am y tro cyntaf. Roedd hi mor dlws gyda'i chorff siapus a'i gwallt hir lliw'r gwenith; ac ni allai yn ei fyw rwystro ei hun rhag syrthio dros ei ben a'i glustiau mewn cariad â hi.

Disgwyliai ei rieni unplyg a hen ffasiwn iddo briodi merch fferm o deulu cefnog. A phan brotestiodd gan ddweud eu bod yn coleddu syniadau oedd yn perthyn i'r bedwaredd ganrif ar bymtheg, ac nad oedd pethau felly yn digwydd yn negawd olaf yr ugeinfed ganrif, roedd ymateb ei fam yn chwyrn.

"Paid â disgwyl i mi groesawu'r ffliwsen fach i'r tŷ 'ma. Mae'n amlwg mai cael gafael ar dy arian di ydi ei bwriad."

"Ond Mam, nid un fel'na ydi Nia. Sut fedrwch chi farnu a chithau erioed wedi ei chyfarfod hi?"

Doedd ymateb ei dad fawr gwell chwaith. "Dwi'n dallt yn iawn beth ydi bod yn ifanc ac mae'n iawn i ti gael mymryn o hwyl cyn setlo; ond dwyt ti ddim yn priodi rhywun fel 'na siŵr iawn!" meddai hwnnw.

"Wel? Wyt ti'n fodlon?" torrodd llais Nia ar draws ei fyfyrdod.

"Bodlon?"

"I ni gael mynd i ffwrdd dramor ar ôl y briodas, de!"

Roedd ar fin protestio a dweud na allai fforddio cymryd rhagor o amser i ffwrdd o'r fferm, cyn penderfynu y buasai'n well iddo gyfaddawdu – dros dro o leiaf. Digon hawdd fyddai newid cynlluniau'r mis mêl ar ôl iddo ddychwelyd o Seland Newydd.

"Iawn, gei di drefnu," meddai gan ei gwasgu i'w gesail.

"Priodas fis Medi amdani felly," gwenodd Nia'n fodlon. "A gwylia braf yn yr haul i ddilyn." Doedd pethau ddim mor ddrwg wedi'r cwbl. O leiaf byddai'n cael mis mêl llawer gwell na thridiau yn Llanelwedd yng Ngorffennaf.

Pennod 3

"**D**WI'N GOBEITHIO I ti ddeud wrth yr uffar lle i fynd," meddai Bethan wrth iddi hi a Nia blygu dros un o'r cafnau caws yn y ffatri'r diwrnod canlynol. "Pwy mae'r pen bach yn ei feddwl ydi o, yn mynd i ben draw byd am hannar blwyddyn a disgwyl i chdi fod adra yn hogan fach dda yn aros amdano fo?"

"Ond mae o'n gyfla grêt iddo fo, a buan iawn eith chwe mis heibio," rhesymodd Nia gan ddefnyddio yr un ddadl ag a ddefnyddiodd Huw i ddwyn perswâd arni hithau'r noson cynt.

"Wel, dy fusnas di ydi o, am wn i. Ond cofia, gwna'n fawr o dy chwe mis o ryddid a tyd allan hefo fi a'r genod amball noson fel roeddan ni'n arfar neud 'stalwm. Sdim disgwyl i ti aros mewn fel rhyw *nun* bob nos tra ma' Huw yn cael galifantio fel y mynnith o yn ben draw byd!"

Gwenodd Nia wrth werthfawrogi teyrngarwch Bethan. Gwyddai o'r gorau nad oedd ganddi fawr i'w ddweud wrth Huw, ac roedd hynny wedi achosi peth drwgdeimlad rhwng y ddwy ar y cychwyn. Erbyn hyn fodd bynnag, roedd ei ffrind wedi dysgu dal ei thafod a chadw ei theimladau iddi ei hun, gan amlaf.

"Ma 'na un peth da wedi dŵad allan o'r holl fusnes, beth bynnag," meddai Nia ymhen sbel wrth dorri'r jynced i wahanu'r ceuled a'r maidd oedd wedi ffurfio yn glympiau yn y cafn caws.

"Be felly?"

"Ma' Huw 'di cytuno y cawn ni fynd i ffwrdd dramor ar

ôl y briodas ac mae o 'di gofyn i mi ddewis y lle, a gneud y trefniada."

"Grêt – ddo'i hefo chdi i'r *travel agents* i nôl cylchgronau os lici di."

Dair wythnos yn ddiweddarach eisteddai'r ddwy ar y soffa yn nhŷ Bethan gyda chylchgronau teithio yn bentyrrau blêr o'u hamgylch. Wrth edrych ar y lluniau lliwgar o westai crand gyda'u pyllau nofio gleision a'u hawyr a moroedd glasach, roedd Bethan yn ei helfen ac wedi anghofio'n llwyr mai chwilio am le i Huw a Nia dreulio eu mis mêl oedd y bwriad.

"Yli'r lle 'ma yn Benidorm – mae o'n lyfli. Fedra i'n gweld ni rŵan yn yfad coctel wrth y bar 'na sydd yn ganol y pwll... O! Sbia ar y lle yma 'ta, mae o'n..."

Ond doedd Nia ddim yn gallu rhannu brwdfrydedd ei ffrind, oherwydd ar ôl ffarwelio gyda Huw a adawodd y noson cynt, roedd oblygiadau'r chwe mis hebddo wedi ei tharo'n galed. Er ei fod wedi bod yn hynod o gariadus ac annwyl gan ddweud gymaint y byddai yn ei cholli, gwyddai Nia y gallai unrhyw beth ddigwydd yn ystod chwe mis.

"Mae o siŵr o fod yn yr awyr bellach," meddai'n freuddwydiol gan fwytho cefn ei modrwy dyweddïo gyda'i bawd. "Roedd o i fod i gychwyn o Heathrow am saith heno."

"Be? O sôn am Huw wyt ti," ymatebodd Bethan yn ddidaro cyn dangos llun rhyw westy arall iddi. Doedd dim yn tycio fodd bynnag a bu'n rhaid iddi fodloni ar adael y cylchgronau yn y diwedd pan sylweddolodd nad oedd dim yn mynd i godi calon ei ffrind y noson honno. Roedd y chwe mis nesaf yn argoeli i fod yn rhai anodd os oedd hi am fod mor ddigalon, ochneidiodd Bethan wedi i Nia adael. Arferai fod yn gwmni mor dda a hwyliog cyn iddi gyfarfod Huw. Bai'r bwbach hwnnw oedd ei bod wedi newid a mynd yn berson mor ddiflas!

Mi fyddai'n rhaid gwneud rhywbeth i geisio codi ei hysbryd, meddyliodd wrth gasglu'r cylchgronau at ei gilydd.

Yn ystod yr wythnosau canlynol, ceisiodd Bethan ei gorau i godi calon ei ffrind. Llusgodd hi yn erbyn ei hewyllys i rai o dafarnau Pwllheli ambell noson ar ôl gwaith, ond ei throi hi am adref yn gynnar wnâi Nia yn ddi-ffael ar ôl rhyw hanner peint o shandi. Methodd yn lân â dwyn perswâd arni i fynd gyda chriw o'r genod draw i glwb nos yr Octagon ym Mangor un nos Sadwrn, er mai'r fan honno oedd y lle poblogaidd i fynd iddo, yn ôl y sôn. Ar un o'u dyddiau i ffwrdd o'r gwaith, trefnodd eu bod yn mynd i Gaer, gan y gwyddai yr arferai Nia fwynhau siopa am ddillad. Ond methiant fu hynny hefyd. Doedd dim byd yn plesio a'r cwbl oedd hi eisiau ei wneud bob nos oedd aros i mewn wrth ochr y ffôn, rhag ofn iddi gael galwad gan Huw.

"Wel, ti 'di clwad rwbath ers iddo fo fynd i ffwrdd, ta?" holodd Bethan un diwrnod wrth iddynt fwyta eu cinio yng nghantîn y ffatri.

"Do, mi nath o ffonio, chwarae teg, i ddeud ei fod o wedi cyrraedd yn saff."

"Ma hynny bron i fis yn ôl bellach. Ti'm di clwad dim byd ers hynny?"

"Naddo. Tydi hi ddim yn hawdd iddo fo ffonio – mae cost galwad ffôn o New Zealand mor ddrud a ma' llythyra yn cymryd oes i gyrraedd."

"Ydi, mwn!" meddai Bethan dan ei gwynt. "Yli, waeth i mi siarad yn blaen hefo chdi ddim," ychwanegodd gan godi oddi wrth y bwrdd. "Ti 'di mynd yn berson diflas, Nia Roberts, a does na ddim byd dwi'n neud yn dy blesio di. 'Sa ti'n trio mwynhau dy hun chydig bach, mi fydda'r amsar yn mynd yn llawer cynt, 'sti."

Torrodd gwên ar draws wyneb Nia wrth sylwi ar Bethan yn ceisio edrych yn llym yn ei hoferôl wen, sgidiau rwber a'i gwallt tywyll oedd yn mynnu dianc yn gydynnau blêr o'r rhwyd oedd yn ofynnol iddynt wisgo ar eu pennau yn y gwaith. Roedd hi'n meddwl y byd ohoni yn y bôn a gwyddai ei bod wedi bod yn annheg gyda hi wrth ymdrybaeddu yn ei hunandosturi cyhyd.

"Ia, chdi sy'n iawn, Beth. Sori am fod gymaint o boen," cyfaddefodd ymhen sbel.

"Iawn siŵr. Ddoi di draw acw heno ac mi gawn ni edrach ar y cylchgrona gwylia 'na eto? Wedi'r cwbl, ma' Huw 'di gofyn i ti ddewis lle i chi fynd ar eich hyni mŵn, tydi?" meddai gan wthio'r cydynnau gwallt yn ôl dan y rhwyd.

Erbyn i Nia groesi'r ffordd i dŷ Bethan y noson honno, roedd Sobin a'r Smaeliaid wrthi'n bloeddio 'Ar y Trên i Afonwen' ar y chwaraewr tâp yn y cefndir a dwy botel o win a phaced o greision caws a nionyn ar y bwrdd coffi yn aros amdani wrth ochr y pentwr cylchgronau gwyliau. Roedd rhieni Bethan wedi mynd allan am y noson ac roeddent wedi cael y lle iddynt eu hunain.

Ar ôl llyncu rhyw ddau wydriad o'r gwin, teimlodd Nia ei hun yn ymlacio a dechreuodd gymryd diddordeb yn y cylchgronau.

"Ti'n gwybod lle dwi 'di bod isio mynd ers i mi wrando ar un o ganeuon y Tebot Piws ar *record player* Dad pan o'n i'n fach?" meddai wrth wagio'r trydydd gwydriad o'r gwin. "Be oedd enw'r gân 'na hefyd, dwad? O, ia – 'Blaenau Ffestiniog'."

"Be?" meddai Bethan gan dywallt rhagor o'r gwin i'w gwydr gwag. "Ti isio mynd i Stiniog?"

"Nach'dw siŵr – ma hi'n bwrw glaw yn fanno o hyd, medda nhw. Ond ma 'na lein yn y gân – '*Mi es i Iwgoslafia ar fy ngwyliau yn yr haf'.* Iw... go... slaf... ia; mae o'n enw mor egsotig, ac mi fyswn i wrth fy modd mynd yno."

"Dwi'n siŵr mod i wedi gweld llunia o fanno yn un o rhein," meddai Bethan gan chwilio drwy'r cylchgronau. "Dyma ni – Dubrovnik. Mae o'n edrach yn le *classy* iawn. Dwi'n siŵr y bysa Huw wrth ei fodd yno."

"Pwy sy'n sôn am Huw? I chdi a fi fynd yno oedd gen i mewn golwg," meddai Nia gan biffian chwerthin.

"Ti o ddifri?"

"Pam lai? Ro'n i fod i briodi ha 'ma, ond mae Huw i ffwrdd yn mwynhau ei hun ym mhen pella'r byd, felly pam na cha'i fynd i Iwgoslafia ar fy ngwylia yn yr haf hefo fy ffrind gora, de?"

"Grêt! Iwgoslafia amdani!" meddai Bethan cyn i'r ddwy ddechrau morio canu'r gân rhwng pyliau o chwerthin ac igian meddwol.

Roedd gwên fel giât ar wyneb Bethan y bore canlynol wrth iddynt gyd-gerdded i lawr y ffordd i gyfeiriad y ffatri laeth. "Roeddat ti'n llowcio'r Piat D'or fel Ffrancwr neithiwr. Ti 'di gweld yr hysbýs, *The French adore Le Piat D'or?*"

"Paid â sôn am y sglyfath peth! Ma gen i gythral o gur yn fy mhen a dŵr poeth bora ma, a dwi ddim yn siŵr sut fedra i wynebu plygu dros y cafnau caws heb chwydu!"

"Twt! Mi fyddi di'n iawn ar ôl cael glasiad o ddŵr hefo'r Alka Seltzer ma," meddai Bethan gan dynnu tiwbyn o'r tabledi o'i bag. "Mi ddois i â nhw hefo fi achos o'n i'n ama na fel hyn 'sa ti bora 'ma. Os na fydd rhein yn dy setlo di – meddylia am Iwgoslafia. Mi fedran ni fynd i dre i fwcio'n gwylia ar ôl gorffan ein shifft pnawn 'ma os lici di."

Dyna pryd daeth popeth yn ôl i Nia. Gan ei bod wedi yfed gymaint o'r gwin anghyfarwydd y noson cynt, roedd hi wedi cytuno. Na! Dim cytuno! I fod yn fanwl gywir, cofiai mai *hi* oedd yn gyfrifol am awgrymu eu bod yn mynd ar wyliau hefo'i gilydd i Iwgoslafia! Sut oedd hi am allu dod allan o'r twll a chyfaddef wrth Bethan mai dim ond syniad meddw oedd yr holl beth wedi'r cwbl? Roedd ei ffrind yn amlwg wedi cymryd ei gair ac wrthi'r funud honno yn trafod eu cynlluniau yn frwdfrydig. Sut gallai hi ei siomi a hithau wedi bod mor dda hefo hi yn ddiweddar? Efallai na fuasai rhyw wythnos neu ddwy i ffwrdd yn yr haul yn gwneud dim drwg, rhesymodd, wedi'r cwbl roedd yna fisoedd i fynd cyn y byddai Huw yn dychwelyd o Seland Newydd.

"Ti'n siŵr eich bod yn gwneud peth doeth drwy fynd i Iwgoslafia, dwad?" holodd ei thad pan soniodd Nia wrtho am eu cynlluniau. "Dwi 'di clwad fod na dipyn o helyntion wedi bod yno yn ddiweddar."

"Paid â ffysian, Dad," meddai Nia gan daro cusan ar ei foch. "O be dwi'n ddallt, does na nunlla ym Mhrydain yn saff iawn y dyddia yma chwaith hefo'r IRA yn gollwng bomia ac ati. Be ydi'r helyntion yn Iwgoslafia, beth bynnag?"

"Dwi'm yn dallt yn iawn, ond ma siŵr fod ganddo fo rwbath i'w neud hefo cwymp Comiwnyddiaeth yn Ewrop. Mae 'na hanes cymhleth i'r rhan yna o'r byd, 'sti. Mi 'na i gymryd mwy o sylw o'r newyddion o hyn ymlaen – rhag ofn i betha waethygu yno."

Pennod 4

Cavtat, Croatia – Mehefin 1990

AR NOSON GYNNES yn niwedd Mehefin 1990, eisteddai Marko Babić a'i ffrind bore oes, Petar Novak ar fainc bren ar bromenâd Cavtat, tref fechan ar benrhyn coediog ychydig filltiroedd i'r de o ddinas hynafol Dubrovnik yng ngweriniaeth Iwgoslafia.

Yn y dŵr o'u blaenau siglai llongau pleser drudfawr yn ddioglyd wrth eu hangorau rhwng cychod pren syml y pysgotwyr lleol – y tlawd a'r cyfoethog wedi dod ynghyd yn enw twristiaeth a chyfalafiaeth yn nyddiau olaf Comiwnyddiaeth yn Ewrop. Heibio'r cychod, draw ar y gorwel, amlinellwyd cymylau duon y nos gan lewyrch euraidd – atgof yn unig o'r goleuni llachar a fu'n trochi strydoedd coblog y dref drwy oriau poeth y dydd. Uwch eu pennau, plymiai ambell ystlum drwy'r awyr felfedaidd, yn eu hymgais ddiflino i ddal rhai o'r gwybed a heidiai o amgylch y coed palmwydd tal a warchodai'r promenâd.

Tu ôl i'r coed roedd y rhes o fariau a'r tai bwyta traddodiadol o dan eu sang, gydag ymwelwyr o sawl rhan o Ewrop ac o bellach – pawb yn benderfynol o fwynhau eu hunain gan feddwi ar y *rakija* a harddwch y *bougainvilleas* porffor a dyfai'n doreth ar hyd y lle heb gymryd sylw o'r storm oedd yn cronni dros y gorwel.

A hwythau wedi bod wrthi'n brysur drwy'r dydd yn gweini byrddau ac yn gofalu am yr ymwelwyr yn un o westai'r dre, hwn oedd y cyfle cyntaf i'r ddau ffrind gael ymlacio a mwynhau sgwrs iawn ers i Marko ddychwelyd y noson cynt i'w dref enedigol o'r brifysgol yn Zagreb, lle'r oedd yn astudio ieithoedd modern.

"Dwi'n deud wrthat ti Petar, fuo gen i rioed gymaint o ofn. Dwi 'di gweld hwliganiaeth pêl droed cyn hyn, ond roedd y reiat yn Stadiwm Maksimir mis Mai yn rywbeth arall! Mae 'na gymaint o gasineb wedi tyfu rhwng y Serbiaid a'r Croatiaid yn ddiweddar ac ma' gen i ofn y bydd petha'n gwaethygu efo'r nytar Slobodan Milošević 'na mewn grym!" meddai Marko'n ddifrifol. "Synnwn i ddim na rhyfel cartref fydd ei diwedd hi!"

"Neith 'na ddim byd ddigwydd ffordd hyn siŵr," oedd ymateb Petar. "Drycha o dy gwmpas, mae'r lle 'ma'n llawn twristiaid. Fysa'r Serbiaid byth yn meiddio ymosod ar yr ochra yma."

Ond doedd Marko ddim mor siŵr. Ers marwolaeth y Cadlywydd Tito ddeng mlynedd ynghynt, roedd anniddigrwydd wedi codi ymysg gwahanol wladwriaethau'r weriniaeth Iwgoslafaidd, ac roedd y system o benodi arlywydd newydd o bob un o'r chwe gwladwriaeth a dwy dalaith awtonomaidd i reoli yn eu tro, am gyfnod o flwyddyn yr un, wedi arwain at ansefydlogrwydd a gwrthdaro wrth i'r gwladwriaethau ddod yn fwy ymwybodol o'u cenedlaetholdeb unigryw eu hunain. Roedd etholiad rhydd cyntaf Croatia fis ynghynt, pan etholwyd y cenedlaetholwr Franjo Tudman a'i blaid, Undeb Democrataidd Croatia, gan ddisodli'r Comiwnyddion, wedi ychwanegu at y tyndra.

"D'wn i ddim be ydi'r holl ffys wir! Be ydi'r gwahaniaeth rhwng Serbiaid, Slofeniaid, Bosniaid, Croatiaid a phawb arall beth bynnag? Iwgoslafiaid ydan ni i gyd ac roedd pawb yn byw yn ddigon hapus o dan arweinyddiaeth Tito. Dwi'n poeni mwy amdanat ti, Marko – ti 'di mynd yn berson diflas iawn ers i ti fynd i ffwrdd i'r coleg 'na," meddai Petar, gan roi pwniad i'w ffrind. "Duda wrtha'i sut genod sydd tua Zagreb?"

"Ti'n newid dim!" meddai Marko gan wenu drwy'r gwyll ar ei ffrind. "Does 'na ddim byd ond genod ar dy feddwl di o fora gwyn tan nos."

"Wel, be 'dan ni haws a mynd o flaen gofid, ta? Waeth i ni fwynhau ein hunain tra medrwn ni ddim. Ti 'di gweld y criw genod na o Ffrainc gyrhaeddodd y gwesty heddiw? Efo fy nghorff lluniaidd i a dy wybodaeth di o Ffrangeg, ma' na gyfla reit dda i gael dipyn o hwyl hefo nhw, ddudwn i."

"Be ti'n feddwl dy gorff lluniaidd di? Fysa'r un hogan yn edrach ddwywaith ar ryw stwcyn bach tew fath â chdi. Ti 'di byta gormod o *fritules* dy fam ers dwi 'di bod i ffwrdd!"

"Cyhyrau ydi rhain i gyd yli," meddai Petar gan godi ei grys a rhwbio ei stumog. "A pheth bynnag, fysa chydig o *fritules* Mam yn gneud dim drwg i titha chwaith, yr hen lipryn main! Tyd, awn ni draw i weld be sydd ganddi hi i gynnig i ni."

Cerddodd y ddau ar hyd y promenâd gan gyfarch rhai o'u cyfoedion oedd wrthi'n brysur yn ceisio gwerthu tocynnau fferi i'r ymwelwyr ar gyfer mordeithiau i Dubrovnik neu o amgylch rhai o'r ynysoedd cyfagos y diwrnod canlynol; eraill fel hwythau yn mwynhau rhyw orig fach ar ddiwedd diwrnod caled o waith.

O ben pella'r promenâd, deuai sŵn dŵr yn tasgu a lleisiau croch yn gweiddi, lle'r oedd tîm polo dŵr y dref wrthi'n brysur yn ymarfer eu sgiliau ar gyfer eu gornest nesaf. Arhosodd Marko i'w gwylio yn plymio'n hyderus drwy'r dŵr a daeth rhyw deimlad edifar drosto am funud. Cyn iddo benderfynu mynd i'r coleg, roedd wedi cael cynnig lle yn y tîm cyntaf – breuddwyd a dyhead pob bachgen ifanc yn Cavtat.

"Ty'd Marko, dwi jyst â llwgu" meddai Petar gan halio'i ffrind o olwg y pwll polo. "Ma' Mama 'di bod yn edrach mlaen i dy weld a chael hanesion y coleg. Ond cofia, paid â'i chynhyrfu hi drwy sôn am y Serbiaid a ballu. Ti'n gwybod sut un ydi hi am boeni."

Roedd gan Marko feddwl uchel o Gđa Novak, mam Petar. Gwyddai hefyd ei fod wedi bod yn loes calon iddi na allai hi fel gweddw dlawd fforddio i adael i Petar fynd i ffwrdd i'r coleg. Yn ei farn o, doedd dim y fath beth â chymdeithas gyfartal wedi bod yn Iwgoslafia ers tro byd, er iddi haeru ei bod yn wladwriaeth Gomiwnyddol. I ddyfynnu'r awdur o Sais, George Orwell, y bu'n astudio ei waith yn y coleg: "Mae rhai yn fwy cyfartal na'i gilydd!" Efallai y byddai pethau'n gwella o dan arweiniad Franjo Tudman, os y câi lonydd i arwain y wlad gan y Serbiaid.

Pan gamodd y ddau i mewn i'r gegin dywyll yng nghefn y *slastičarna* – siop gacennau fechan ar un o strydoedd cefn y dref, lle gweithiai Gđa Novak oriau hir i geisio dal dau ben llinyn ynghyd ers iddi golli ei gŵr, croesawyd hwy gan arogleuon pobi hyfryd a wnâi i'w stumogau edliw yn uchel, er iddynt fwyta pryd helaeth o fwyd yn y gwesty ar ddiwedd eu shifft lai nag awr ynghynt.

Ynghanol yr ystafell, safai Gđa Novak wrth fwrdd pren anferth yn paratoi danteithion melys ar gyfer eu gwerthu yn y siop fore drannoeth. Er mai dim ond mater o fisoedd oedd wedi mynd heibio ers i Marko ei gweld, synnodd wrth sylwi ar y newid oedd ar ei phryd a'i gwedd, gyda'i hwyneb rhychiog, cudynnau brith a'i hysgwyddau crymaidd, a wnâi iddi edrych yn llawer hŷn na'i hanner can mlwydd oed.

"Hei Mama! Be sgen ti i gynnig i ni? Mae Marko a fi bron â llwgu!" meddai Petar yn chwareus gan gymryd arno gipio un o'r teisennau bach cain a oedd wedi eu gosod yn ofalus i oeri ar resel ar un pen i'r bwrdd.

"Paid â meiddio cyffwrdd rheina! Dwi wedi bod wrthi am oriau yn eu paratoi ar gyfer archeb arbennig," meddai ei fam gan barhau â'i gorchwyl o ddylino toes. Yna, sylwodd ar Marko'n sefyll y tu ôl iddo a thorrodd gwên lydan ar draws ei hwyneb. Sychodd y blawd oddi ar ei dwylo yng ngodrau ei ffedog cyn ei gofleidio'n wresog.

"Marko! Croeso adra! Dwi mor falch o dy weld di. Ty'd, 'stedda yn fan hyn i ddeud dy hanesion yn y coleg 'na wrtha' i tra bydda'i yn gorffen paratoi'r *fritules* ma."

Tra bu Marko yn ateb ei chwestiynau am ei fywyd yn Zagreb ac adrodd ambell i stori am y coleg, aeth hithau ymlaen i gynhesu olew mewn padell ddofn a gollwng darnau o'r toes i'r saim poeth a'u ffrio nes eu bod yn beli euraidd. Yna, yn ofalus, cododd y peli allan o'r badell, ac ar ôl eu sychu ar bapur sugno, tywalltodd fymryn o *rakija* drostynt cyn eu gorchuddio â haen denau o siwgr mân a'u cynnig i'r bechgyn a oedd yn glafoeri erbyn hynny.

Awr yn ddiweddarach â'i stumog yn llawn, gadawodd Marko gan addo y buasai'n galw eto'n fuan i weld Gđa Novak. Wrth ddringo'r grisiau cerrig serth a arweiniai o'r hen dref wrth y porthladd i fyny at gartref ei rieni yn un o rannau mwy goludog y dref, dechreuodd chwibanu'n ysgafn. Roedd hi mor braf bod adref unwaith eto yn ei gornel fach heddychlon o'r wlad a chael cefnu ar ddinas Zagreb a'i holl dyndra politicaidd. Ymestynnai misoedd hir, dibryder o'i flaen ac roedd yn bwriadu gwneud yn fawr o'i amser.

Roedd hi'n nesáu at hanner nos pan gyrhaeddodd y tŷ ond roedd ei fam a'i dad yn y gegin yn aros amdano.

"Doedd dim rhaid i chi aros ar eich traed," meddai gan daro cusan dyner ar foch ei fam.

"Twt! Pan ti'n cyrraedd ein hoed ni, dwyt ti ddim angen cymaint o gwsg," atebodd ei dad gan wasgu ysgwydd ei fab. "A phrun bynnag, dyma'r cyfle cynta i ni gael amser hefo ti ers i ti ddychwelyd o Zagreb."

"Dwi 'di cadw dipyn o *lònac* yn dwym yn y sosban i ti," meddai ei fam a gredai fel llawer o famau Croatia mai eu dwy brif swyddogaeth mewn bywyd oedd bwydo eu meibion a dewis gwragedd derbyniol iddynt.

Teimlodd Marko euogrwydd wrth orfod gwrthod y cawl roedd ei fam wedi ei baratoi yn arbennig ar ei gyfer. Dylai fod wedi dod adref yn syth o'r gwaith gan y gwyddai fod ei rieni yn awyddus i gael ei gwmni ac yntau wedi bod i ffwrdd ers misoedd.

"Taswn i'n gwybod eich bod yn aros amdana i a'ch bod wedi paratoi *lònac* – mi fyswn wedi dod adra'n syth yn lle bwyta yn y gwesty ar ôl gweini'r swper ac yna mynd hefo Petar i'r *slastičarna* i weld ei fam."

"Sut hwylia oedd ar Gđa Novak?" holodd ei fam.

"Wel, ro'n i'n ei gweld hi 'di torri a deud gwir."

"Dwi'n synnu dim. Tydi hi ddim wedi cael amser hawdd ers i'r helyntion diweddara 'ma ddechra."

"Be 'dach chi'n feddwl?"

"Ti'n gwybod fod mam Petar yn hanu o dras Serbaidd?" meddai gan dywallt llefrith poeth a mêl i'w gwpan.

"Dyma'r cynta i mi glywed am y peth," meddai mewn syndod gan dderbyn y diod melys.

Tra bu'n yfed, adroddodd ei dad hynny a wyddai o'r hanes wrtho. Roedd Gđa Novak wedi dod i fyw i Dubrovnik yn blentyn bach gyda'i mam, a oedd yn weddw ifanc Serbaidd ar ddiwedd yr Ail Ryfel Byd. "Roedd 'na lawer o anrhefn ar y pryd, gyda phobl yn cael eu hadleoli o un rhan o Iwgoslafia i'r llall. Ymhen rhyw flwyddyn ar ôl iddynt symud, priododd nain Petar fachgen lleol a daeth y teulu i fyw yma i Cavtat."

"Felly, mae Petar yn hanner Serb!" ebychodd Marko mewn syndod.

"Ydi. Dwi'n gobeithio na fydd hynny'n gwneud dim gwahaniaeth i'ch perthynas chi."

"Na wneith siŵr – da ni 'di bod yn ffrindia erioed."

"Wel, 'sa ti'n synnu fel mae agweddau rhai pobl wedi newid yn ddiweddar hefo rhagfarn a chasineb y naill ochr a'r llall yn dŵad mwy i'r amlwg bob dydd. Dyna sut mae Gđa Novak druan yn cael ei herlid gan ambell un yn y dre 'ma."

Ysgydwodd Marko'i ben yn drist. Roedd drwgdeimlad ac atgasedd yn lledaenu fel cancr, hyd yn oed i'w cornel fach dawel nhw o'r wlad wedi'r cwbl. Doedd ryfedd felly nad oedd Petar yn awyddus i drafod yr helyntion.

Edrychodd ar ei rieni drwy lygaid newydd a gwerthfawrogol. Ei dad, Josip Babić, yn athro hanes uchel ei barch, ac er ei fod yn Groat cenedlaetholgar balch, ni fynnai weld neb yn cael cam. A'i fam, Katia Babić, mor gymwynasgar a chlên hefo pawb. Petasai'r arweinwyr gwleidyddol yn meddu ar rywfaint o'u rhuddin nhw, mi fuasai pethau yn llawer gwell yn Iwgoslafia'r dyddiau hynny.

"Mi ddois i ar draws Marina yn y farchnad bore 'ma ac roedd hi'n holi amdanat ti," meddai ei fam a oedd yn awyddus i droi'r sgwrs at faterion ysgafnach. "Ella y dylwn roi gwahoddiad iddi ddod draw i'r parti pen-blwydd priodas penwythnos nesa. Mi fydd Ana yn falch iawn o gwmni ei ffrind a dwi'n siŵr y byddi di hefyd!"

Gwridodd Marko wrth glywed hyn. Doedd ei fam heb roi'r

gorau i'w gobaith y byddai'n dechrau canlyn Marina, merch un o'i ffrindiau ac ni fyddai'n colli cyfle i geisio dod â'r ddau at ei gilydd, er nad oedd ganddo unrhyw ddiddordeb yn y ferch.

"Pryd fydd Ana yn dŵad adra felly?" holodd gan anwybyddu sylwadau ei fam am Marina.

"Mae ganddi benwythnos i ffwrdd o'r ysbyty," atebodd ei dad gan wenu wrth weld yr olwg anghyffforddus ar wyneb Marko. "Mi fydd hi'n braf cael y ddau ohonoch adra i'r parti. Mae hi wedi bod mor ddistaw yn y tŷ 'ma hebddoch chi, yn tydi Katia?"

Edrychai Marko ymlaen i weld ei chwaer oedd wedi dechrau gweithio fel nyrs dan hyfforddiant yn yr ysbyty yn Dubrovnik ychydig fisoedd ynghynt. Er bod dwy flynedd rhyngddynt o ran oed, roedd ganddynt berthynas agos iawn, gyda'r brawd mawr yn amddiffynnol iawn o'i chwaer fach.

"Mae hi a Marina wedi aeddfedu cryn dipyn ers i ti eu gweld nhw ddwytha" ategodd ei fam nad oedd yn barod i ollwng Marina o'r sgwrs. "Mae'r ddwy 'di tyfu'n ferched ifanc hyfryd ac roedd Marina yn deud wrtha i ei bod hi wedi cael gwaith mewn swyddfa yn Dubrovnik ers iddi gwblhau ei chwrs ysgrifenyddol yn ddiweddar. Mi gei di gyfla yn ystod y parti i ddwad i'w 'nabod hi'n well!"

"Wel, os newch chi faddau i mi, mae'n well i mi ei throi hi am y gwely. Mae hi 'di bod yn ddiwrnod hir ac mae angen i mi fod yn y gwesty yn barod i weini brecwast yn y bora," torrodd Marko ar draws llifeiriant ei fam, cyn iddi gael cyfle i ymhelaethu ar ei chynlluniau ar ei gyfer o a Marina.

Pennod 5

Y nos Sadwrn ganlynol, roedd nifer dda o gymdogion a ffrindiau Josip a Katia wedi ymgasglu ar y terasau y tu allan i'w tŷ i ddathlu eu pen-blwydd priodas ac i rannu'r gwin a'r cwrw a'r bwyd ardderchog oedd wedi cael ei baratoi ar eu cyfer. Yn eu plith roedd Ivo, brawd Josip o Dubronik, ei wraig Jaka a'u mab Stefan a oedd rhyw flwyddyn yn hŷn na Marko ac a ystyriai ei hun yn dipyn o *entrepreneur* ers iddo adael busnes pysgota ei dad a dechrau llogi cychod allan i ymwelwyr.

"Hefo dy wybodaeth di o'r holl ieithoedd 'na sydd gen ti, mi ddylet ti ystyried dod i weithio hefo fi yn lle gwastraffu dy amser yn y coleg 'na. Rŵan ein bod ni wedi cael gwared â'r Comiwnyddion, mae unrhyw beth yn bosib," meddai gan geisio dwyn perswâd ar ei gefnder. "Drycha arna i, dim ond dwy ar hugain oed ydw i, a dwi'n berchen ar dri cwch a dau *jet ski* yn barod ac yn gwneud mwy o bres mewn un diwrnod na neith Tata druan mewn mis wrth bysgota!"

Yna, estynnodd lun cwch pleser hardd, tebyg i'r rhai fyddai'n angori yn harbwr Cavtat o'i boced. "Be ti'n feddwl o hon – y *Progutati*, dwi'n ystyried ei phrynu gan ryw hen Almaenwr. Mae hi'n fargen, ac mi dalith amdani'i hun mewn dim o dro o'i llogi hi allan i ymwelwyr cyfoethog."

Gwyddai Marko fod llawer o wirionedd yn yr hyn a ddywedai Stefan ond gyda sefyllfa'r wlad mor ansicr, doedd o ddim yn credu ei bod yn amser doeth i ddibynnu yn gyfan gwbl ar dwristiaeth. Beth petasai rhyfel cartref yn torri allan? Go brin y buasai unrhyw ymwelwyr eisiau dod yn agos i Dubrovnik wedyn, heb sôn am logi cychod!

"Twt! Ti'n mynd o flaen gofid, Marko bach. Dyna'ch drwg chi, y petha colega 'ma, 'dach chi'n gwrando gormod ar y gwleidyddion 'na sy'n malu cachu ac yn proffwydo gwae byth a beunydd. Ond cofia, mi fydd y cynnig yn dal yna os nei di benderfynu newid dy feddwl unrhyw dro."

"Diolch i ti Stefan, mi na i ystyried y peth," addawodd Marko cyn gadael ei gefnder rhodresgar a mynd i gyfarch Petar a oedd newydd gyrraedd.

"Hei Petar! Mi ddois di o'r diwadd, felly. Ro'n i'n dechrau poeni nad oeddat ti am ddod. Be sgen ti yn y bocs 'na?" holodd gan edrych ar y blwch gwyn a gariai.

"Dim ond rhywbeth bach gan Mama i dy rieni. Lle ma' nhw fel y galla i ei roi o iddyn nhw?"

"Ma' Mama'n gofalu am y bwyd, fan'cw o dan y pergola. Ty'd, mi a'i â chdi ati," meddai Marko gan wthio'i ffordd drwy'r holl bobl oedd yn sefyllian ar y teras.

"Mama, mae gan Petar rwbath i chi," meddai ar ôl cyrraedd Katia a oedd yn brysur yn sleisio *pršut* – ham cartref wedi ei fygu, yn dafelli tenau i'w hychwanegu at y toreth o fwydydd a oedd yno yn barod.

"Helô Petar, mae'n dda gen i dy weld di. Ddaeth dy fam hefo chdi?" holodd Katia gan edrych heibio i'r bachgen.

"Na, ma' Mama yn ymddiheuro na fedrith hi ddŵad draw – gorfod gorffen rhyw archeb i gwsmer medda hi. Ond ma' hi am i chi dderbyn hwn," meddai gan roi'r bocs iddi.

Gwyddai Katia o'r gorau na fyddai gan Gđa Novak archeb i'w chwblhau ar nos Sadwrn, gan y byddai'r siop gacennau ar gau drannoeth. Ofn cael ei herlid am ei gwreiddiau Serbaidd oedd hi fwy na thebyg, meddyliodd yn drist wrth agor y blwch yn ofalus a darganfod teisen hyfryd wedi ei haddurno gyda border o rosod eising pinc a gwyn gyda'r geiriau *sretna godišnjica* – pen-blwydd priodas hapus – wedi eu peipio yn gelfydd arni.

"Cofia ddweud wrth dy fam ein bod yn diolch o waelod calon am y deisen fendigedig 'ma, a'n bod yn flin nad oedd hi'n gallu dod draw heno. Dwi am iddi wybod fod croeso iddi yma unrhyw bryd!" pwysleisiodd Katia gan edrych i fyw llygad Petar.

Ar hynny, daeth Ivo Babić draw a phlannu cusan ar foch ei chwaer yng nghyfraith. "Katia annwyl, ti'n edrach mor ifanc a hyfryd ag yr oeddet ti ar fore dy briodas, bum mlynedd ar hugain yn ôl!"

"Taw â dy lol, Ivo, doedd gen i ddim o'r rhychau 'ma ar fy nhalcen na'r cudynnau gwyn 'ma yn fy ngwallt adeg hynny!" meddai hithau gan chwerthin. "Rŵan, gad i mi fynd 'mlaen hefo fy ngwaith. Mae'r holl bobol 'ma yn disgwyl i gael eu bwydo heno."

"Mae'n bryd i ti roi gorau iddi bellach. Mae 'na ddigon o fwyd yma i borthi'r pum mil, ddudwn i!" meddai Ivo gan edrych ar y bwrdd llawn.

"Paid â gadael i Jaka dy glywad di'n cablu," rhybuddiodd Katia.

"Paid â sôn!" atebodd Ivo gyda winc. "Coblyn o beth ydi gorfod rhannu fy ngwraig hefo dyn arall. Ma' llunia o John Paul II yn blastar o gwmpas y tŷ 'cw!"

"Un ofnadwy wyt ti Ivo!" meddai Katia gan roi pwniad iddo. Gwyddai o'r gorau mai'r gwir amdani oedd bod gan Ivo feddwl y byd o Jaka ac nad oedd y pâr wedi cael amser hawdd yn ystod cyfnod y Comiwnyddion. Roedd yn arferiad tan yn ddiweddar i aelodau o'r blaid honno gymryd ystafelloedd gorau'r tai yn Dubrovnik, gan orfodi'r bobl leol oedd â'u teuluoedd wedi byw yno ers cenedlaethau i ddefnyddio'r rhannau gwaela o'u cartrefi. Er i'r aelodau oedd yn rhannu eu tŷ hwy adael pan ddaeth y si am gwymp Comiwnyddiaeth, tueddai Jaka druan i barhau i sibrwd ar ei haelwyd ei hun, rhag ofn i'w geiriau gael eu clywed a'u cyfleu i'r awdurdodau. Er na wnaeth y Comiwnyddion wahardd crefydd yn gyfan gwbl yn Iwgoslafia, roeddent wedi tueddu i fod yn ddrwgdybus o Gatholigion pybyr fel Jaka, gan amau eu bod yn wrthwynebus i'r drefn.

"Tyd i eistedd hefo ni yn fan'cw," torrodd llais Ivo ar draws ei meddyliau. "Tydan ni ddim wedi cael cyfle bron i dorri gair hefo chdi na Josip ers i ni gyrraedd pnawn ma!"

Yn anfodlon, ildiodd Katia i gais Ivo ac aeth i eistedd ar fainc wrth ochr Jaka gan adael Marko a Petar i fynd at y bar dros dro a osodwyd yng nghornel y teras. Ar ôl bachu potel o gwrw'r un, edrychodd y ddau o'u cwmpas ar yr holl wahoddedigion – pobl canol oed bron i gyd, cyfoedion Josip a Katia; ar wahân i Stefan, oedd wrthi'n byddaru pawb am ragoriaethau ei gychod a'i *jet skis*.

Yna, yn sydyn, goleuodd llygaid Petar wrth iddo sylwi ar Ana, chwaer Marko, oedd yn sgwrsio'n ddwys gyda'i ffrind Marina ar y teras isaf.

"Waw! Ana ydi honna? Ma' hi 'di newid ers pan welais i hi ddwaetha!"

"Gad ti lonydd i fy chwaer fach i, ma' hi'n llawar rhy dda i chdi!"

"Dim ond deud ei bod hi wedi tyfu i fyny nes i. Ti'n gwybod bod gen i feddwl y byd o Ana a dwi 'di arfar meddwl amdani fel chwaer fach i finna hefyd," meddai Petar gan gymryd arno ei fod wedi ei frifo gan honiadau Marko. "Pwy ydi honna sydd hefo hi?"

"Marina ei ffrind. Ti'm yn cofio fel y bydda'r ddwy yn rêl

poen yn ein dilyn ni i bob man 'stalwm ac yn achwyn wrth Mama a Tata pan naethon nhw'n dal ni'n smocio?"

"Wel, mi fysa nhw yn cael fy nilyn i heddiw â chroeso!" meddai Petar gan lygadu'r genethod yn werthfawrogol. "Ty'd, i gael sgwrs hefo nhw cyn i'r cefndar 'na sydd gen ti ddŵad i ddechrau mwydro am ryw *Kawasakis*."

"Dach chi'n licio be dwi 'di neud i'r teras isa 'ma?" holodd Ana yn llawn balchder ar ôl y cyfarchion.

Trodd y bechgyn i edrych ar y teras, ble roedd Ana wedi ceisio creu gwledd i'r llygad a chystadlu'n ofer gyda'r llwyni *bougainvilleas*, drwy addurno'r lle gyda baneri, balwnau, a goleuadau tylwyth teg a grogai o ganghennau'r ddwy goeden lemwn a dyfai yno. Efallai bod Ana wedi tyfu i fyny ers iddi adael cartref a mynd i nyrsio, ond roedd digon o'i chwaer fach anaeddfed yn parhau i lechu tu ôl i'w rhodres ddeunaw mlwydd oed, meddyliodd Marko.

"Os ga' ni fenthyg rhai o dy dapiau di, Marko a recordiau Tata, mi fedrwn ni ddawnsio yma heno. Pwy a ŵyr, ella y cei di gyfle i ddawnsio hefo Marina cyn diwedd y noson?" meddai gan daro winc awgrymog ar ei brawd.

"Sôn am Tata druan," meddai Marko gan geisio llenwi'r distawrwydd chwythig a ddilynodd awgrym profoclyd Ana. "Dwi'n credu y dylwn i fynd i edrych ar ôl y cig oen am sbel, er mwyn iddo fo gael cyfle i gymysgu gyda'i ffrindiau. Wedi'r cwbl ei noson o a Mama ydi heno i fod."

Ar ôl gadael Petar i helpu'r genethod i sortio'r gerddoriaeth, aeth Marko i ryddhau ei dad o'i ddyletswyddau. Wrth iddo ddringo i fyny'r stepiau cerrig o'r teras isaf i fyny at yr uchaf, llanwyd ei ffroenau gydag aroglau rhostio hyfryd a dynnai ddŵr o'i ddannedd. Yno roedd Josip yn troi'r gigwain yn araf uwchben tân agored, ble rhostiai oen cyfan o Ynys Cres, a oedd yn enwog drwy'r wlad am ei hŵyn blasus. Gwyddai Marko mai anaml iawn y byddai unrhyw ddigwyddiad o bwys yn cael ei gynnal yn ardal Cavat, lle na fyddai cig oen yn cael ei goginio yn yr union ddull traddodiadol hwn – arferiad oedd yn mynd yn ôl ganrifoedd lawer, yn ôl ei dad. Wrth i'r cig boeri ei saim i'r fflamau islaw, deuai sŵn hisian poeth a chodai pyffiau o wreichion a mwg melys i'r awyr.

"Ewch chi i gymdeithasu gyda'ch gwesteion Tata. Mi edrycha i ar ôl y cig," meddai Marko, gan afael yn handlen y gigwain.

"Wel, os ti'n siŵr," atebodd ei dad yn ddiolchgar. "Mae'r oen bron yn barod – dim ond rhyw hanner awr arall mae o'i angen. Mi ddo i'n ôl adeg hynny i'w dynnu oddi ar y tân a'i gerfio."

Wrth i'r noson fynd yn ei blaen, daeth mwy a mwy o gymdogion a rhai pobl na wyddai Katia na Josip bron ddim amdanynt draw i fwynhau'r wledd. Llawer ohonynt wedi eu denu gan y gerddoriaeth a'r sgwrsio hwyliog neu arogleuon hyfryd y bwyd a godai o'r terasau. Eraill er mwyn cael cyfle i yfed gwin a diod yn rhad ac am ddim ac i leisio'u barn am bopeth. Cyn hir doedd dim ond sgerbwd yr oen a phentwr o blatiau gweigion ar ôl o'r wledd, er bod y diodydd yn dal i lifo, diolch i gyfraniad hael llawer o'r gwesteion swyddogol.

Ar y teras gwaelod dawnsiai cyplau i'r gerddoriaeth amrywiol a ddewisai Ana ar eu cyfer. Ambell waith, byddai grwpiau yn ffurfio i ddawnsio rhai o'r dawnsfeydd traddodiadol egnïol ac yna byddai'r cywair yn newid wrth i un o recordiau clasurol Josip gael eu chwarae.

"Be am gael rwbath hefo dipyn o fynd ynddo fo?" holodd Stefan a oedd wedi bod yn llygadu Marina. "Dwi 'di laru ar y dawnsio sidêt 'ma!"

"Beth am 'Rock Me' gan Riva 'ta?" cynigodd Ana wrth wasgu botwm ar y chwaraewr tâp i gychwyn y gân boblogaidd a enillodd gystadleuaeth yr Eurovision i Iwgoslafia'r flwyddyn cynt.

"Dyna welliant," meddai Stefan gan afael yn Marina a dechrau ei chwyrlïo ar hyd a lled y teras.

Wrth i'r gerddoriaeth roc fynd rhagddi, bachodd Petar ar ei gyfle i gael dawnsio gydag Ana hefyd a dechreuodd y ddau jeifio i'r rhythm cyflym gan chwerthin yn braf wrth ymuno i floeddio geiriau Saesneg y cytgan *Rock me baby!*

"Tynna dy facha budur oddi ar yr hogan 'na, y Serb ddiawl!" meddai llais cras o du ôl i Petar a chyn iddo gael ymateb, roedd dwrn caled wedi ei daro yn swp i'r llawr. Sgrechiodd Ana a neidiodd Marko a chwpwl o ddynion eraill ar yr ymosodwr a'i lusgo oddi ar Petar a'i anfon o'r parti gyda rhybudd iddo beidio dychwelyd.

"Ti'n iawn?" holodd Ana wrth helpu Petar i sychu ei drwyn gwaedlyd. "Paid â chymryd sylw o ryw hen fwli fath â hwnna – cenfigennus oedd o mod i wedi dewis dawnsio hefo chdi ar ôl ei wrthod o sawl gwaith heno."

Doedd Marko ddim mor siŵr fodd bynnag. Roedd tensiynau rhwng y Croatiaid a'r Serbiaid ar gynnydd a gallai casineb ymddangos yn unrhyw le ar unrhyw bryd, hyd yn oed ar deras ei gartref ei hun. Taflodd yr ymosodiad ar Petar ddŵr oer ar y noson a daeth y parti i ben yn llawer cynt na'r disgwyl.

Pennod 6

Cavtat, Croatia – Awst 1990

Yn ystod wythnos gyntaf Awst eisteddai Nia a Bethan yn gynnwrf i gyd ym maes awyr Manceinion yn barod am eu taith awyren i Iwgoslafia. Roedd ganddynt bythefnos o wyliau o'u gwaith – pythefnos heb orfod codi'n blygeiniol a heb fod yng nghanol aroglau chwerwfelys y caws.

Doedd yr un o'r ddwy wedi hedfan o'r blaen ac roedd yn rhaid iddynt gael diod neu ddau i setlo'u nerfau cyn cychwyn.

"Ti'm yn gwisgo dy fodrwy?" meddai Bethan wrth sylwi ar fysedd noeth ei ffrind yn anwesu ei gwydr.

"Na, o'n i'n meddwl y bysa'n well i mi ei chadw adra rhag ofn i mi ei cholli hi wrth nofio ne' rwbath."

Sylwai Bethan bod gafael Huw ar Nia yn llacio mwy bob dydd ers iddynt ddechrau paratoi i fynd ar eu gwyliau – a pheth da iawn oedd hynny yn ei thyb hi. Ychydig wythnosau ynghynt, ni fyddai ei ffrind wedi meiddio cael ei gweld allan o'r gwaith heb y clwstwr diemwntau ar ei bys.

Ychydig oriau'n ddiweddarach, glaniodd eu hawyren ym maes awyr Čilipi yn Iwgoslafia, a synnodd y ddwy wrth deimlo'r gwres anghyfarwydd yn eu cofleidio wrth iddynt ddringo allan o'r awyren a chroesi tarmac chwilboeth y lanfa. Yn sydyn, doedd eu siwtiau cregyn lliwgar a ffasiynol ddim yn teimlo'n addas ac roeddent yn dyheu am gael newid i ddillad mwy hafaidd.

Ar ôl dangos eu pasbortau a chasglu eu bagiau, croesawyd hwy gan gynrychiolydd o'r cwmni gwyliau a chawsant eu hebrwng at fws a oedd i'w cludo i'w gwesty mewn tref fechan o'r enw Cavtat rhyw ddeuddeg milltir i'r de o ddinas Dubrovnik.

Wrth edrych drwy ffenestr y bws ar y ffordd o'r maes awyr, synnodd Nia pa mor wahanol i gaeau iraidd Eifionydd oedd y lle anial hwn gyda'i grastir sych, ei goed olewydd cnotiog a'i gyprus tal a ymestynnai i'r awyr fel milwyr unionsyth. Cyn hir, fodd bynnag, wrth i'r bws deithio i lawr y gelltydd serth i gyfeiriad yr arfordir, cafodd ei chip cyntaf o'r môr gwyrddlas a befrai yng ngolau'r haul ganol dydd, a gwyddai eu bod wedi gwneud y dewis iawn wrth ddod i Iwgoslafia er gwaethaf pryderon ei thad am ryw helyntion.

Y noson honno ar ôl dadbacio a swpera yn y gwesty, penderfynodd y ddwy fynd i lawr at ardal yr harbwr i gael gwydriad o *rakija* yn un o'r bariau cyn noswylio.

"Ew! Ma' hwn yn gry!" meddai Nia gan dagu ar ei sip cyntaf o'r diod.

"Ti fod i'w lichio fo lawr dy gorn gwddw fel hyn – dim ei sipian o'n ara deg!" meddai Bethan cyn archebu dau wydriad arall.

"Wel, mi sticia i at rum a coke o hyn ymlaen, dwi'n meddwl," meddai Nia gan wrthod blasu rhagor o'r diod tanllyd. "Ma' hi'n noson mor braf – be am gerddad ar hyd y promenâd i gael dipyn o awyr y môr a chael cip ar y cychod crand 'na sydd wedi angori yno?"

"Aros i mi roi clec i rhein ac mi ddo i hefo chdi".

Wrth geisio ymlwybro rhwng yr heidiau o dwristiaid eraill a gerddai nôl a blaen ar hyd y promenâd prysur, dechreuodd Bethan deimlo effaith y diodydd a bu'n rhaid i'r ddwy eistedd ar un o'r meinciau er mwyn iddi gael cyfle i ddod ati ei hun cyn iddynt ddringo yn ôl i'r gwesty.

Edrychodd Nia o'i chwmpas ar yr harbwr bychan gan fwynhau'r olygfa hyfryd wrth i'r haul fachlud dros y dŵr melfedaidd. Yn ddirybudd, treiddiodd atgofion o grwydro traeth Cricieth gyda Huw i'w chof. Petasai o heb ddewis ei gadael i fynd i Seland Newydd, byddent yn briod erbyn hynny ac efallai wedi treulio eu mis mêl mewn lle mor ogoneddus â hwn.

"Hello ladies! You ave nice times, yes?" meddai llais rhywun mewn Saesneg bratiog ar draws ei meddyliau. "Croeso i Cavtat," meddai gan eistedd wrth eu hochr ar y fainc. "Chi dŵad o Lloegr heddiw, ia? Fi a Marko hoffi genod Susnag," meddai gan droi at ei gyfaill a safai'n hunanymwybodol ychydig lathenni i ffwrdd.

"Dim Saeson ydan ni," atebodd Nia yn swta gan droi ei chefn ar y creadur digywilydd. "Ty'd Bethan, gwell i ni fynd nôl i'r gwesty rŵan."

"Mae mhen i'n dal i droi. Gad i ni aros am funud," meddai honno'n feddw. "Tydi'r ddau 'ma ddim yn rhy ddrwg ac mi fyswn i'n deud bod nacw sy'n sefyll fath â llo yn fan'cw yn dy ffansïo di. Tydi o'm 'di tynnu'i lygad o' arnat ti."

"Esgusodwch fi," meddai hwnnw ymhen sbel mewn Saesneg llawer mwy graenus na'i ffrind. "Pa iaith ydych chi'n siarad? Rwy'n astudio ieithoedd modern yn y brifysgol – ond mae eich iaith chi yn swnio'n gwbl ddieithr i mi."

"Rydan ni'n dŵad o Gymru ac rydan ni'n siarad Cymraeg," atebodd Nia'n swta gan geisio halio Bethan oddi ar y fainc.

"Ylwch, dwi'n meddwl eich bod angen help i fynd â'ch ffrind yn ôl i'r gwesty," awgrymodd Marko pan sylwodd pa mor simsan oedd Bethan ar ei thraed. "Rydach chi'n ddigon diogel gyda ni, achos mae Petar a finna'n gweithio yno."

"Sut ydach chi'n gwybod lle rydan ni'n aros?" holodd Nia yn ddrwgdybus.

"Marko a fi spotio chi," meddai Petar gyda winc gellweirus. "Dim lot o genod ifanc del fel chi yn dŵad i gwesty ni. Ni'n meddwl chi yn licio cwmni dau ddyn golygus fel ni."

"Taw Petar!" meddai Marko gan gywilyddio dros ei ffrind. Roedd o'n hoff iawn o olwg yr eneth dal, bryd golau ac fe hoffai gael cyfle i ddod i wybod mwy amdani hi a'i hiaith ddieithr. Ond roedd yn amlwg fod Petar wedi codi ei gwrychyn gyda'i hyfdra twp.

"Mi fedrwn ni ymdopi yn iawn ein hunain, diolch," meddai Nia, gan halio Bethan yn ei blaen. "Ty'd, oddi wrth y ddau grinc 'ma wir!"

"Dwi'n meddwl eu bod nhw yn reit ciwt. Mae'r un tal na'n amlwg yn dy ffansïo di. A tydi'r bychan 'ma ddim yn ddrwg o gwbl chwaith," meddai Bethan gan daro winc fflyrtiog i gyfeiriad Petar.

Cynddeiriogodd Nia. Beth oedd ar ei phen hi yn cytuno i ddod ar ei gwyliau hefo Bethan? Fe ddylai fod wedi gwybod mai fel hyn fyddai pethau. Doedd ei ffrind ddim yn cofio, neu ddim eisiau cofio, ei bod hi wedi dyweddïo ac nad oedd ganddi ddiddordeb mewn unrhyw un heblaw Huw.

"Neith o'm drwg i ni gael chydig o hwyl tra 'da ni ar ein gwylia," ychwanegodd Bethan cyn baglu'n fwriadol a glanio ym mreichiau Petar.

Pan sylwodd Marko ar y dagrau oedd yn dechrau cronni yng nghornel llygaid Nia, ymddiheurodd gan ddweud nad oeddent wedi bwriadu peri loes ac y buasent yn cael llonydd oddi wrth Petar ac yntau am weddill y gwyliau os mai dyna oedd eu dymuniad. "Ond dwi'n credu eich bod angen help i ddychwelyd eich ffrind yn ddiogel i fyny i'r gwesty heno."

Amneidiodd Nia ei phen yn gynnil. Doedd ganddi fawr o

ddewis yn y mater, cysidrodd wrth sylwi ar Bethan a oedd bellach yn cael ei chynnal ym mreichiau Petar.

Ar ôl cyd-ddringo i fyny am y gwesty mewn tawelwch am sbel, mentrodd Marko holi, "Roeddech yn dweud eich bod yn dod o Gymru? Maddeuwch fy anwybodaeth, ond ble mae fanno felly?"

Wedi i Nia egluro fod pedair gwlad yn rhan o'r Deyrnas Unedig, a bod Cymru yn un ohonynt, nodiodd cyn dweud fod sefyllfa Iwgoslafia yn rhywbeth tebyg ac mai gwladwriaeth wedi ei gwneud i fyny o sawl gwlad oedd ganddynt hwythau hefyd.

"Dim Iwgoslafiaid ydach chi, felly?" holodd Nia a oedd wedi ymlacio rywfaint yn ei gwmni erbyn hynny.

"Ni yn Croatiaid! Ni lot, lot gwell na Serbiaid uffar!" poerodd Petar.

Synnwyd Marko wrth glywed Petar yn gwadu ei achau mor rhwydd. Yn sicr, roedd y ddau wedi osgoi trafod y pwnc ers yr ymosodiad a fu arno yn ystod y parti pen-blwydd priodas, rhyw ddeufis ynghynt.

Erbyn iddynt gyrraedd y gwesty, roedd Bethan wedi dod ati ei hun yn rhyfeddol ac ar ôl diolch i'r bechgyn am eu cymorth, cytunodd y ddwy i'w cyfarfod yn ystod prynhawn y diwrnod canlynol pan fyddent yn cael rhyw ddwy awr yn rhydd o'u gwaith.

"Dwi'n meddwl ein bod ni wedi cael bachiad," meddai Bethan wrth lyncu gweddillion y coffi du wedi iddynt ddychwelyd i'w hystafell yn y gwesty.

"Paid â siarad yn wirion, dim ond cynnig mynd â ni i weld y lle 'ma naethon nhw," atebodd Nia a geisiai gladdu'r teimladau cynhyrfus a fynnai ddod drosti wrth feddwl am Marko a'i wallt tywyll cyrliog a'i lygaid brown, siocledaidd y gallai'n hawdd ymdoddi ynddynt.

Yn ystod y dyddiau canlynol, treuliodd y bechgyn lawer o'u hamser rhydd yn tywys Nia a Bethan o amgylch eu tref a'r ardal gyfagos. Yn ystod eu prynhawn cyntaf, rhwng eu shifftiau yn y gwesty, aethant â hwy am dro ar hyd llwybr a arweiniai o gwmpas un o'r ddau benrhyn coediog lle safai tref Cavtat, gan aros bob hyn a hyn i fwynhau cipolwg o'r môr gwyrddlas rhwng canghennau'r coed pîn Aleppo a dyfai wrth lan y dŵr.

Un noson, ar ôl gorffen gweini swper, aethant i dafarn fechan yn uchel uwchben y dref, lle ymgasglai pobl leol yn ddigon pell o brysurdeb yr harbwr a'i dwristiaid. Yno, cawsant brofi croeso traddodiadol, a phan ddechreuodd hen ŵr blycio nodau ar ei *tamburitza* – math o fandolin Groatiaidd, clirwyd y byrddau a'r cadeiriau i'r naill ochr a dechreuodd rhai cyplau ffurfio cylch a dawnsio'r ddawns draddodiadol, y *kolo*.

"Wyt ti ffansi rhoi cynnig arni?" holodd Marko gan wenu'n swil ar Nia.

"Dwi ddim yn siŵr os galla i, mae'r camau yn edrach yn anodd."

"Dilyna fi ac mi fyddi di'n iawn," meddai gan afael yn ei llaw a'i harwain at y cylch. Teimlodd hithau wefr a ymdebygai i sioc drydanol a redai drwy'i chorff wrth iddynt gyffwrdd dwylo am y tro cyntaf. Er gwaetha'i hun, roedd hi'n dechrau cymryd at y Croat golygus ac anghofiodd bopeth am Huw wrth iddi geisio efelychu patrwm ei gamau cymhleth wrth i'r ddawns a'r gerddoriaeth sionc fynd rhagddynt.

Ar ddiwedd y noson, eglurodd y bechgyn fod ganddynt ill dau ddiwrnod o wyliau o'u gwaith yn y gwesty'r diwrnod canlynol.

"Chi dŵad hefo Marko a fi ar fferi i gweld Perl yr Adriatig?" cynigodd Petar.

"Perl yr Adriatig? Be ydi hwnnw?" holodd Bethan.

"Dyna be mae llawer yn galw Dubrovnik am ei bod yn ddinas mor hardd," eglurodd Marko.

"Dyna ryfadd – ma' Saeson yn galw Cricieth, y dref sy'n ymyl lle 'dan ni'n byw yn *Pearl of the Cambrian Coast*, tydyn, Nia?"

Daeth pwl o euogrwydd dros Nia wrth iddi gael ei hatgoffa am Gricieth a Huw. Fe ddylai wrthod cynnig y bechgyn ond gwyddai o'r gorau na fyddai'n gwneud hynny. Cyn ffarwelio'r noson honno, gwnaeth y pedwar gynlluniau i gyfarfod wrth yr harbwr y bore canlynol.

Pennod 7

Cyrhaeddodd Marko'r harbwr yn gynnar y bore canlynol ac wrth gicio'i sodlau yn aros i'r gweddill gyrraedd, aeth i brynu copi o'r *Večernji List*. Gwelwodd wrth ddarllen y pennawd bras ar flaen y papur newydd – roedd y Serbiaid wedi gosod rhwystrau ar y ffyrdd o amgylch Krajina, ardal yn nwyrain Croatia, gan gyhoeddi ei bod bellach dan ymreolaeth Serbia!

Gwyddai Marko fod Knin, prif dref ardal Krajina, wedi gweld llawer o ymladd yn ystod yr Ail Ryfel Byd ac roedd y tensiynau rhwng y Serbiaid a'r Croatiaid wedi parhau yno ar hyd y blynyddoedd, gan i lawer ddioddef dan orthrwm yr Ustaše – mudiad Croatiaidd ffasgaidd a gydweithiai gyda'r Natsïaid ac a laddodd gannoedd o Iddewon, Serbiaid a Sipsiwn rhwng 1929 a 1945; ffaith a godai gryn gywilydd arno ac a brofai nad oedd hanes yr un genedl yn ddilychwyn.

"Ma 'na olwg ddifrifol iawn arnat ti", meddai Petar. "'Sa rhywun yn meddwl dy fod yn casáu'r syniad o fynd â Bethan a Nia i Dubrovnik. Ti 'di cael tocynnau'r fferi?"

"Naddo," atebodd Marko, gan blygu'r papur newydd a'i daro yn ei sgrepan. Ni allai wneud dim am sefyllfa'r wlad a doedd dim pwynt gadael i'r newyddion ddifetha eu diwrnod. Roedd ei amser gyda Nia yn prinhau ac roedd am wneud y gorau o bob munud yn ei chwmni. "Mi ga'i nhw rŵan."

Ymhen dim o dro, eisteddai'r pedwar ym mhen blaen y cwch fferi wrth iddo hwylio yn llyfn o'r harbwr cysgodol. "Arhoswch fel rydach chi am funud i mi gael tynnu eich llun," meddai Bethan gan anelu lens ei chamera bach Kodak tuag at

Nia a Marko – mi fydd hwn yn lun gwerth ei gael ohonoch chi, hefo Cavtat yn y cefndir.

"Chi gweld hwnna?" holodd Petar toc wrth i'r cwch hwylio i fyny'r arfordir, gan bwyntio at adeilad mawreddog a safai ar draeth tywodlyd ger casgliad o westai concrid modern. "Hwnna'n arfar bod yn tŷ haf Tito."

"Mae Meibion Glyndŵr yn llosgi tai haf yng Nghymru!" meddai Bethan gan bwyntio ei chamera at y plasty.

"Pwy yw Meibion Glyndŵr a pam maent yn llosgi tai haf?" holodd Marko.

Ceisiodd Nia egluro sefyllfa mewnlifiad i'r ardaloedd Cymraeg a sut roedd hynny yn effeithio ar yr iaith ac yn achosi i brisiau tai godi tu hwnt i gyrraedd y bobl leol.

"Beth mae eich heddlu yn ei wneud am y peth?"

"Hy! Sgen rheini ddim clem pwy sydd wrthi!" chwarddodd Bethan. "Naethon nhw hyd yn oed ddŵad i ddrws tŷ ni i holi Mam lle roedd hi ryw noson."

"Dy fam?"

"Ia, dim ond am bod ganddi gar fath â'r un oedd wedi cael ei weld yng nghyffinia rhyw dŷ haf oedd wedi ei losgi. Mi fuo Dad a finna'n glanna chwerthin am oesoedd ar ôl i'r plisman fynd achos roedd meddwl am Mam fel *public enemy number one* yn mynd i'r gad yn ei mini bach melyn mor chwerthinllyd."

"Fe wnaethon nhw arestio canwr pop o'r enw Bryn Fôn ddechra'r flwyddyn 'ma hefyd, dim ond am ei fod o wedi canu cân am y peth," ychwanegodd Nia.

"Mae 'na anniddigrwydd yn eich gwlad chi fel fan hyn, felly," meddai Marko ar ôl ystyried geiriau'r genethod. "Dyna'r drwg pan mae gwlad gryf drws nesa yn bwlio ac eisiau cymryd drosodd."

"Roedd fy nhad wedi fy rhybuddio y gallai bod 'na drwbl

yma pan ddeallodd ein bod ni'n dŵad yma ar wyliau," meddai Nia gan edrych ar yr arfordir caregog. "Ond mae'n anodd credu hynny gan fod popeth i'w weld mor heddychlon a braf yma."

"Mae'r newyddion am helyntion Iwgoslafia wedi cyrraedd Cymru, felly?"

"Ydyn, yn ôl Dad. Ond dwi ddim yn meddwl ei fod yn deall yn iawn, achos pan nes i holi, y cwbl ddudodd o, oedd ei bod hi'n gymhleth."

"Mae hynny'n ddigon gwir."

"Stopio rŵan!" torrodd Petar ar draws eu sgwrs gan roi pwn yn ystlys Marko.

"Dim sboilio diwrnod braf yn siarad *politika*!"

Wrth agosáu at Dubrovnik, hwyliasant heibio i drwyn o graig lle safai gwesty newydd, anferth.

"Waw! Am grand" meddai Nia gan ryfeddu at y palas gwydr a ymledai dros y penrhyn. "Dwi'n siŵr ei bod hi'n costio ffortiwn i aros yn fa'na!"

"Y Belvedere ydi honna, un o westai mwyaf moethus Iwgoslafia," eglurodd Marko. "Ac rwyt ti'n llygad dy le – mae'n le drud iawn. Dim ond pobl gyfoethog all fforddio aros yna."

"Gwell i mi gael llun o'r lle fel y gallwn ni ddeud wrth bawb adra mai yn honna roeddan ni'n aros!" meddai Bethan gan glicio'i chamera unwaith eto.

Ychydig funudau'n ddiweddarach, hwyliodd y cwch rhwng breichiau dau forglawdd i harbwr prysur Dubrovnik yng nghysgod y muriau gwynion trwchus a warchodai'r hen dref, gan roi digonedd o gyfleoedd i Bethan dynnu rhagor o luniau. Wrth gerdded ar hyd slabiau calchfaen y brif stryd, sef y Stradun, a oedd wedi eu llyfnhau a'u gloywi fel marmor dan wadnau miloedd ar filoedd o draed dros y canrifoedd, teimlai'r genethod eu bod mewn dinas chwedlonol, llawn hud a lledrith.

Wrth iddynt eistedd wrth droed ffynnon addurniedig Onofrio ger porth Pile ym mhen pella'r Stradun, cododd Petar ar ei draed yn ddirybudd a dringo i ben carreg gerllaw a wthiai allan o wal rhyw ddwy droedfedd yn uwch na'r ddaear, gan geisio tynnu ei grys ar yr un pryd.

"Be ti'n neud y llembo?" holodd Bethan dan chwerthin wrth iddo ddisgyn fel sach o datws i'r llawr.

"Mae 'na hen goel y bydd unrhyw un a all sefyll ar y gargoil yna sy'n sticio allan o'r wal a chadw ei gydbwysedd wrth dynnu ei grys, yn siŵr o fod yn lwcus mewn cariad," eglurodd Marko cyn ceisio yn aflwyddiannus i wneud yr un orchest ei hun.

"O weld perfformiad tila chi'ch dau, tydach chi ddim yn mynd i gael fawr o lwc mewn cariad ddudwn i!" meddai Bethan gan chwerthin ar ben yr olwg druenus oedd ar wynebau'r ddau wrth iddynt gau botymau eu crysau. "Be ti'n feddwl, Nia?"

Gwridodd Nia at fôn ei chlustiau, roedd yr holl sôn am gariad wedi ei gwneud i deimlo'n anghyffyrddus, yn arbennig gan iddi werthfawrogi y cipolwg a gafodd ar gorff euraidd Marko pan geisiodd dynnu ei grys. "I le mae'r grisiau 'na'n arwain?" holodd i geisio cuddio'i swildod.

"I fyny at waliau'r dre. Mae'n bosib eu cerdded. Ydach chi ffansi?" cynigodd Marko.

"Dim diolch! Mae'n llawar rhy boeth i neud rwbath felly. 'Sa'n well gen i fynd i un o'r bariau i dorri sychad," meddai Bethan gan gychwyn llusgo Petar ar ei hôl i lawr y Stradun a gadael Nia a Marko yn sefyll ar eu pen eu hunain yng nghwmni ei gilydd am y tro cyntaf.

Ar ôl dringo i fyny at y waliau amddiffynnol, cafodd y ddau

olygfa anhygoel o'r ddinas – y sgwariau bywiog a'r strydoedd culion â'u bwytai bychan a gynigiai bob math o fwyd a diod i'r ymwelwyr sychedig a llwglyd.

"Dwi'n siŵr fod 'na olygfa wych o ben y mynydd acw," meddai Nia wrth edrych ar y mynydd serth a godai yn union fel cefnlen i'r hen dref. "Mae'r groes garreg 'na sydd ar y top yn anferth!"

"Mynydd Srđ ydi hwnna ac mae llawer o bobl grefyddol yn dringo'r llwybr igam-ogam at y groes, yn enwedig yn ystod y Pasg," eglurodd Marko.

"Sa'n well gen i fynd yn y car cebl 'na wela'i yn mynd i fyny ac i lawr, yn enwedig yn y tywydd poeth 'ma! Eglwys ydi'r adeilad 'na sydd ar y top?"

"Na. Hen gaer a adeiladwyd gan y Ffrancwyr adeg Napoleon ydi hwnna – mae o'n wag ers blynyddoedd."

Cerddasant yn eu blaenau ac wrth gyrraedd y rhan o'r waliau oedd agosaf at y môr, arhosodd y ddau i fwynhau'r olygfa hyfryd o'r Adriatig a ddisgleiriai fel grisial oddi tanynt.

"Be ydi enw'r ynys acw?" holodd Nia gan bwyntio at ynys goediog a warchodai ceg yr harbwr.

"Lokrum ydi honna. Fysa ti'n hoffi mynd am bicnic yna? Mae gan fy nghefnder, Stefan, gychod i'w llogi yn yr harbwr. Roedd o'n arfer bod yn bysgotwr hefo'i dad, ewyrth Ivo, brawd fy nhad, cyn iddo ddarganfod fod llawer gwell arian i'w wneud o rwydo twristiaid trwy'r haf. Ty'd, awn ni i weld be sydd ganddo fo i'w gynnig i ni. Mae o'n dipyn o gymeriad ac mi fyddi di wrth dy fodd hefo fo, ond i ti beidio â chymryd sylw o'i herian o," eglurodd Marko gan arwain Nia i lawr y grisiau serth ac allan i'r harbwr drwy borth Ploce.

Ar ôl gwthio'u ffordd drwy'r tyrfaoedd o dwristiaid, daethant at stondin fechan a safai wrth lan y dŵr gyda lluniau o gychod a *jet skis* yn blastar drosti. Tu ôl i'r cownter, safai cymeriad lliwgar a barablai'n hyderus mewn hanner dwsin o ieithoedd ar draws ei gilydd am fanteision llogi un o'i gychod o yn hytrach na rhai dwsinau o gwmnïau eraill a gynigiai'r un gwasanaeth ar hyd a lled yr harbwr. Pan sylwodd ar Marko yn sefyll gerllaw yn gwrando arno yn mynd trwy'i bethau, tarodd winc sydyn arno ac egluro y byddai'n rhydd i gael sgwrs unwaith y byddai wedi bachu busnes gan y criw o ymwelwyr a safai wrth y stondin.

"Wel, Marko, yr hen lwynog, ti am fy nghyflwyno i i'r ferch ifanc hyfryd 'ma?" holodd yn awgrymog ar ôl derbyn arian yr Almaenwyr.

"Nia ydi hon ac mae hi'n dod o Gymru," eglurodd Marko.

"Fi'n cyfarfod ti'n hapus, Nia," meddai Stefan mewn Saesneg braidd yn chwithig gan gusanu cefn ei llaw. "Fi'n gofyn bod Marko bihafio! Ni, teulu'r Babić yn cwrtais iawn a dim yn hapus os Marko yn hogyn drwg!" ychwanegodd cyn i wên lydan ledu ar draws ei wyneb brown gan ddangos rhes o ddannedd gwynion.

"Taw â dy herian, Stefan!" meddai Marko gan wrido. "Mae Nia a fi ffansi mynd drosodd i Lokrum. 'Sgen ti gwch i'w sbario?"

Ar ôl rhagor o dynnu coes, cynigiodd Stefan gwch bychan i Marko.

"Mi fydd hwn jyst y peth i ti gael dangos dy sgiliau i Nia wrth i ti hwylio drosodd i Lokrum. Mi fysa ti wedi cael benthyg y *Progutati* ond mae gen i ofn fod honno wedi ei llogi trwy'r dydd gan ryw Ffrancod."

"Mi nest di brynu'r cwch pleser drud 'na felly?" holodd Marko.

"Do, ma' hi'n fendigedig ac yn gwibio dros y dŵr fel wennol, fel ma'i henw'n awgrymu. Mi fydd yn rhaid i ti a'r ferch ifanc yma ddod arni am fordaith ramantus rywbryd," meddai gan daro winc ar Nia.

"Faint sydd arna' i ti?" holodd Marko gan geisio rhoi taw ar barablu ei gefnder.

"Dim byd siŵr iawn, 'da ni'n deulu. A sôn am hynny, cofia fi at dy fam a dy dad, dwi heb eu gweld nhw ers noson y parti pan nes i gyfarfod Marina."

"Ti a Marina hefo'ch gilydd felly?"

"Ydan, tad!" meddai gan dynnu wyneb doniol. "Mi alwa i draw i Cavtat hefo hi ddiwedd y tymor ar ôl i'r holl dwristiaid 'ma fynd adra, er mwyn i mi gael diolch yn iawn i dy rieni am fod yn gyfrwng i ni gyfarfod."

Roedd Marko yn amheus o beth fyddai ymateb Katia i'r newydd ei bod yn rhannol gyfrifol o ddod â Stefan a Marina at ei gilydd a hithau wedi gobeithio y byddai o'n dechrau ei chanlyn. Ond diolch byth, efallai y câi lonydd o gynlluniau ei fam i ddewis partner iddo o hynny mlaen meddyliodd wrth arwain Nia i'r siop fara agosaf i chwilio am frechdanau ar gyfer eu picnic ar Ynys Lokrum.

Pennod 8

"Eistedda'n ôl a mwynha'r fordaith," meddai Marko cyn eistedd gyferbyn â Nia gyda blaenau eu traed yn cydgyffwrdd yn gartrefol rhwng y rhaffau a'r geriach oedd ar waelod y cwch bach. "Dwi'n gwybod am le tawel i lanio'n ddigon pell oddi wrth yr heidiau o ymwelwyr sy'n glanio'n ddyddiol hefo'r fferi," ychwanegodd cyn rhoi plwc i'r cortyn i danio'r injan. Yna gafaelodd yn y llyw, a chyn pen dim roeddent yn hwylio allan i'r môr, heibio i hen waliau trwchus yr harbwr, gan anelu tuag at ynys Lokrum.

Gollyngodd Nia ei braich dros yr ymyl gan adael i'w bysedd chwarae'n ysgafn ar wyneb y dŵr wrth i'r cwch bach rodio'r tonnau. Roedd bod allan ar y môr gydag awel ysgafn yn chwythu drwy ei gwallt yn fendith ar ôl gwres llethol y ddinas.

"Tydi Dubrovnik i'w gweld yn fendigedig o fa'ma?" meddai toc gan edrych dros ei hysgwydd, draw dros y dŵr i gyfeiriad yr hen ddinas a dywynnai yng ngolau llachar yr haul ganol dydd.

"Does dim rhyfedd ei bod yn cael ei galw'n Berl yr Adriatic. Ydi eich tref chi yn cymharu hefo hi?"

"Ydi, ond mewn ffordd wahanol. Mae 'na draeth braf yno a hen, hen gastell ar ben y bryn sy'n gwarchod y lle. Wrth sefyll ar y prom ar ddiwrnod clir, mae'r olygfa o Fae Ceredigion yn werth i'w gweld. Ar nosweithiau Sul braf yn yr haf, bydd pobl yn dod yno i ganu emynau a..." Gyda'r holl sôn am Gricieth, dechreuodd euogrwydd ei llethu a llithrodd atgofion o'r nosweithiau a dreuliodd yno yng nghwmni Huw i'w chof.

Roedd hi ar fai yn hwylio fel hyn ar ei phen ei hun hefo Marko; fe ddylai fynnu ei fod yn troi trwyn y cwch a dychwelyd i Dubrovnik ar eu hunion.

"Mae'n swnio'n le hyfryd. D'wed fwy am y lle," torrodd Marko ar draws ei meddyliau cyn iddi allu crybwyll troi'n ôl.

"Mae Cricieth yn dref fach glan y môr mewn ardal o Gymru sy'n cael ei galw yn Eifionydd – ardal amaethyddol, rhwng môr a mynydd, sy'n gorwedd yng nghesail y wlad. Mae'n ardal fwynach rywsut, a llawer gwyrddach na fan hyn." Gwthiodd yr euogrwydd o'r neilltu. Wedi'r cwbl, doedd hi'n gwneud dim byd o'i le; a phetasai'n dod i hynny, Huw benderfynodd ei gadael hi a mynd i ffwrdd am fisoedd i Seland Newydd.

Ymhen rhyw chwarter awr cyraeddasant ben y fordaith fer ac ar ôl clymu'r cwch yn ddiogel mewn glanfa gysgodol, camodd y ddau law yn llaw dros y creigiau gwynion a amgylchynai'r ynys goediog fel les gwyn ar odrau pais, cyn dechrau dringo i fyny'r llechwedd ac anelu tuag at adfeilion hen fynachlog a fu'n sefyll yno ers canrifoedd, gan ryfeddu at y cannoedd o gwningod bach a sbonciai'n ddof o gwmpas eu traed a'r peunod balch a gerddai'n urddasol drwy'r gerddi botaneg a amgylchynai'r adfail.

"Fysa ti'n hoffi gweld y *Mrtvo More* – y Môr Marw?" holodd Marko ymhen sbel.

"Y Môr Marw?" holodd hithau. "Tydi fy naearyddiaeth i ddim yn wych ond ro'n i'n meddwl mai yn y Dwyrain Canol oedd fanno!"

"Efallai nad ydi o mor enwog nac mor fawr â'r Môr Marw hwnnw, ond wir i ti, mae o'n werth ei weld," meddai gan arwain y ffordd ar hyd llwybr coediog tuag at ran ddeheuol yr ynys. Roedd hi mor dawel a heddychlon yno dan ganghennau'r coed llawryf, pinwydd a chypres a blethai'n do uwch eu pennau gan adael dim ond smotiau bychan o oleuni'r haul i adlewyrchu drwy'r brigau fel darnau o arian byw dan eu traed.

"A llonydd gorffenedig yw llonydd y Lôn Goed," adroddodd Nia wrth i'r geiriau cyfarwydd lithro'n ddirybudd oddi ar ei thafod.

"Be ddudist di?"

"Mae'n ddrwg gen i. Adrodd rhan o gerdd enwog Gymraeg sy'n disgrifio lôn goed arall nes i," eglurodd hithau braidd yn hunanymwybodol.

"Paid byth ag ymddiheuro am siarad dy iaith dy hun. Adrodda'r gerdd i gyd." Arhosodd Marko yn ei unfan i wrando ar rythm y geiriau wrth i Nia eu hadrodd ar ei chof.

"Am hyfryd! Mae 'na synau mor wahanol yn y Gymraeg. Fedri di roi ryw syniad i mi o ystyr y gerdd?"

Ceisiodd hithau, y gorau gallai, egluro geiriau R. Williams Parry iddo.

"Mae'r Lôn Goed yn swnio'n le arbennig iawn," oedd sylw Marko wedi iddi orffen. "Mi fydd yn rhaid i mi gael dod draw i weld y lle drosof fy hun rhyw ddydd."

Ar ôl cerdded ymlaen yn hamddenol am ryw hanner awr, daethant allan o gysgod y coed i olau llachar haul y prynhawn. O'u blaenau roedd golygfa baradwysaidd o'r Môr Marw gyda'i ddŵr yn glir fel grisial.

"Mae fan hyn yn le delfrydol i ni fwyta ein picnic," meddai Nia wrth eistedd ar y llain o laswellt a amgylchynai'r llyn. "Wn i ddim beth amdanat ti, ond dwi bron â llwgu."

Cytunodd Marko cyn tyrchu yn ei sgrepan am y brechdanau a'r poteli dŵr roeddent wedi eu prynu yn Dubrovnik. "Gymri di frechdan gaws?" holodd.

"Dim diolch! Dwi wedi cael hen ddigon ar gaws o fod

yn ei wynt o bob dydd yn fy ngwaith," atebodd hithau gan chwerthin.

Wrth glywed hyn, sylweddolodd Marko cyn lleied roedd o'n ei wybod am Nia mewn gwirionedd, a thra roeddent yn bwyta, bu'n ei holi am ei chartref a'i chefndir. Adroddodd hithau hanesion am ei theulu, ei ffrindiau a'i gwaith. Ataliodd rhag cymhlethu pethau drwy sôn am Huw, fodd bynnag; doedd hi ddim am i atgofion am ei dyweddi amharu ar eu diwrnod perffaith.

Ar ôl gorffen y picnic daeth y siarad a'r cellwair i ben wrth i'r awyrgylch rhyngddynt ddifrifoli. Heb yngan gair, cododd y ddau ar eu traed yn hunanymwybodol gan gymryd arnynt eu bod yn edrych allan tuag at y llyn, ond heb weld dim oedd o'u blaenau mewn gwirionedd. Roedd yr awyrgylch rhyngddynt yn drydanol. Trodd Nia i syllu ar Marko; doedd hi erioed wedi teimlo mor fyw ag y gwnâi'r funud honno a dyheai am deimlo ei freichiau yn ei hanwesu a blas ei gusanau ar ei gwefus. Pan na allai atal ei hun am eiliad arall, closiodd tuag ato a phlannu ei gwefusau ar ei rai yntau a'i gusanu'n ddwfn gan dynnu ei bysedd drwy ei wallt cyrliog fel roedd wedi dyheu am gael gwneud ers dyddiau.

Wrth iddo yntau ymateb i'r gusan crwydrodd ei fysedd o dan ei gwallt gan fwytho'i gwddw a'i hysgwyddau'n dyner. Yna, pan na allai atal ei hun ymhellach, cododd odrau ei thop a mwytho ei bronnau sidanaidd. Roedd yntau wedi dyheu am hyn ers iddo daro llygaid arni'r diwrnod cyntaf y cyrhaeddodd Cavtat.

Wedi iddynt ddod o hyd i lecyn cysgodol a phreifat tu ôl i graig, allan o olwg pawb, a diosg eu dillad yn frysiog, gollyngodd y ddau eu hunain ar y glaswellt cynnes gan wasgu'n glos at ei gilydd a gadael i'w dwylo a'u gwefusau archwilio cyrff y naill a'r llall yn awchus. Yna, lapiodd hithau ei choesau amdano ac ymdoddodd y ddau yn un gan gydsymud i rythm eu cyrff nes cyd-gyrraedd uchafbwynt pleserus.

Cyn hynny, arferai Nia gredu bod yr ymadrodd "cysgu gyda'i gilydd" yn ddisgrifiad hurt gan mai gweithred hynod o gorfforol ac egnïol oedd cael rhyw, yn ôl ei phrofiadau blaenorol gyda Huw. Nid rŵan oedd yr amser i feddwl am Huw. Gwasgodd ei hun i gesail Marko.

Ar ôl caru yn fwy hamddenol a dwysach yr ail dro, gorweddodd y ddau'n fodlon ym mreichiau ei gilydd gan syllu ar yr awyr las ddigwmwl uwch eu pennau.

"Ti ffansi nofio?" holodd Marko toc.

"Syniad da!" cytunodd hithau gan godi a rhedeg i'r dŵr oedd yn rhyfeddol o gynnes oherwydd gwres yr haul.

Plymiodd Marko i mewn ar ei hôl a nofiodd y ddau yn egnïol at ben pella'r llyn lle ymunai gyda'r Adriatig.

"Ti'n nofiwr da," meddai Nia gan dasgu dŵr drosto.

"Dwyt ti ddim yn sylweddoli dy fod yng nghwmni chwaraewr polo dŵr o fri! Cofia di, dwi'n meddwl y buasai carreg yn gallu nofio yn nŵr hallt y *Mrtvo More*," meddai dan chwerthin cyn ceisio ei thynnu i'w freichiau.

"Dyna ydi'r rheswm pam dwi'n gallu nofio cyn gystal felly. A finna'n meddwl fod hynny i wneud â sut rwyt ti wedi gneud i mi deimlo!" ychwanegodd yn bryfoclyd, cyn nofio'n ôl at y lan lle roedd gweddillion eu picnic a'u dillad.

Oriau'n ddiweddarach, wrth i'r haul lithro yn araf dros y gorwel, cododd Marko ar ei draed gan ddweud ei bod yn amser iddynt ddychwelyd i Dubrovnik cyn i Stefan ei gefnder anfon gwylwyr y glannau i chwilio amdanynt ac i'r fferi olaf i Cavtat adael am y noson honno.

"Ydi'n rhaid i ni?" ebychodd Nia gan geisio ei dynnu yn ôl i'w breichiau.

"Wel, dwyt ti ddim eisiau aros dros nos ar Lokrum, coelia di fi!" meddai gan daro cusan ysgafn ar ei thalcen.

"Pam ddim? Meddylia braf fysa hi cael yr ynys yma i gyd i ni ein hunain."

"Dwyt ti ddim wedi clywed am y felltith sydd ar y lle 'ma," meddai, wrth ei helpu i godi ar ei thraed a chael trefn arni ei hun. "Dechreuodd y chwedl am y felltith pan orchmynnodd swyddog o fyddin Ffrainc aelodau o dri teulu bonedd o Dubrovnik i fynd i ddweud wrth y mynachod oedd yn byw yma, fod yn rhaid iddynt adael," meddai Marko gan adrodd yr hanes wrth iddynt ddychwelyd ar hyd y llwybr coediog ym mreichiau ei gilydd. "Ar ôl cynnal yr offeren olaf yn y fynachlog, cerddodd y mynachod yn rhes o amgylch yr ynys dair gwaith, gan gario canhwyllau â'u pennau i waered fel bod y cwyr yn toddi a disgyn i'r ddaear dan eu traed. Wrth orymdeithio roeddent yn llafarganu geiriau o felltith ar bwy bynnag fyddai'n ceisio meddiannu'r ynys neu a dreuliai'r nos yma byth wedyn. Erbyn y bore, daeth y newyddion fod holl aelodau y tri teulu bonedd wedi marw."

"Wyt ti'n coelio'r stori?"

"Wel, y cwbl wn i, ydi nad oes dim ond anlwc wedi dod i fywydau pawb sydd wedi ceisio meddiannu'r ynys ers hynny. Franz Ferdinand oedd yr olaf – ei farwolaeth o achosodd ddechra'r Rhyfel Byd Cyntaf!"

"Mae'n well i ni roi traed dani felly. Tydan ni ddim isio bod yn gyfrifol am ddechra rhyfal arall!"

Aeth ias i lawr cefn Marko wrth glywed Nia'n trafod rhyfel mor ddidaro. Ychydig a wyddai hi pa mor agos oedd Iwgoslafia at ddechrau rhyfel cartref gwaedlyd.

Pennod 9

GWIBIODD Y DYDDIAU oedd yn weddill o'r gwyliau heibio gyda Nia a Marko yn ceisio gwneud yn fawr o bob cyfle a gawsant i fod yng nghwmni ei gilydd. Yna, ar y prynhawn olaf ond un, yn ystod y ddwy awr a gawsai Marko i ffwrdd rhwng ei shifftiau yn y gwesty, dringodd y ddau law yn llaw drwy'r coed pinwydd at fynwent a beddrod ysblennydd a safai ar y bryn uwchben yr harbwr.

"'Dach chi'n credu mewn claddu pobl mewn steil," meddai Nia wrth archwilio beddrod hynod gyda'i gerfluniau cain. "Mae'r lle 'ma'n ddigon o ryfeddod!"

"Gwraig i berchennog llongau nath ei gomisiynu ar ôl i'w theulu cyfan farw o'r pandemic ffliw ar ôl y Rhyfel Byd Cyntaf."

"Mae hynna mor drist. Roedd colli Mam pan o'n i'n fach yn ddigon anodd. Er bod Dad druan wedi trio'i orau, dwi'n dal i'w cholli hi'n ofnadwy."

"Dwi mor lwcus i gael Mama a Tata," meddai Marko gan fwytho ei braich. "Fysa ti'n licio'u cyfarfod nhw?"

Llanwodd llygaid Nia – roedd Marko yn barod i wneud ymrwymiad fel hyn ar ôl cwta bythefnos. Mor wahanol i Huw a fu mor amharod i'w chyflwyno i'w rieni yntau, er eu bod wedi bod gyda'i gilydd ers blynyddoedd.

Doedd cais Marko i ddod â Nia i'w gartref ddim wedi cael derbyniad brwd gan ei rieni, fodd bynnag. Methai ei dad yn lân â deall beth oedd y pwynt i'w fab ddechrau perthynas gydag ymwelydd o Brydain a fyddai'n dychwelyd yn ôl i'w gwlad ei hun a'i anghofio'n fuan iawn. Peth dros dro yn unig oedd rhamant gwyliau yn ei hanfod ac ni fyddai'n bosib i'r berthynas oroesi.

Teimlai ei fam yn ddig hefyd. Pam oedd ei mab yn potsian gyda rhyw ferch dramor nad oeddent yn gwybod dim amdani a Marina mor berffaith iddo?

"Dwi'n gwybod fod hyn yn swnio'n hollol hurt gan nad ydw i ddim yn ei 'nabod hi ond ers chydig ddyddia," meddai Marko wrth geisio dwyn perswâd ar ei rieni i groesawu Nia. "Ond dwi hefyd yn gwybod nad ydw i rioed wedi teimlo fel hyn o'r blaen ac mi fysa fo'n golygu gymaint i mi tasach chi'n cytuno i'w chyfarfod hi."

"Ond tydan ni ddim yn siarad yr un iaith!"

"Mae Nia a fi yn cyfathrebu drwy'r Saesneg."

"Wel, ti'n gwybod na fedra i ddim gair o Saesneg felly be ti'n ddisgwyl i mi ddeud wrthi?"

"Rhowch gyfle iddi, plis, Mama. Unwaith y gwnewch chi ei chyfarfod, mi fyddwch chi'n deall pam fy mod yn teimlo fel hyn."

Sylwai Josip Babić mai ei ddyletswydd o oedd dwyn perswâd ar ei wraig cyn i bethau fynd yn ddrwg rhwng y ddau. Gwnaeth ystum gyda'i ben i Marko adael yr ystafell tra byddai o'n ceisio ymresymu gyda hi.

"Katia, os ydi'r hogyn mor awyddus i ni groesawu'r ferch i'r tŷ 'ma, fedra i ddim gweld unrhyw ddrwg yn hynny. Mi fydd hi'n dychwelyd i Brydain ddiwedd yr wythnos a dwi'n siŵr na chlywn ni fyth air amdani eto. Felly, tydi'r holl beth ddim gwerth ffraeo amdano."

"Mae'n ddigon hawdd i ti ddeud hynna, Josip. Ti'n gallu siarad rhywfaint o Saesneg. Be dwi fod i neud hefo hi?"

"Be am i ti baratoi pryd o fwyd iddi? Mi wnaiff dy goginio ardderchog di dorri drwy ffiniau unrhyw iaith a diwylliant.

Meddylia mor falch fydd Marko dy fod yn fodlon gwneud ymdrech."

Y noson honno bu Katia yn troi a throsi yn ei gwely; roedd gymaint o waith o'i blaen cyn y byddai'n barod i groesawu'r ferch ddiarth i'w chartref. Roedd angen glanhau'r tŷ o'i dop i'w waelod – ysgwyd y matiau, rhoi sglein ar y dodrefn a golchi'r llenni – roedd y rhestr yn ddiddiwedd. Yna, byddai rhaid paratoi bwyd. Beth fyddai orau, tybed? A ddylai baratoi *lónac*, ffefryn Marko? Ond beth petasai'r ferch ddim yn hoffi'r cawl? Gwell fuasai cael digonedd o amrywiaeth, efallai. Cigoedd oer, cawsiau a bara a chacen arbennig i orffen y pryd. Ar ôl dod i benderfyniad, rhoddodd ebychiad bodlon cyn troi ar ei hochr a llithro i gwsg esmwyth.

Roedd Bethan hefyd yn llawn amheuaeth pan glywodd am fwriad Nia i fynd i gyfarfod rhieni Marko.

"Ti'n gall? Be di'r pwynt mynd mor *serious* a chditha ar fin mynd adra? A pheth bynnag, ti 'di anghofio dy fod wedi dyweddïo hefo Huw!"

"Ers pryd wyt ti'n poeni am fy mherthynas i â Huw?" atebodd Nia'n flin. "Nest di 'rioed licio'r ffaith ein bod ni hefo'n gilydd a dwyt ti ddim wedi gneud dim ond trio dŵad rhyngddon ni ers iddo fo fynd i New Zealand!"

"Poeni amdanat ti ydw i a dwi ddim isio i ti gael dy frifo. O leia, ma gen ti obaith am ddyfodol hefo Huw. Weli di byth mo'Marko eto!"

Pwdodd Nia yn lân ar ôl clywed hyn ac ni fu fawr o Gymraeg rhwng y ddwy am weddill y gwyliau.

Y noson ganlynol, camodd Nia yn nerfus i mewn i gartref Marko a'i rieni. Beth oedd y bobl hyn yn mynd i feddwl ohoni, tybed? A fyddent yn meddwl mai hoedan wirion oedd wedi cymryd mantais o Marko er mwyn cael rhywfaint o hwyl yn ystod ei gwyliau oedd hi? Fel petasai'n gallu synhwyro ei chwithdod, gafaelodd Marko yn ei hysgwydd a'i gwasgu'n gefnogol cyn ei chyflwyno i'w dad.

"Croeso i'n cartref," meddai Josip gan ysgwyd ei llaw yn ffurfiol. Rhoddodd Nia ebychiad o ryddhad wrth sylweddoli y gallai tad Marko siarad Saesneg oedd bron mor raenus ag un ei fab.

"Diolch i chi am y gwahoddiad," atebodd gan wenu'n swil ar y dyn tal, tenau a edrychai fel fersiwn hŷn o'i fab, gyda'i wallt brown cyrliog yn dechrau britho wrth ei arlais.

"A dyma Mama," meddai Marko gan droi Nia i wynebu gwraig fer ganol oed a safai'n anesmwyth yng nghysgod ei gŵr. "Mae hi'n poeni na fydd hi'n gallu siarad hefo chdi gan nad oes ganddi air o Saesneg."

Estynnodd Nia ei llaw i'r wraig a'i chyfarch gyda gwên ansicr. Ar ôl oedi am ennyd, gafaelodd Katia yn ei braich a'i harwain at y bwrdd â'i liain claerwyn a oedd yn gwegian dan bwysau pob math o ddanteithion yr oedd hi wedi eu paratoi ar ei chyfer – cigoedd a selsig wedi eu mygu, olifau tewion a thafelli o fara *pogača*. Efallai nad y ferch hon fyddai ei dewis hi i'w mab, ond doedd neb am gael cyhuddo Katia Babić o fod yn anghroesawgar ar ei haelwyd ei hun.

Wedi i'r pedwar eistedd o amgylch y bwrdd, ceisiodd Josip wneud i Nia deimlo'n gartrefol drwy ei holi am Brydain a llywodraeth Thatcher. Ond gan nad oedd ganddi hi fawr o grebwyll gwleidyddol, daeth trywydd y sgwrs honno i ben wedi iddi gyfaddef fod pawb roedd hi yn ei adnabod yn casáu'r prif weinidog Seisnig.

"Un o Gymru ydi Nia," eglurodd Marko.

Torrodd cysgod o wên dros wyneb Josip. "Gwlad fach sydd yn cael ei rheoli gan gymydog pwerus fel ni felly," meddai gan gynhesu at y ferch. Yna, chwalodd y wên pan gyfaddefodd mai'r unig un o Gymru y gwyddai o amdano oedd David Lloyd George. "Athro hanes ydw i 'dach chi'n gweld ac mae gen i ddiddordeb mawr yn hanes cyfnod y Rhyfel Byd Cyntaf."

"Dwi'n dod o'r un ardal o Gymru â Lloyd George," meddai Nia a oedd yn falch ei bod yn gallu ymateb gyda rhywbeth o bwys. "Mae o wedi ei gladdu ychydig filltiroedd i ffwrdd o fy nghartref i, ac roedd fy nhad yn arfer mynd â fi i weld ei fedd wrth lan Afon Dwyfor pan oeddwn i'n fach."

"Mae gan eich tad feddwl uchel ohono fo felly?"

"Oes am wn i."

"Fedra i ddim dweud ein bod ni yn rhy hoff ohono fo yn y rhan yma o'r byd ar ôl iddo fo a'i gynghreiriaid yn Versailles gerfio'r Balcans ar ddiwedd y rhyfel," oedd sylw Josip.

Doedd gan Nia ddim ateb i hyn gan na wyddai hi ddim am bolisïau Lloyd George. Felly trodd ei sylw at ei phlât yn hunanymwybodol.

"Mae'n rhaid i'r ferch drio peth o'r *kajmak* yma," meddai Katia gan gynnig potyn o gaws meddal i Nia wrth sylwi fod y sgwrs rhyngddi hi a'i gŵr wedi dod i ben gan adael rhyw ddistawrwydd lletchwith o amgylch y bwrdd.

"Tydi hi ddim yn rhy hoff o gaws," eglurodd Marko gan roi chwerthiniad o ryddhad wrth i'w fam dorri'r tyndra. "Gwneuthurwr caws ydi Nia ac mae bod yn ei wynt bob dydd wedi bod yn ormod iddi!"

Synnwyd Katia pan glywodd hyn. Merch gyffredin oedd wedi arfer gweithio oedd Nia felly ac nid rhyw ferch gyfoethog oedd wedi ei difetha, fel y tybiodd hi. Ond sut oedd hi i fod i wybod hynny? Wedi'r cwbl, doedd pobl gyffredin Iwgoslafia byth yn gallu fforddio mynd ar wyliau dramor. Mae'n rhaid ei bod yn dod o wlad gyfoethog iawn, lle roedd gweithwyr yn cael eu talu yn dda, meddyliodd gan daro cipolwg slei arni ar draws y bwrdd.

"Ydi hi'n 'nabod Diana, Tywysoges Cymru, tybed?" gofynnodd i'w mab.

"Na, dwi ddim yn meddwl fod Nia yn cymysgu hefo'r teulu brenhinol, Mama!" chwarddodd Marko, cyn cyfieithu beth ddywedodd ei fam. Gwenodd Nia pan glywodd y sylw. Roedd hi'n dechrau cynhesu at fam Marko a'i chroeso syml.

Doedd ryfedd yn y byd bod Marko wedi gwirioni meddyliodd Katia, gan sylwi ar y wên swil ar wyneb Nia. Roedd yn rhaid iddi gyfaddef fod y ferch yn hynod o dlws gyda'i gwallt golau a'i llygaid gleision a'i hatgoffai o'r Dywysoges Diana. Dim ond gobeithio na wnaiff hi dorri ei galon o, meddyliodd wrth sylwi ar sut y syllai ei mab mor gariadus arni heb brin gyffwrdd â'i fwyd ei hun.

Pan ddaeth hi'n amlwg fod pawb wedi cael digon o'r cigoedd a'r bara, cododd Katia oddi wrth y bwrdd a mynd at y ddreser lle safai teisen *Madjarica* a'i haenau tenau o siocled y treuliodd oriau'r diwrnod hwnnw yn ei pharatoi.

"Rhaid i ti drio darn o hon," meddai Marko gan gynnig darn i Nia. "Mae Mama wedi ei gneud hi'n arbennig i ti; chei di ddim cacen well unlle yn y byd." Brathodd Nia i mewn i'r haenau melys ac yna ceisiodd ddangos ei gwerthfawrogiad i Katia drwy ystum a gwên.

Er iddynt gael munud lletchwith wrth drafod Lloyd George, ni allai Josip beidio â chymryd at y ferch hynaws chwaith. Roedd o wedi bod ar fai yn dod â gwleidyddiaeth i'r sgwrs. Wedi'r cwbl, nid bai y ferch hon oedd beth ddigwyddodd yn Versailles ddegawdau lawer cyn ei geni. Fel dyn ymarferol, fodd bynnag, poenai am yr effaith a fyddai ei hymadawiad yn ei gael ar ei fab, gan na allai weld bod yna unrhyw bosibilrwydd o ddyfodol realistig i'r ddau, yn enwedig gyda phethau fel yr oeddent yn Iwgoslafia.

Fel petai'n gallu darllen meddwl ei dad, rhannodd Marko ei obeithion gydag o. "Dwi'n gwybod ein bod yn wynebu cyfnod anodd ar hyn o bryd gyda'r Serbiaid yn bod yn fwy ymosodol bob dydd. Ond pan fydd pethau'n tawelu, dwi am wneud cais i'r brifysgol i gael treulio blwyddyn ym Mhrydain yn astudio Saesneg, a fallai'r Gymraeg hefyd."

"Ti'n meddwl y bydd yr awdurdodau yn gadael i ti wneud hynny?" holodd ei dad yn amheus.

"Gyda chyfundrefnau comiwnyddol yn chwalu ar draws Ewrop ar hyn o bryd, pwy a ŵyr be fydd yn bosib mewn rhyw flwyddyn neu ddwy? Ond tydw i ddim yn bwriadu gwastraffu fy noson olaf gyda Nia yn siarad gwleidyddiaeth," meddai gan wneud arwydd arni ei bod yn amser iddynt adael.

Y bore canlynol, eisteddai Bethan a Nia ym maes awyr Čilipi yn aros am yr awyren fyddai yn eu cludo yn ôl i Fanceinion. Ar ôl ffarwelio'n ddagreuol â Marko, teimlai Nia fel petai ar goll. Sut oedd hi am allu ailafael mewn bywyd bob dydd ar ôl hyn? Sut allai wynebu Huw? Bwriadai ddychwelyd i Iwgoslafia yr haf canlynol os na fyddai Marko wedi gallu cael caniatâd i ddod drosodd i Brydain cyn hynny. Yn y cyfamser, cytunodd y ddau i gadw mewn cysylltiad drwy lythyru. Byddai'n rhaid bodloni ar hynny.

Pennod 10

METHAI JOHN YN lân â deall beth oedd yn poeni ei ferch ar ôl iddi ddychwelyd o'i gwyliau. Er iddi fod â'i phen yn ei phlu am beth amser wedi i Huw fynd i ffwrdd i Seland Newydd, ymddangosai fel petai wedi dod ati ei hun ar ôl iddi benderfynu mynd am wyliau ar y cyfandir gyda Bethan. Penderfyniad roedd o'n hynod o falch ei bod wedi ei wneud ar y pryd, gan ei fod o'i hun wedi difaru lawer gwaith na fyddai wedi mentro i weld mwy ar y byd pan roedd o'n ifanc fel ag y gwnaeth llawer o'i gyfoedion yn ystod y chwedegau.

Ond ar ôl iddi ddychwelyd adref o Iwgoslafia, roedd yn amlwg nad oedd Nia'n ymddwyn fel hi'i hun. Ceisiodd ei holi am y gwyliau, ond ni châi fwy na rhyw air neu ddau swta o ateb cyn iddi ddianc i'w hystafell wely. Ceisiodd godi ei chalon drwy ei hatgoffa y byddai Huw yn dychwelyd ymhen ychydig wythnosau ond gwneud pethau'n saith gwaith gwaeth wnaeth hynny am ryw reswm.

Ysgydwodd ei ben yn ddigalon. Doedd ganddo ddim syniad sut i drin ei ferch, beth i'w ddweud na beth i'w wneud. Oedd hi'n well iddo anwybyddu popeth gan obeithio y byddai'n dod ati'i hun yn fuan? Neu a ddylai roi pwysau arni i drafod beth bynnag oedd yn ei phoeni? Fe roddai'r byd yn grwn i gael Lisa ei wraig yn ôl. Fe fyddai hi wedi gwybod yn union beth i'w wneud o dan yr amgylchiadau.

Rhyw wythnos wedi iddynt ddychwelyd adref, digwyddodd

daro ar Bethan y tu allan i siop y pentref a phenderfynodd ei holi.

"Ma hi'n dal wedi mopio'i phen am Marko! Mi ddudis i wrthi nad oes 'na dda yn dod o unrhyw *holiday romance*. Ond 'dach chi'n gwybod sut ma Nia, does 'na byth *half measures* hefo hi!"

"Marko? Pwy ydi hwnnw?"

Wrth iddynt gydgerdded yn ôl o'r siop, adroddodd Bethan hanes y gwyliau wrth John gan egluro sut datblygodd y berthynas rhwng Marko a Nia.

"Mi fuodd hi yn ei gartra fo yn cyfarfod ei rieni a phob dim!"

"Ond does dim dyfodol i'r fath berthynas," oedd sylw John wedi i Bethan orffen yr hanes. "Ac o'r hyn dwi'n glywad ar y newyddion, mae pethau'n edrych yn o ddrwg yn Iwgoslafia ar y funud."

"Dwi'n dallt dim am betha felly, chi. Ond sa'n dda gen i tasa Nia'n callio. Ma' hi 'di bod hefo gwynab dydd Sul gwlyb yn gwaith ers 'da ni'n ôl. Mi bicia'i draw acw i gael sgwrs hefo hi heno os liciwch chi."

***

"Yli, dwi 'di cael rhein yn ôl drwy'r post heddiw," meddai Bethan pan gerddodd drwy ddrws cartref Nia yn hwyrach ymlaen y noson honno, gydag amlen liwgar *Truprint* yn ei llaw.

"Dwi heb eu hagor nhw eto. Ty'd i ni gael sbec," meddai gan daro winc ar John cyn gwthio'i ffordd i mewn i'r parlwr ffrynt.

Ar ôl i'r ddwy eistedd ochr yn ochr ar y soffa, agorodd yr

amlen a thynnu'r lluniau allan o'r waled. Lluniau o harbwr Cavtat gyda'i gychod yn nofio ar fôr glas dan awyr lasach; lluniau o adeiladau gwynion â'u toeau melyngoch nad oeddent yn cofio beth oedd eu harwyddocâd erbyn hyn; llun o Nia yn sipian coctel yn y gwesty ac un arall o Bethan yn gwneud ystumiau ar ôl llyncu *rakija*. Yna, llun o Nia a Marko yn gwenu'n hapus ar y cwch fferi'r diwrnod hwnnw pan aethant ar fordaith i Dubrovnik.

"Ga' i gadw hwn?" holodd Nia wrth syllu'n hiraethus ar y llun.

"Cei siŵr ond gofala'i guddiad o oddi wrth Huw pan ddaw o'n ôl."

"Dwi 'di penderfynu bod rhaid i mi orffan hefo fo, 'sti. Fedra i ddim cogio bo dim byd 'di digwydd. Marko dwi'n ei garu a fedra i ddim meddwl am fod hefo rhywun arall."

"Ond ti 'di dyweddïo a ti fod i briodi mis nesa!"

"Be 'di'r holl boeni 'ma am deimlada Huw fwya sydyn? O'n i'n meddwl y bysat ti wrth dy fodd mod i am orffan hefo fo?"

"Poeni bo chdi'n mynd i ddifaru ydw i. Dwi ddim yn gweld pwynt i ti feddwl am Marko a fynta mor bell."

"Dwi 'di addo aros amdano fo. Mae o'n siŵr o gael caniatâd i ddod drosodd i'r wlad yma cyn hir. Yn y cyfamsar, 'da ni'n gorfod bodloni ar sgwennu at ein gilydd."

"Ti 'di cael llythyr bellach?"

"Na, dim eto – ma' nhw'n cymryd amsar i gyrraedd o Iwgoslafia. Ond dwi 'di sgwennu ato fo bron bob dydd ers 'dan ni'n ôl. Dwn i ddim os ydi o wedi derbyn un o'r rheini eto chwaith."

Ar ôl treulio rhyw hanner awr arall yn edrych ar weddill y lluniau, penderfynodd Bethan ei throi hi am adra heb allu gwneud dim i ddarbwyllo ei ffrind nad oedd pwrpas iddi obeithio y deuai mwy o'i pherthynas â Marko.

***

Un bore, ychydig wythnosau'n ddiweddarach, dechreuodd Nia deimlo'n sâl yn union wedi iddi godi o'i gwely. Ni allai feddwl am fwyta tamaid i frecwast a chyn gynted ag y cyrhaeddodd y gwaith ac aroglau chwerwfelys y caws, dechreuodd gyfogi.

"Mae'n rhaid i mi gael awyr iach," meddai cyn rhedeg allan o'r ffatri i gyfeiriad yr hen bont garreg a groesai Afon Erch a redai drwy ganol y safle. Wrth syllu ar y dŵr yn llifo'n wyllt o dan y bont ar ôl llif Awst trwm y dyddiau cynt, daeth teimlad o banic llwyr drosti.

"Nia? Ti'n ocê?" Gyda sŵn byddarol llif yr afon, nid oedd wedi clywed Bethan yn agosáu. Trodd Nia ei chefn ar y dŵr ac edrych i fyw llygaid ei ffrind.

"Dwi'n hwyr mis yma a dwi'n dechra amau mod i'n disgwl!"

"Be? Sut fust di mor flêr? O'n i'n meddwl bo' chdi ar y bilsan ers blynyddoedd!"

"Ro'n i'n arfar bod. Ond pan aeth Huw i ffwrdd, nes i roi'r gora iddi."

"Wel, fydd rhaid chdi fynd i'r *chemist* i weld yn iawn os wyt ti'n disgwyl ai peidio," cynghorodd Bethan. "Does dim pwynt i ti fynd o flaen gofid tan fyddi di wedi cael gwybod i sicrwydd."

Wrth gydgerdded am y gwaith rai dyddiau'n ddiweddarach, datgelodd Nia fod y prawf wedi cadarnhau ei amheuon, a'i bod yn feichiog .

"Be ti am neud? Ti am gael gwarad ohono fo?"

"Fedrwn i byth neud hynny. Babi Marko dwi'n ei gario a dwi'n dal i'w garu fo, yn fwy na dim."

"Nia, mae'n rhaid i ti anghofio bob dim am Marko – mymryn o *holiday romance* oedd o wedi'r cwbl. Drycha arna'i a Petar. Gaethon ni hwyl hefo'n gilydd tra parodd o ond rŵan, mae'n amsar symud mlaen."

"Ond sut fedra'i symud mlaen a finna'n cario babi Marko?"

"Os ti'n mynnu cadw'r babi, sgen ti ond un dewis ddudwn i – mi fydd yn rhaid i ti berswadio Huw mai ei fabi o ydi o."

"Fedrwn i byth neud peth felly!"

"Wel, os ti ddim yn fodlon cael gwarad ohono fo, dyna'r unig beth fedri di neud. Fysa fo ddim yn deg disgwyl i dy dad druan edrach ar dy ôl di a'r babi."

"Mi a i at Marko..."

"Paid â disgwyl dim gen hwnnw. Dim ond un mewn rhes o gariadon oeddat ti iddo fo siŵr dduw. Ti wedi derbyn llythyr ganddo fo bellach?"

"Na. Ond..."

"Ond dim! Mi fydd yn rhaid i ti berswadio Huw, dyna'r peth gora i bawb."

"Ond mi fydda'i wedi mynd bron i ddau fis cyn y bydd o'n cyrradd adra!"

"Wel, fyddi di ddim yn dangos mor fuan â hynny ac mae na lawar o fabis yn cael eu geni yn gynnar! Rŵan, ty'd i ni gael gair hefo'r rheolwr i weld os fedra ni gael dy symud di i ran arall o'r ffatri 'ma, yn ddigon pell o ddrewdod y caws."

Pennod 11

TUA DIWEDD MIS Medi, derbyniodd Nia alwad gan Huw yn dweud ei fod ar ei ffordd adref a'i fod eisoes wedi cyrraedd maes awyr Heathrow. Pan glywodd ei lais hyderus yr ochr arall i'r ffôn, teimlodd ei stumog yn tynhau a chafodd bwl o ddŵr poeth a losgai cefn ei cheg, fel na allai ei ateb, hyd yn oed petasai wedi cael cyfle i gael gair i mewn.

"Nia? Ti'n gallu nghlwad i? Ma'r lein 'ma'n un wael," meddai toc ar ôl dod i ddiwedd ei lith am ei daith hirfaith yn yr awyren. "Rhaid i mi fynd rŵan, mae'r tacsi sy'n mynd â fi i Euston yn aros amdana i. Biga'i di fyny nos fory," meddai cyn dod â'r alwad i ben yn ddisymwth.

Eisteddodd Nia yn un swp ar y soffa feinyl yn y parlwr ffrynt gan ddal y derbynnydd yn dynn yn ei llaw. Curai ei chalon fel gordd yn erbyn ei hasennau a châi drafferth anadlu. Roedd y dyddiau o fesur a phwyso ynglŷn â'r hyn ddylai wneud wedi dod i ben ac mi fyddai'n rhaid iddi ddod i benderfyniad terfynol am ei dyfodol hi a'r babi erbyn y diwrnod canlynol.

Y noson honno bu'n troi a throsi yn ei gwely gan geisio dod o hyd i'r geiriau fyddai'n rhaid iddi ddweud wrth Huw. Sut yn y byd oedd hi am ei wynebu ar ôl popeth oedd wedi digwydd? Roedd yn rhaid iddi wneud yr unig beth gonest a gorffen gydag o oherwydd doedd dim disgwyl iddo fagu plentyn rhywun arall.

Pam nad oedd hi wedi derbyn gair gan Marko ers iddi ddychwelyd? Oedd o wedi ei anghofio? Roedd hi wedi bod yn ôl yng Nghymru ers wythnosau bellach a doedd hi ddim wedi derbyn yr un gair ganddo, er iddi anfon ei llythyr olaf ato cyn gynted ag y cymrodd y prawf oedd yn cadarnhau ei bod yn feichiog. Tybed a oedd Bethan yn iawn wedi'r cwbl, pan ddywedodd mai dim ond un cariad ymysg llawer oedd hi iddo, ac nad oedd eu perthynas yn ddim byd mwy na rhamant byrhoedlog? Oedd o'n malio cyn lleied amdani hi a'i blentyn fel na wnaeth o hyd yn oed drafferthu ateb ei llythyr?

***

Pan barciodd Huw ei Volvo o flaen ei chartref y noson ganlynol, doedd hi'n ddim mymryn agosach i'r lan. Wedi iddi gamu yn nerfus i'r car, estynnodd ei freichiau amdani a'i gwasgu i'w gesail.

"Ti'n edrach yn dda ac mae'r lliw haul 'na yn dy siwtio," meddai ar ôl ei gollwng o'i afael ac edrych arni yn iawn.

Gwridodd Nia. Doedd fiw iddi sôn am ei gwyliau yn Iwgoslafia, meddyliodd, cyn ateb ei bod wedi gwneud haf braf a bod recordiau tymheredd ym Mhrydain wedi eu torri yn nechrau Awst.

"Ella dylwn i fynd i ffwrdd yn amlach. Ti'n amlwg wedi blodeuo yn fy absenoldeb," meddai'n ysgafn cyn estyn am fag plastig *British Airways* oddi ar y sedd gefn a'i roi yn ei dwylo fel pe bai'n rhoi aur iddi. Agorodd hithau'r bag yn ffug eiddgar, gan ei fod yn rhoi esgus iddi beidio gorfod ymateb ymhellach i'w sylw, a chymerodd arni ei bod yn hynod ddiolchgar o'r persawr drud a brynodd mewn siop ddi-doll yn y maes awyr fel ymgais funud olaf i wneud yn iawn am y diffyg cyfathrebu tra bu i ffwrdd.

Yna, ar ôl plannu cusan wleb ar ei boch, taniodd y modur a chychwyn ar ei union am Gricieth fel petai dim bwlch o chwe mis wedi bod yn eu perthynas. Tra roedd Huw yn adrodd hanesion am ei anturiaethau yn Seland Newydd fel darn heb ei atalnodi, ni fu'n rhaid i Nia wneud na dweud dim mwy nag amneidio ei phen a phorthi bob hyn a hyn. Ond gwyddai unwaith y byddai'n parcio'r car ger y traeth yng Nghricieth y byddai'n rhaid iddi ddweud y gwir wrtho neu ddal ei thafod am byth.

Gollyngodd ochenaid ddistaw wrth sylwi ar ei freichiau blewog a'i ddwylo mawr cryfion gyda'u brychni oren bras yn gorwedd yn ddioglyd dros lyw y car. A allai hi oddef teimlo'r breichiau a'r dwylo hynny ar ei chorff fyth eto o gofio'r wefr o gael ei hanwesu gan Marko? Na! Roedd yn rhaid iddi beidio meddwl am Marko – doedd hynny ddim yn deg, dwrdiodd ei hun cyn taro cip drwy gornel ei llygad ar wyneb coch Huw a oedd yn chwerthin yn braf ar ben rhyw dro trwstan yr oedd o wrthi yn adrodd amdano, heb y syniad lleiaf o'i gwewyr hi.

Pwysodd ei phen ar gefn sedd y car gan fwytho'i bol yn dyner o dan y gwregys diogelwch. Roedd bywyd bach newydd yn tyfu yn ei chroth; bywyd bach oedd yn gwbl ddibynnol arni hi. Ei dyletswydd hi oedd gwneud y peth gorau i'r plentyn a chladdu ei theimladau ei hun. Felly, wrth i'r car yrru drwy bentref Chwilog, daeth i benderfyniad. Wedi'r cwbl, arferai garu Huw, ac fel roedd yr hen air yn dweud – hawdd cynnau tân ar hen aelwyd. Gwyddai y buasai'n siŵr o fod yn ŵr cariadus iddi hi a thad da i'r plentyn. Byddai hithau yn ymroi i fod yn wraig dda iddo yntau ac ni fyddai'n rhaid iddo byth ddod i wybod y gwir. Dim ond Bethan oedd yn gwybod am ei chyfrinach. Er na allai ei thad yn ei fyw fod wedi osgoi ei chlywed yn chwydu yn y boreau, ni wnaeth unrhyw ymdrech i'w holi. Roedd ambell un o'i chydweithwyr wedi bod yn sibrwd y tu ôl i'w chefn yn y ffatri fodd bynnag, gan amau fod rhywbeth o'i le am iddi symud i weithio yn y storfa mor ddisymwth. Ond rhoddodd Bethan daw arnynt yn ddigon buan, pan gyrhaeddodd y sibrydion i'w chlustiau, gan ddweud bod Nia wedi cael dyrchafiad.

"A be fuost ti'n neud hefo chdi dy hun, tra ro'n i ffwrdd?" holodd Huw toc, gan dorri ar draws ei meddyliau.

Gorfododd ei hun i wenu arno cyn ateb nad oedd wedi gwneud fawr ddim heblaw mynd allan hefo Bethan ambell waith.

"Nest di fy ngholli i felly?" holodd gan wasgu ei llaw nes y teimlodd y diemwnt ar ei modrwy ddyweddïo a oedd wedi ei gwisgo am y tro cyntaf ers wythnosau, yn torri i mewn i'w chroen fel petai am ei harteithio oherwydd ei rhagrith.

"Do," atebodd hithau gan orfodi ei hun i wenu arno drwy'r boen.

"Wel, dwi'n ôl hefo fy Nia Ben Aur rŵan," meddai cyn gollwng ei llaw fel y gallai newid gêr wrth i'r car agosáu at ben ei daith ger traeth Cricieth.

Wrth iddynt gerdded law yn llaw i fyny'r allt i gyfeiriad y castell, ni allai Nia atal ei hun rhag cofio sut yr oedd hi a Marko wedi trafod Dubrovnik a Chricieth fel dwy berl; a byddai'n rhoi'r byd am gael troi'r cloc yn ôl y funud honno a chael crwydro Stradun Dubrovnik gydag o unwaith eto. Ond doedd hynny ddim yn deg â Huw, cystwyodd ei hun. Os oedd hi am wneud i'w perthynas weithio, byddai'n rhaid iddi anghofio popeth am Iwgoslafia a Marko unwaith ac am byth.

"Dwi wedi colli fy ffitrwydd ar ôl bod yn segur mor hir," meddai Huw toc, gan aros hanner ffordd i fyny'r allt er mwyn cael ei wynt ato. "Mae'n hen bryd i mi ailafael yn y gwaith ar y ffarm. Doedd yr holl giniawa ac eistedd o gwmpas bob dydd yn gneud dim lles i mi."

Wrth glywed hyn, edrychodd Nia yn iawn arno am y tro

cyntaf. Yn ystod y chwe mis y bu i ffwrdd, roedd ei gorff a arferai fod yn gryf a chyhyrog wedi pesgi ac ni allai lai na sylwi ar y dagell oedd yn dechrau ffurfio dan ei ên a'r straen oedd ar fotymau ei grys denim wrth i'w fol wthio yn eu herbyn.

"Ella y bysa'n well i ti neud heb eis crîm felly," meddai gan geisio cadw pethau'n ysgafn.

"Na, dwi wedi edrach mlaen gymaint am hwnnw. Doedd 'na ddim byd i gymharu hefo fo yn Seland Newydd. A beth bynnag, dwi'n gobeithio y gnei di fy helpu i losgi dipyn o'r calorïa yng nghefn y car nes mlaen heno!" meddai gan wenu'n awgrymog arni.

Aeth ias drwy gorff Nia pan glywodd hyn a dechreuodd deimlo'n sâl. Sut oedd hi am allu caru gyda Huw ar ôl yr holl bethau oedd wedi digwydd? Ond os oedd ei chynllun yn mynd i weithio, gwyddai nad oedd ganddi ddewis ac y byddai'n rhaid iddi guddio ei theimladau, er mor anodd fyddai hynny.

Yn hwyrach y noson honno, caeodd ei llygaid yn dynn a brathu ei gwefus gan orfodi ei hun i anghofio am Marko ac i ymateb i'w garu trwsgl yng nghefn y car. Treiglodd deigryn neu ddau i lawr ei grudd wrth deimlo'i gorff mawr trwm yn ei gwasgu i finyl y sedd. A phan ddechreuodd deimlo na allai ddioddef eiliad arall, cyrhaeddodd ei uchafbwynt ac ar ôl gollwng ochenaid o fwynhad pur, rowliodd yn fodlon oddi arni.

"Nest di ngholli i?" holodd wrth gau ei falog a cheisio sythu ei ddillad yn y gofod cyfyng yng nghefn y car.

"Do, siŵr," meddai hithau gan geisio gwasgu ei dagrau'n ôl.

"Be ti'n feddwl am briodas cyn Dolig? Mi fedrwn ni fynd draw i sioe Smithfield ar ein mis mêl. Mi fysa ti'n licio hynny dwi'n siŵr!"

Rhagfyr, meddyliodd Nia mewn panig. Mi fuasai wedi mynd yn agos i bum mis erbyn hynny! Roedd yn rhaid iddi ddwyn perswâd arno rywsut neu gilydd i briodi cyn gynted â phosib.

Trodd ei llygaid gleision ato gan geisio edrych yn ymbilgar. "Dwi 'di aros amdanat ti mor hir yn barod Huw. Pam na chan ni briodi'n syth fel nest di addo? Dwi'n fodlon gneud hynny mewn swyddfa yn ddi-ffys a peidio trafferthu hefo mis mêl na dim, 'sti."

"Ti wedi newid dy diwn! Cyn i mi fynd i ffwrdd, roeddat ti ar dân isio priodas grand a mynd i Majorca ne Benidorm ne rwla wedyn."

"Mae chwe mis hebdda chdi wedi dangos i mi be sy'n bwysig." Gorfododd ei hun i wenu arno.

"Wel, pam lai os ti'n hollol siŵr. Awn ni i Bwllheli pnawn fory i gael trwydded ac mi fyddan yn briod ymhen dim," meddai gan ei gwasgu tuag ato.

Daliodd hithau ei gwynt gan synnu ei hun ei bod wedi gallu troi yn hen ast gelwyddog a slei mor ddidrafferth. Huw, druan – roedd hi wedi bod mor hawdd ei dwyllo.

Pennod 12

YN YSTOD YR ail wythnos o fis Hydref, dychwelodd Marko i'r coleg yn Zagreb lle'r oedd tensiynau wedi gwaethygu dros y misoedd y bu i ffwrdd. Bu'r daith ar y bws yn ôl i'r brifddinas a safai ar lechweddau deheuol mynyddoedd y Medvedinka yn un ddiflas a hir, gan fod terfysgwyr Serbaidd oddi fewn i Croatia wedi gosod coed fel rhwystrau ar lawer o'r priffyrdd drwy'r wlad, gan alw eu gweithredoedd yn 'Wrthryfel y Boncyffion'.

Ar ei fore cyntaf yn ôl, aeth i Sgwâr Jelačić, sgwâr di-drafnidiaeth yng nghanol y ddinas, er mwyn cael paned o goffi a thamaid o *börek* o'i hoff stondin fwyd yn y farchnad gerllaw. Pan gyrhaeddodd yno fodd bynnag, sylwodd fod y stondin yn wag, fel llawer o rai eraill yn y farchnad, gyda neges wedi ei hoelio ar un o'r polion a ddaliai'r gysgodlen yn ymddiheuro nad oeddent yn gallu parhau i fasnachu oherwydd eu bod yn methu â chael cyflenwadau. Roedd y gweithredoedd terfysgol yn cael effaith ar fywyd bob dydd, meddyliodd Marko wrth gefnu ar y stondin a cherdded yn waglaw drwy'r sgwâr, heb ei bastai gaws.

Rhoddodd ei glun i lawr am funud ger cerflun enwog o hen arwr Croatiaidd, Jelačić, yr enwid y sgwâr ar ei ôl. Pan ddaeth y Comiwnyddion i rym ar ddiwedd yr Ail Ryfel Byd, mewn ymgais i ffrwyno teimladau o genedlaetholdeb y Croatiaid, tynnwyd y gofgolofn a arferai wynebu tuag at Hwngari, yr hen elyn, i lawr. Bellach, fodd bynnag, roedd Jelačić wedi dychwelyd yn falch i'w sgwâr gan wynebu tua Belgrad a'r gelyn newydd y tro hwn.

Wrth eistedd yno gyda'r haul hydrefol yn cynhesu ei war, sylwodd Marko ar y cyplau ifanc a gerddai law yn llaw dros gerrig coblog y sgwâr a throdd ei feddwl at Nia. Roedd wedi hiraethu amdani ers iddi adael. Beth os mai dim ond rhyw adloniant ffwrdd â hi yn ystod ei gwyliau oedd o iddi wedi'r cwbl? Na, nid felly oedd hi, dwrdiodd ei hun. Mae'n rhaid bod yna reswm arall pam nad oedd wedi derbyn gair ganddi a hithau wedi addo ysgrifennu ato'n gyson. Tybed oedd ei llythyrau wedi eu hatal gan y terfysgwyr Serbaidd oedd yn ceisio tanseilio'r drefn drwy ei wlad? Os felly, tybed a oedd yr un peth wedi digwydd i'w lythyrau yntau iddi hithau? Pam na fuasai wedi gofyn am ei rhif ffôn cyn iddi fynd i ffwrdd? Er bod pris galwadau rhyngwladol yn ddrud, buasai'n fodlon talu crocbris i gael clywed ei llais unwaith eto. Gydag ochenaid, cododd oddi ar y fainc ac ar ôl taro cip sydyn i gyfeiriad yr hen Jelačić, cerddodd yn ôl i gyfeiriad y brifysgol. Roedd ganddo sesiwn unigol gyda'i diwtor y prynhawn hwnnw, a gobeithiai gael gwybod a fyddai modd iddo gael caniatâd i dreulio cyfnod sabothol ym Mhrydain yn astudio Saesneg fel rhan o'i gwrs.

Bythefnos yn ddiweddarach, cafodd ateb negyddol gan ei diwtor a oedd wedi gwneud ymholiadau ar ei ran. Doedd dim ffordd yn y byd y gallai Marko fynd i dreulio cyfnod ym Mhrydain pan roedd sefyllfa Croatia mor fregus. "Fel ti'n gwybod, mae pethau'n anodd iawn ar hyn o bryd. Mi fysa'n well i ti aros am flwyddyn neu ddwy i weld os bydd pethau'n setlo cyn gwneud cais," oedd ei gyngor.

Dychwelodd yn benisel i'w neuadd breswyl gan holi ei hun beth oedd y pwynt iddo aros ymlaen yn y coleg; waeth fuasai iddo roi'r ffidil yn y to a dychwelyd adref i Cavtat ddim. Roedd bywyd yn mynd yn anoddach bob dydd yn Zagreb, gyda thensiynau yn codi wrth i brinder bwyd gynyddu gan fod lorïau a threnau yn cael eu rhwystro'n gyson rhag cyrraedd y brifddinas gan flocadau'r Serbiaid. Roedd ffoaduriaid wedi dechrau heidio yno hefyd, gan chwilio am loches o ardaloedd dwyreiniol fel Krajina, lle'r oedd y Croatiaid yn y lleiafrif yn eu gwlad eu hunain ac yn dioddef dan law'r mwyafrif Serbaidd. Cyrhaeddai'r trueiniaid yn ddyddiol yn eu cerbydau trymlwythog, gan wersylla dros dro dan gysgod cynfasau plastig a tharpolin anaddas ym mharciau a meysydd parcio'r ddinas. Roedd yr olwg hunllefus ar eu hwynebau yn brawf o'r erchyllterau roeddent wedi bod yn dyst iddynt yn eu hardaloedd eu hunain ac yn ystod eu taith i Zagreb.

"Marko Babić?" holodd y porthor wrth iddo gyrraedd mynedfa ei neuadd breswyl. "Mae parsel wedi cyrraedd i ti," meddai gan ddal pecyn yn ei law. "Diolch byth fod y post o leiaf 'di dod nôl i drefn ar ôl i lywodraeth Croatia sefydlu'r gwasanaeth cenedlaethol newydd wythnos dwytha. Mae'r *Chetniks* ddiawl 'na wedi bod yn chwarae hafoc ers misoedd gan losgi llawer o lythyrau ac atal rhai eraill rhag cyrraedd pen eu taith. Doedd 'na bron ddim byd wedi dod yma drwy'r post ers dechrau'r tymor. Ond heddiw ma 'na lwyth o lythyra a pharseli wedi cyrraedd ar yr un pryd! Dw'n i'm ..."

"Diolch i chi," torrodd Marko ar draws llifeiriant y porthor siaradus gan gymryd y parsel o'i ddwylo.

Pan gyrhaeddodd breifatrwydd ei ystafell, eisteddodd ar erchwyn ei wely, gan syllu ar ysgrifen gyfarwydd ei dad ar y pecyn. Rhwygodd y papur llwyd yn ei frys gan ddatgelu'r cynnwys – pentwr o lythyrau, i gyd wedi eu postio ym Mhrydain. Roedden nhw wedi cyrraedd o'r diwedd!

Ar ôl astudio'r amlenni gyda'u hymylon coch, gwyn a

glas a'u stampiau anghyfarwydd gyda llun brenhines Lloegr arnynt, gosododd hwy yn nhrefn y dyddiadau y cawsant eu postio, gan sylwi fod Nia wedi anfon y llythyr cyntaf ato'r diwrnod ar ôl iddi adael ym mis Awst. Agorodd yr amlen a thynnu'r llythyr allan yn ofalus cyn dechrau darllen ei geiriau cariadus. Gorffennodd y llythyr wrth ddweud cymaint yr oedd yn ei golli'n barod a'i bod yn edrych ymlaen at dderbyn gair ganddo yntau.

Wrth ddarllen trwy'r llythyrau yn eu trefn, sylwai Marko fod eu naws yn newid wrth iddi ddechrau cwestiynu ei deimladau o tuag ati, gan nad oedd hi wedi derbyn yr un gair yn ôl ganddo. Erbyn iddo gyrraedd y nawfed llythyr, roedd ei phryder yn gwbl amlwg. "Be sy'n bod Marko? Pam nad ydw i wedi derbyn yr un gair gen ti ers i mi gyrraedd adref?" holodd. "Mae Bethan yn credu mai dim ond un mewn rhes o gariadon o'n i i ti a dy fod wedi anghofio amdana i'n llwyr. Dydw i ddim eisiau credu hynny am funud oherwydd dwi'n grediniol fod ein perthynas ni yn un arbennig. Plis, gad i mi wybod, un ffordd neu'r llall. Mae'r aros yma yn fy lladd i."

Teimlodd Marko ei galon yn suddo wrth ddarllen y llythyr oedd yn cyfleu poen Nia. Doedd ryfedd fod amheuon yn codi a hithau heb dderbyn gair ganddo ers iddynt ffarwelio. Gallai dagu'r Serbiaid ddiawl a fu'n atal yr holl lythyrau cariadus roedd o wedi ei hysgrifennu ati'n gyson.

Roedd un llythyr ar ôl. Agorodd yr amlen a darllen y newyddion syfrdanol. Ailddarllenodd y geiriau'n ofalus rhag ofn ei fod wedi camddeall. Na! Roedd y neges yn gwbl blaen. Roedd Nia yn feichiog!

"*Jebeni pakao!*" llithrodd y rheg o'i enau. Roedd o'n mynd i fod yn dad ac yntau ond yn ugain oed! Sut oedd o wedi bod mor flêr? Roedd o'n eithaf siŵr ei fod o wedi cymryd gofal ar ôl y tro cyntaf hwnnw ar Ynys Lokrum. Oedd Nia yn trio ei dwyllo? Na, fuasai hi byth yn gwneud peth felly, cystwyodd ei hun cyn gynted ag y daeth y syniad i'w ben. Roedd Nia yn disgwyl ei blentyn o a doedd o ddim yno i fod yn gefn iddi. Ar ôl dod dros ei fraw cychwynnol, edrychodd ar y dyddiad ar dop y ddalen, a sylwi fod y llythyr wedi ei anfon ato ers ganol Medi; bron i ddau fis ynghynt ac yntau heb ymateb! Beth ar y ddaear oedd ei barn hi ohono bellach, tybed?

Cododd oddi ar ei wely a dechrau camu'n ôl ac ymlaen ar hyd llawr ei ystafell gyfyng fel llew mewn cawell. Roedd yn rhaid iddo wneud rhywbeth. Ond beth allai o wneud a hithau mor bell i ffwrdd? Byddai'n bendant yn rhoi gorau i'w gwrs yn y coleg a mynd draw i Gymru i fod yn gefn iddi rywsut neu'i gilydd. Yn y cyfamser, roedd yn rhaid iddo ysgrifennu llythyr yn egluro popeth ar unwaith, gan obeithio y byddai hi'n ei dderbyn yn brydlon, nawr fod y gwasanaeth post wedi dod i drefn.

Wrth iddo gerdded at y swyddfa bost gyda'r llythyr yn ei law, daeth sŵn bygythiol, fel petai rhywbeth yn rhwygo'r awyr lwydaidd uwch ei ben. Gwyrodd yn reddfol wrth i jet MiG-29B o lu awyr Iwgoslafia hedfan yn isel, a daliodd ei wynt gan ddisgwyl am y ffrwydrad pan drawai'r awyren un o dyrau'r ddinas. Ond pan ddigwyddodd dim, sythodd ei gefn drachefn cyn parhau â'i daith. Doedd o ddim wedi mynd ond ychydig lathenni, fodd bynnag pan glywodd sgrechiadau seiren a oedd yn ddigon i oeri ei waed. Arhosodd yn ei unfan unwaith eto i gysidro beth oedd y sŵn dieithr, cyn i'r adrenalin ddechrau pwmpio drwy ei wythiennau a pheri iddo redeg am ei fywyd drwy'r strydoedd culion wrth iddo sylweddoli ei harwyddocâd. Lle oedd y lloches agosaf? holodd ei hun gan geisio dwyn i gof y map a ddangoswyd iddynt mewn seminar yn y coleg ddechrau'r tymor am beth i'w wneud petasai yna ymosodiad o'r awyr. Gorymateb dramatig oedd barn y rhan fwyaf o'r myfyrwyr ar y pryd; fuasai lluoedd milwrol Iwgoslafia byth yn ymosod ar Zagreb a'u pobl eu hunain!

Drwy lwc, daeth ar draws nifer o bobl yn anelu am loches danddaearol dan floc o swyddfeydd heb fod yn bell o'r swyddfa bost. Ar ôl eu dilyn a dringo i lawr y grisiau concrid, gwasgodd ei ffordd i mewn i'r byncer drwy ddrws metel trwchus. Yn y lloches dywyll, roedd aroglau llwydni'r muriau concrit a chwys y cyrff bron â'i lethu. Pan ddaeth ei lygaid yn gyfarwydd â'r tywyllwch, gallai weld y casgliad amrywiol o bobl o'i gwmpas, yn ddynion, merched a phlant o bob haen o gymdeithas wedi eu gwasgu at ei gilydd mewn hen fyncer o gyfnod y Rhyfel Oer. Wrth un mur roedd casgliad o welyau bync haearn a meinciau pren a oedd bellach yn gwegian dan bwysau'r bobl a eisteddai arnynt. Yn y gornel bella, safai grŵp o blant, yn aros eu tro yn eiddgar i gael troi pedalau beic a fyddai'n creu'r trydan i oleuo'r bwlb gwan ac annigonol a grogai o'r to isel. Iddynt hwy, roedd y profiad newydd yn antur fawr oedd yn eu cadw o'u gwersi diflas yn yr ysgol. Roedd y straen ar wynebau'r to hŷn yn adrodd stori wahanol fodd bynnag, wrth i atgofion erchyll o gyfnod y buasai'n well ganddynt ei anghofio ddychwelyd yn fyw i'w cof. Mewn ymgais i geisio ysgafnhau'r tensiwn, dechreuodd rywun ganu hen gân brotest Groatiaidd, *Vila Velebita*, a chyn hir roedd y mwyafrif o'r bobl oedd yn y byncer wedi ymuno i mewn i ganu clodydd y Dylwythen Deg o Velebit.

Ar ôl cyfnod a deimlai fel oes, canodd y seiren unwaith eto i ddynodi ei bod yn ddiogel iddynt adael. Tu allan, tynnodd Marko yr awyr iach i'w ysgyfaint ac o wrando ar y sgyrsiau o'i amgylch, doedd dim difrod wedi ei wneud i Zagreb y tro hwnnw. Codi braw ar y boblogaeth oedd bwriad y cyrch, mae'n debyg, a'u rhybuddio o'r hyn allai ddigwydd petai'r Croatiaid yn mynnu parhau gyda'u cynlluniau i fod yn annibynnol o weddill Iwgoslafia.

Edrychodd ar yr amlen y bu yn ei gwasgu'n dynn yn ei law wrth aros yn y lloches cyn parhau â'i daith i'r swyddfa bost, gan obeithio nad oedd yn rhy hwyr i ddal casgliad y diwrnod hwnnw. Os na fyddai yna rwystrau unwaith eto, fe ddylai Nia gael ei lythyr ymhen mater o ddyddiau. Yna, fe arhosai yntau i dderbyn ei hateb hithau cyn rhoi'r gorau i'w gwrs yn y coleg.

Pennod 13

Cavtat – Tachwedd 1990

PAN GAEODD Y gwesty ei ddrysau wedi i'r ymwelwyr olaf adael Cavtat fel gwenoliaid ddiwedd yr haf, bu'n rhaid i Petar chwilio am waith arall a fuasai yn ei gynnal drwy fisoedd hir y gaeaf. Ar ôl holi hwn ac arall, cafodd waith gyda chwmni cynnal a chadw oedd yn gweithio ar adnewyddu rhai o westai mawr Dubrovnik a'u paratoi ar gyfer tymor gwyliau'r flwyddyn ganlynol.

Er hynny, roedd Petar yn bell o fod yn fodlon ei fyd. Ers yr ymosodiad arno yn ystod y parti yng nghartref Marko yn ôl ym mis Mehefin, gorfodwyd o am y tro cyntaf yn ei fywyd i wynebu'r gwirionedd am ei wreiddiau. Oedd o'n barod i dderbyn ei fod yn hanner Serbiad, ar ochr ei fam? Ynteu oedd o'n fodlon gwadu hynny gan gymryd arno mai dim ond gwaed Croataidd ei dad oedd yn llifo drwy ei wythiennau? Trwy gydol misoedd yr haf, ceisiodd guddio'r ffaith ei fod yn cael ei rwygo'n yfflon gan y cwestiynau hynny, drwy wisgo masg y ffŵl – y Petar doniol oedd bob amser yn barod am hwyl gan ddangos ei hun i'w ffrindiau ac i'r merched!

Roedd hi wedi bod yn ddigon hawdd tynnu llwch i lygaid Marko nes i hwnnw droi yn surbwch wedi i'r genod hynny o Gymru ddychwelyd i Brydain. Er i Petar geisio'i orau i godi hwyliau'i ffrind, doedd dim yn tycio. Erbyn diwedd y tymor gwyliau roedd pethau wedi mynd yn ddrwg rhyngddynt, yn enwedig ers iddo geisio darbwyllo ei ffrind i anghofio Nia, gan ddweud mai dim ond perthynas arwynebol fel ei un o a Bethan oedd wedi bod rhwng y ddau wedi'r cwbl.

Felly, er mawr syndod iddo'i hun, roedd Petar yn falch o weld cefn Marko pan ddychwelodd hwnnw i'r coleg yn Zagreb. Doedd ei ffrind ddim yn sylweddoli pa mor braf oedd hi arno gyda'i gefndir Croataidd cadarn a doedd ganddo mo'r syniad lleiaf o'r gwewyr a'r rhwyg a chwalai ben Petar yn ddyddiol.

Er na wyddai neb o'i gydweithwyr newydd am ei gefndir, teimlai Petar yn anghyfforddus pan fyddent yn cwyno o'i flaen wrth ddarllen yn y papurau newydd am ryw weithredoedd ysgeler fyddai'r Serbiaid yn gyfrifol amdanynt mewn rhannau eraill o'r wlad, gan gymryd yn ganiataol ei fod o'n Groat llawn fel hwythau.

"Gwrandwch ar hyn," meddai un cydweithiwr uchel ei gloch un diwrnod gan bwyntio at bennawd ymfflamychol yn y *Slobodni tjednik*, papur newydd eithafol a ddarllenai yn ystod eu hegwyl. "Ma'r ffycin Serbiaid 'na 'di bod yn gosod mwy o rwystrau ar y ffyrdd a stopio pethau fel bwyd a ballu i gyrraedd o un pen i'r wlad i'r llall."

"Ma' nhw'n trio tanseilio'r drefn," oedd sylw un arall. "Ylwch sut nath y diawlad atal llythyra a ballu am wsnosa cyn i'r Arlywydd Tudman sefydlu'r gwasanaeth post newydd."

"Dwi 'di clywed bod y ffycars yn cam-drin pobl yn uffernol mewn rhai ardaloedd o'r wlad 'ma. A tydi'r plismyn yn gneud dim i'w hatal nhw!"

"Ti'n synnu? Mae'r rhan fwya' o rheini'n Serbiaid! Ma'n rhaid i ni gymryd pethau'n ein dwylo'n hunan, hogiau, a dysgu gwers i'r diawlad!"

Wrth glywed sgyrsiau fel hyn, dechreuodd Petar boeni am ei fam a dechreuodd gwestiynu doethineb ei benderfyniad i letya yn Dubrovnik drwy'r wythnos gan fwrw'r Sul yn unig gartref yn Cavtat.

"Fyddi di'n iawn yma ar ben dy hun?" holodd hi sawl gwaith cyn dychwelyd i'w waith ar y bws cynnar foreau Llun. "Mi fedra i ddŵad adra bob nos ar ôl gwaith."

"Paid â meiddio gwastraffu dy gyflog ar y bysiau. Mi fydda i'n iawn siŵr achos ma'r rhan fwya o bobl y lle 'ma yn fy nhrin i fel un ohonyn nhw. Wedi'r cwbl, dwi'n byw yma ers pan o'n i'n bum mlwydd oed," ceisiodd ei fam ei ddarbwyllo. "A pheth arall, ma' nhw yn rhy hoff o fy *fritules* i neud unrhyw ddrwg i mi!"

***

Fel y llusgai'r dyddiau yn eu blaenau ac i oerfel y gaeaf gydio yng nghanol Tachwedd, cynyddai'r tensiynau rhwng y Serbiaid a'r Croatiaid. Un noson ar ôl darllediad gwleidyddol arbennig o wrthun ar y teledu gan Slobodan Milošević, a fu'n traethu am oruchafiaeth y Serbiaid gan ddatgan ei gynlluniau i lanhau ei wlad o unrhyw un nad oedd o'r cefndir ethnig cywir, taflwyd olew ar y fflamau a dechreuodd rhai o drigolion Cavat, a fu'n heddychlon tan hynny, gwestiynu eu hunain a'u hagwedd tuag at y lleiafrif Serbaidd a oedd yn byw yn eu mysg. Wedi'r cwbl, pam y dylent hwy gael rhwydd hynt i fyw yn gyfforddus yn Cavtat pan roedd y Serbiaid yn erlid eu brodyr a'u chwiorydd Croatiaidd mewn rhannau eraill o'r wlad? Ar ôl y darllediad, ymgasglodd rhyw hanner dwsin o ddynion penboeth dan fantell y nos gyda'r bwriad o ddysgu gwers i'r Serbiaid hynny.

Ar ôl diwrnod hir o bobi a gwerthu ei bara a'i theisennau, noswyliodd Gđa Novak yn flinedig y noson honno. Roedd yn nos Wener ac mi fyddai Petar yn dod gartref o Dubrovnik fore trannoeth ac mi fyddai'n rhaid iddi bobi rhywbeth arbennig ar ei gyfer yn y bore, meddyliodd cyn syrthio i gwsg esmwyth.

Rywbryd ynghanol y nos, deffrowyd hi'n sydyn o drwmgwsg gan sŵn lleisiau dynion yn gweiddi'n gras y tu allan. Gyda'i chalon yn ei gwddw, cododd o'i gwely a mentro i gymryd cip drwy ffenestr ei hystafell wely oedd uwchben y *sastičarna*. Yn y stryd gul islaw, gallai weld cysgodion y dynion a oedd wedi ymgasglu yno gan weiddi sloganau ffiaidd, gwrth-Serbaidd. Yna, clywodd sŵn gwydr yn malu'n deilchion wrth i un ohonynt daflu rhywbeth drwy ffenest y siop.

Gan grynu fel deilen, llusgodd gist ddillad drom a'i gosod o flaen drws ei hystafell wely i geisio atal yr ymosodwyr rhag dod i mewn. Yna, lapiodd ei hun mewn carthen a chuddio yn y gornel tu ôl i'r gwely i aros am ddiogelwch golau dydd.

Pan gyrhaeddodd Petar adref yn y bore, arhosodd mewn braw wrth weld y dinistr a'i wynebai. Roedd ffenest y siop yn deilchion ac roedd rhywrai wedi helpu eu hunain i'r cynnyrch oedd yn cael eu harddangos yno. "Lladron ddiawl!" ebychodd yn uchel cyn sylwi ar y sloganau gwrth-Serbaidd oedd wedi eu peintio gyda phaent coch fel gwaed ar hyd waliau'r siop. Ar hyd y llawr roedd darnau o wydr miniog yn gymysg â gweddillion y bara a'r teisennau a sathrwyd dan draed yr ymosodwyr.

Rhedodd i fyny'r grisiau gyda'i wynt yn ei ddwrn i weld os oedd ei fam yn iawn ac ar ôl curo yn hir ar ddrws ei hystafell wely a'i darbwyllo ei bod yn ddiogel, cododd Gđa Novak o'i chuddfan ac ar ôl gwthio'r gist ddillad o'r neilltu agorodd y drws a disgyn yn ddiolchgar i freichiau ei mab.

"Mama bach, wyt ti'n iawn? Ddylwn i byth fod wedi dy adael di yma ar ben dy hun," meddai gan roi ei fam i eistedd ar erchwyn ei gwely. "Y cachwrs ddiawl yn ymosod ar wraig weddw unig! Taswn i yma, fysa'r diawlad ddim 'di meiddio!"

"Dwi'n iawn rŵan dy fod ti yma. Poeni y bysan nhw yn rhoi'r lle ar dân o'n i a finna'n styc i fyny'r grisiau 'ma."

"Aros di yma am sbel, mi a i lawr i weld be 'di'r difrod. Fydda i ddim yn hir."

Wrth fynd i lawr y grisiau, dechreuodd Petar holi ei hun a oedd o elwach o roi gwybod i'r heddlu. Fyddai rheini eisiau gwybod? Cyn iddo gael amser i ddod i benderfyniad, fodd bynnag, daeth perchennog y siop i'r drws.

"Dwi'n gweld fod 'na helynt wedi bod yma neithiwr. Fysa hyn heb ddigwydd heblaw bod dy fam o dras Serbaidd. Mae hi'n bobydd heb ei hail, ond dwi'n siŵr dy fod ti'n deall na fedra i fforddio ei chyflogi hi ar ôl hyn. Mae hi'n ddrwg i'r busnes ac mae gen i ofn y bydd rhaid i mi ofyn iddi adael y fflat hefyd," meddai'n oeraidd, gan osgoi llygaid Petar.

"Y Croat ddiawl!" gwaeddodd Petar wrth weld cefn y dyn yn gadael y siop heb unwaith holi os oedd ei fam yn iawn ar ôl yr helynt. "Ti'n poeni am neb na dim ond dy fusnes ar ôl i Mama druan weithio mor galed i lenwi dy bocedi di ar hyd y blynyddoedd!"

Dringodd yn ôl yn araf i fyny'r grisiau gan bendroni sut y byddai'n torri'r newydd i'w fam ei bod wedi colli ei gwaith a'r to uwch ei phen. Ond pan gyrhaeddodd yr ystafell wely, roedd Gđa Novak wrthi yn llenwi cês gyda'r ychydig eiddo a dillad sbâr a oedd ganddi.

"Mi ddois i benderfyniad tra ro'n i'n cuddio rhag y dynion 'na neithiwr. Dwi am fynd i fyw i Belgrad at fy nghyfnither. Fedra i ddim aros yma ar ôl beth sydd wedi digwydd." Caeodd y cês yn glep. "Tydi pobl y lle 'ma erioed wedi fy nerbyn i yn un ohonyn nhw. Ers i mi golli dy dad, does neb wedi fy ngalw i wrth fy enw cyntaf hyd yn oed. Teitl ffurfiol Gospođa Novak dwi yn ei gael gan bawb, hyd yn oed gan bobl glên fel teulu Marko."

"Mi ddo'i gyda ti, Mama. Dwi 'di cael llond bol ar drio celu fy ngwreiddiau yn y lle 'ma hefyd," meddai Petar a ddaeth i benderfyniad sydyn. "Ond oes gennym ni ddigon o arian i dalu'r ffêr i fynd yr holl ffordd i Belgrad?"

"Paid â phoeni am hynny," meddai hithau gan dyrchu o dan fatres ei gwely a thynnu amlen drwchus allan. "Dwi 'di bod yn cynilo ers tro, rhag ofn bysa rhywbeth fel hyn yn digwydd," meddai gan roi'r arian yn llaw Petar.

"Sut yn y byd? Mae gen ti'n agos i bum can dinar yn fa'ma," meddai Petar mewn syndod ar ôl cyfri'r arian.

"Dwi 'di bod yn derbyn archebion am deisennau ar gyfer priodasau a ballu yn ddistaw bach ar fy liwt fy hun ers tro byd 'sti," eglurodd ei fam gan daro winc slei.

Am y tro cyntaf ers iddo gyrraedd adref y bore hwnnw, lledodd gwên ar draws wyneb Petar. Chwarae teg i'w fam, doedd hi ddim mor ddiniwed â hynny wedi'r cwbl!

Sylwodd fawr neb ar y ddau yn dal y bws wrth iddynt gefnu ar Cavtat gyda dim ond dau lond cês o'u heiddo prin yn hwyrach ymlaen y diwrnod hwnnw.

Pennod 14

PAN GYRHAEDDODD JOHN Roberts yn ôl i'w dŷ oer a gwag ar ddiwedd ei shifft un prynhawn gwlyb a stormus yn ystod yr ail wythnos yn Nhachwedd, sylwodd ar lythyr gwahanol ynghanol y biliau a'r llythyrau sothach a arhosai amdano ar y mat wrth y drws ffrynt. Wrth estyn amdano, synnodd wrth weld y geiriau dieithr oedd wedi eu stampio mewn llythrennau coch bras ar yr amlen: *HRVATSKA POSTA*.

"Be goblyn?" holodd ei hun gan ddechrau'i agor, cyn sylwi mewn pryd ei fod wedi ei gyfeirio at Nia. Tybed oedd a wnelo'r llythyr rywbeth â'r boi hwnnw soniodd Bethan amdano? Hwnnw y bu'n hiraethu ar ei ôl am wythnosau? Er iddi gymryd arni ei bod wedi dod ati ei hun ar ôl i Huw gyrraedd adref o Seland Newydd, doedd hi ddim wedi medru taflu llwch i lygad ei thad. Er iddo drio'i orau i'w chael i drafod gydag o, gwrthod yn lân wnaeth hi bob tro.

"Yli, Nia, 'sa'n dda gen i tasat ti'n deud be sy'n bod achos dwi'n gallu gweld fod 'na rwbath yn dy boeni di," erfyniodd arni am y tro olaf ar fore ei phriodas, rhyw ddau fis ynghynt. "Tydi hi ddim yn rhy hwyr i ti dynnu yn ôl 'sti. Dim Huw fysa'r cynta i gael ei siomi wrth yr allor."

Ond ysgwyd ei phen yn benderfynol wnaeth hi'r bore hwnnw fel bob tro arall, gan blastro gwên ffug ar ei hwyneb cyn cerdded i mewn i swyddfa'r cofrestrydd ar ei fraich. Chwarter awr yn ddiweddarach ar ôl adrodd eu haddewidion ac arwyddo'r gofrestr mewn defod foel a diseremoni, gadawodd y swyddfa ar fraich ei gŵr newydd, gyda Bethan a John, yr unig ddau dyst, yn eu dilyn.

Heblaw am ambell sgwrs fer ar y ffôn, ychydig iawn o gysylltiad a fu rhyngddynt ers y briodas. Gan nad oedd Nia yn gallu gyrru, roedd hi'n anodd iddi allu dod o'i chartref newydd anghysbell, rhesymodd; ac o gofio sut rai oedd ei theulu yng nghyfraith, doedd hi ddim yn syndod i John nad oedd yntau wedi derbyn gwahoddiad i fynd yno chwaith.

Gollyngodd ebychiad wrth edrych ar yr amlen yn ei law – roedd Nia wedi gwneud ei nyth a'r cwbl a allai o wneud bellach oedd gobeithio ei bod yn hapus yn ei bywyd newydd. Ar ôl pwyso a mesur, gosododd yr amlen tu ôl i'r cloc ar y silff ben tân. Os mai llythyr gan ei chyn-gariad o Iwgoslafia oedd o, yn sicr doedd o ddim am gynhyrfu'r dyfroedd drwy ei anfon ymlaen i Blas Dunod. Na, ymresymodd, gwell fyddai ei gadw tan y cawsai gyfle i'w roi yn ei llaw ei hun – pryd bynnag fyddai hynny.

"Helô! Oes 'na bobol?" Tarfwyd ar ei fyfyrdod gan lais yn galw o'r drws.

Bethan oedd yno yn dal powlen o lobsgows fel offrwm o'i blaen. "Helo Yncl John. Mam oedd yn meddwl y bysa chi'n licio tamad o hwn i swpar. Neith o sbario chi orfod gneud rwbath i chi'ch hun heno."

"Bethan! Yr union un o'n i isio ei gweld," meddai gan gymryd y bowlen o'i dwylo. "Ty'd i mewn o'r glaw a 'stedda yn fa'na am funud i mi gael gair hefo chdi," ychwanegodd gan bwyntio at un o'r cadeiriau esmwyth o flaen y tân trydan. Sori ei bod hi mor oer 'ma, tydi hwn ddim wedi cael amser i g'nesu'r lle ma eto, yli."

"Ydach chi'n edrach ar ôl eich hun yn iawn ers i Nia fynd, 'dwch?" holodd Bethan wrth ei wylio'n plygu i danio bar arall y tân trydan. "Mi ddylach chi brynu'r tŷ 'ma a gosod *central heating* i mewn fatha nath Mam a Dad. Mi fysa hi'n gynnas braf pan sa' chi'n cyrraedd adra o'ch gwaith wedyn."

"Paid ti â dechra! Roedd Nia yn fy mhen i byth a hefyd, isio i mi brynu'r lle 'ma. Ond ta waeth am hynny rŵan – d'rycha," meddai gan estyn y llythyr a'i osod yn ei llaw. "Mae hwn 'di cyrradd heddiw; o Iwgoslafia dwi'n ama. Be 'sa'r peth calla i mi neud hefo fo dwad?"

Syllodd Bethan yn gegagored ar yr amlen am funud. Gwyddai yn union beth yr hoffai hi wneud â'r llythyr – ei rwygo'n ddarnau a'i luchio i'r tân, petasai gan John Roberts dân go iawn yn lle'r bariau trydan anobeithiol 'na! Roedd Marko, yr hen ddiawl iddo, wedi penderfynu sgwennu o'r diwedd felly – dau fis yn rhy hwyr!

Pwyllodd. Roedd gan Nia hawl i wybod beth oedd ei ymateb o, mae'n siŵr. Wedi'r cwbl, fo oedd tad ei babi!

"Mae gen i ddiwrnod i ffwrdd o'r gwaith fory," meddai ymhen sbel. "Mi alwa i draw i Blas Dunod i weld Nia. Ma' hi'n hen bryd i ni gael amsar i roi'r byd yn ei le achos dwi heb 'i gweld hi o gwbl ers diwrnod y briodas. Mi roi i'r llythyr iddi os liciwch chi."

"Diolch i ti Bethan, ti werth y byd. Cofia ddiolch i dy fam am y lobsgows hefyd. Mae o jyst y peth ar noson mor oer," meddai John wrth ei hebrwng at y drws.

"Iawn siŵr, ewch i fyta fo yn reit handi cyn iddo fo oeri. Mi gofia'i chi at Nia pan wela'i hi fory, hefyd."

Wedi i Bethan adael, aeth John yn ôl i'r ystafell fyw a thanio'r teledu mewn pryd i weld penawdau newyddion chwech ar y BBC a chlywed fod Michael Heseltine am herio Thatcher i fod yn arweinydd y Torïaid. Felly, roedd gobaith cael gwared o'r hen jadan o'r diwedd, ystyriodd wrth godi llwyaid o'r lobsgows i'w geg a chnoi'n galed ar damaid o gig. Mae'n debyg na fuasai pethau ddim mymryn gwell gyda Tarzan wrth y llyw chwaith, ystyriodd; Tori oedd Tori, wedi'r cwbl, ac roedd hi'n hen bryd cael gwared ar y giwed i gyd, meddyliodd wrth dynnu darn o ïau gwydn o'i geg.

***

Roedd y tywydd yn llawer mwy dymunol y prynhawn canlynol gyda haul isel Tachwedd yn disgleirio ar y pyllau dŵr a frithai ffyrdd cefn culion Eifionydd wrth i Bethan yrru car ei mam ar eu hyd. Ar ôl cymryd sawl troiad anghywir, cyrhaeddodd giât gydag arwydd yn dynodi tir preifat Plas Dunod arni. O dan yr enw roedd y geiriau anghroesawgar, *Trespassers will be prosecuted*. "*Trespassers* wir!" meddai Bethan gan yrru'r mini bach melyn i fyny'r rhodfa goediog a arweiniai at y tŷ.

Pan gyrhaeddodd ben draw'r rhodfa, syllodd mewn rhyfeddod ar gartref newydd ei ffrind. Hen blasty mawreddog o gyfnod y Tuduriaid gydag estyniadau helaeth wedi eu hychwanegu ato dros y canrifoedd. Yn ôl yr haneswyr, roedd anhedd-dy wedi bod yn sefyll yno ers cyfnod llawer cynt na chyfnod y Tuduriaid – yn ôl i'r Oesoedd Tywyll i gyfnod Dunod fab Cunedda Wledig, er na wyddai Bethan ddim am bethau felly. Y cwbl a ddeallai hi oedd bod y lle yn anferth ac yn llawer crandiach nag roedd hi wedi ei ddychmygu. Roedd Nia wedi glanio ar ei thraed yn reit siŵr!

Cyn iddi gael cyfle i ddringo allan o'r car, ymddangosodd gwraig ganol oed hwyr wrth y drws ffrynt mawr derw. Doedd Bethan yn malio dim am ei gwep swrbwch, ei gwallt set a'i chostiwm frethyn ffurfiol.

"Be ydi'ch busnes chi yma? Welsoch chi mo'r arwydd ar y giât?" holodd yn oeraidd.

"Dwi 'di dŵad i weld Nia," eglurodd Bethan.

"Ydi hi yn eich disgwyl chi?"

"Na! Dŵad i roi sypréis iddi nes i achos dwi ddim 'di gweld hi ers iddi hi a Huw briodi."

"Arhoswch yn fan hyn," meddai'r wraig heb gysgod o wên ar ei hwyneb, cyn diflannu yn ôl i'r tŷ a gadael Bethan i gicio'i sodlau y tu allan i'r drws.

Ymhen hir a hwyr, ymddangosodd Nia o gefn y tŷ a phan welodd Bethan, rhedodd tuag ati a'i chofleidio'n dynn.

"O Beth! Dwi mor falch o dy weld di!"

"Ti'n ocê?" holodd Bethan wrth sylwi ar y straen oedd ar ei hwyneb. "Does 'na ddim golwg rhy dda arnat ti?"

"Dwi'n teimlo yn llawer gwell rŵan, o dy weld di."

"Mam Huw oedd y ddraig 'na ddaeth i'r drws? 'Swn i'm yn licio ei chroesi hi!"

"Ia! Tydi hi ddim yn fy licio i o gwbl 'sti a ma' hi o'i cho ein bod ni 'di priodi."

"O Nia! Mae hynna'n ofnadwy. Be 'di barn Huw am y peth?"

"Yli," sibrydodd Nia ar ôl cymryd cip dros ei hysgwydd. "Gad i ni fynd i rwla lle gallwn ni gael llonydd i siarad ac mi gei di'r hanas i gyd."

"Iawn. Ma'r tywydd gymaint gwell heddiw ar ôl stormydd dyddia dwytha. Be am i ni fynd am dro i lan y môr Cricieth?"

"Na, rwla ond fa'nno!"

"Wel, be am y Lôn Goed 'ta? Ga' ni lonydd i siarad yn fa'nno ac mi gei di dipyn o awyr iach 'run pryd. Ma' na olwg go lwydaidd arnat ti."

"Aros i mi nôl côt a sgidia rwber i ni achos mi fydd hi'n siŵr o fod yn socian dan draed," meddai Nia gan gychwyn yn ôl am y tŷ. "Dyna un peth da am fyw ar fferm – mae 'na ddigonedd o welingtons o gwmpas y lle!"

Pennod 15

ADEILADWYD Y LÔN Goed yng nghanol y bedwaredd ganrif ar bymtheg fel y gellid cludo calch ar ei hyd i rai o ffermydd anghysbell yr ardal, gan groesi tiroedd ir Eifionydd o Afonwen yn y de tuag at Mynydd Cennin yn y gogledd; pellter oddeutu chwe milltir. Gyda dyfodiad y trenau, fodd bynnag, daeth ei phwrpas gwreiddiol i ben ac atyniad i gerddwyr a ddeisyfai dawelwch a llonydd oddi wrth y byd a'i bethau fu ers hynny.

Gadawodd Bethan y car wrth ochr y ffordd heb fod ymhell o bentref Chwilog a chychwynnodd Nia a hithau gerdded ar hyd y lôn goediog gan geisio osgoi'r pyllau dŵr a'r mwd a adawyd ar ôl holl law'r dyddiau cynt. Llanwyd eu ffroenau ag aroglau llaith a myglyd y dail oedd yn pydru o dan eu traed ac aroglau daearol y mwd a lynai i'w hesgidiau rwber.

"'A llonydd gorffenedig yw llonydd y Lôn Goed!' Ti'n cofio ni'n cydadrodd honna yn Steddfod Cylch ryw dro?" holodd Bethan dan chwerthin wrth i'r ddwy gamu dros bentwr o ddail gwlyb a oedd wedi ymgasglu'n garped trwchus dros wyneb y ffordd. "Mi fysa ni 'di mynd drwodd i'r Steddfod Sir heblaw i mi ddechra cael y gigyls. Ti'n cofio y pryd o dafod ges i gan... O! Nia, be sy? Pam ti'n crio?"

"Paid cymryd sylw ohona i. Mi fydda i'n iawn mewn munud," atebodd Nia gan sychu'r dagrau a ddaeth yn ddirybudd wrth iddi gofio adrodd y geiriau hynny i Marko ar Ynys Lokrum.

"Dy hormons 'di o ma siŵr."

"Ia, siŵr o fod. Dwi'm yn cofio bod mor ddagreuol â hyn o'r blaen; dim hyd yn oed ar ôl colli Mam. Mae'r peth lleia'n gallu gneud i mi grio'r dyddia yma."

"Mae'n siŵr nad ydi hi'n hawdd byw o dan yr un to â dy rieni yng nghyfraith chwaith."

"Mae petha wedi bod yn reit anodd."

Wrth gydgerdded fraich ym mraich o dan frigau moel y coed deri, ynn a ffawydd, heb ddim i darfu arnynt heblaw am grawcian ambell i hen frân, adroddodd Nia yr hanes am y derbyniad a gafodd ym Mhlas Dunod drannoeth ei phriodas ar ôl un noson o fis mêl mewn gwesty yng nghyffiniau Caer. Sut y bu'n rhaid iddi aros am oesoedd yn y car, tra bu Huw yn ceisio ymresymu gyda'i rieni. Yna'r croeso oeraidd a dderbyniodd pan adawyd hi i mewn i'r tŷ o'r diwedd.

"Be oedd gen Huw i'w ddeud am hynny?" holodd Bethan yn gegagored ar ôl clywed am y derbyniad gwael a gafodd ei ffrind.

"Nath o drio'i ora i esmwytho petha, chwara teg, ac mi fynnodd bod ni'n cael 'stafelloedd i ni'n hunan yn y rhan bella o'r tŷ fyddai ei rieni byth yn eu defnyddio."

"Mae'n beth da bod y lle yn ddigon mawr felly, fel does dim raid i chi fyw ar benna'ch gilydd."

"Amseroedd bwyd gyda'r nos ydi'r anodda. Mae ista wrth y bwrdd am oria'n gwrando ar y tri ohonyn nhw'n trafod prisia'r farchnad anifeiliaid a ballu heb gymryd sylw ohona i yn artaith! Ond neithiwr, mi drodd y sgwrs at wleidyddiaeth, gan fod Thatcher mewn rhyw helynt. A phan fentrais i roi fy mhig i mewn a deud ei bod hi'n hen bryd iddi fynd, dyma nhw'n rhoi eu cyllyll a'u ffyrc lawr a syllu arna i fel bod cyrn yn tyfu o 'mhen i."

"'Wel, ia' medda'r hen ddraig gan syllu lawr ei thrwyn arna'i. 'Does dim disgwyl i rywun o'ch cefndir chi werthfawrogi ei chyfraniad hi, mae siŵr!'"

"O be welis i o honna, ma hi'n ddigon tebyg i'r hen Fagi ei hun. Sut un ydi ei gŵr hi?"

"Tamaid o'r un brethyn 'di hwnnw hefyd."

Teimlai Nia ryddhad o gael bwrw ei bol o'r diwedd ac arhosodd am funud i werthfawrogi'r olygfa a'u hamgylchynai. O'u blaenau rhwng canghennau moel y coed, ymddangosai cromen gron Mynydd Cennin gyda chopaon uwch Eryri yn ei gwarchod o'r cefn. I'r gorllewin, Bae Ceredigion a'r môr a orweddai'n bwll llwyd llonydd, mor dawel ar ôl holl gyffro stormydd y dyddiau cynt.

"Ti 'di deud wrth Huw am y babi?" holodd Bethan ymhen sbel.

"Na, dim eto. Ond mi fydd yn rhaid i mi sôn yn o fuan achos nes i sylwi ar ei fam o'n syllu ar fy mol i bora 'ma. Ddudodd hi ddim byd, ond 'swn i'n synnu dim ei bod hi'n ama... dwi di mynd bron i bedwar mis erbyn hyn."

"Ti 'di bod at y doctor i weld ydi pob dim yn iawn?"

"Na. Tydi hi ddim yn hawdd mynd o 'cw, fel ti'n gwybod. Mae Plas Dunod sbelan i ffwrdd o'r pentra a llwybr bysiau."

"Ti 'di bod yn styc yn Plas Dunod ers wsnosa felly?"

"Na, mi fydda i'n cael lifft i Bwllheli hefo Huw weithia pan mae o angan mynd i *Eifionydd Farmers*. Dwi 'di cael rhwydd hynt i wario ar betha fel paent a phapur wal yn fa'nno fel y galla i neud ein 'stafelloedd i fyny fel dwi isio."

"Yli, ffonia i wneud apwyntiad hefo'r doctor dydd Mercher nesa ar fy *day off* i o'r gwaith; ac mi ddo'i dy nôl di. Mae'n siŵr ei bod yn amsar i ti gael sgan a ballu bellach."

Gosododd Nia ei llaw yn amddiffynnol dros ei bol. Heblaw

am y gronyn bach oedd yn tyfu y tu mewn iddi, buasai peryg iddi fod wedi mynd o'i cho'. Anodd oedd credu mai dim ond pedwar mis oedd wedi mynd heibio ers y dyddiau gogoneddus rheini a dreuliodd gyda Marko yng ngwres yr haul yn Iwgoslafia.

Roedd yr wythnosau diwethaf wedi bod yn llawer mwy o artaith na fedrai hi gyfaddef wrth Bethan. Un peth oedd cwyno am ei rhieni yng nghyfraith ond peth arall oedd trafod y nosweithiau hynny lle roedd yn gorfod dioddef ymdrechion carwriaethol trwsgl Huw. Er iddi geisio ei gorau i ymateb iddo'n gariadus, ni allai atal ei hun rhag dyheu am fod yn ôl ym mreichiau Marko.

"Mi gyrhaeddodd hwn i ti ddoe," meddai Bethan, fel petai wedi bod yn darllen meddwl ei ffrind, gan estyn y llythyr o boced ei chôt. "Doedd dy dad ddim yn siŵr beth oedd ora iddo'i neud hefo fo. Felly, mi ddudis i byswn i'n dŵad â fo i chdi heddiw."

"Pam na fysat ti 'di deud cyn hyn?" holodd Nia yn flin, gan gipio'r llythyr o law Bethan cyn cefnu arni a mynd i bwyso ar hen giât bren oedd gerllaw.

Am unwaith, daliodd Bethan ei thafod a cherddodd yn ei blaen ar hyd y lôn goediog gan gymryd arni ei bod yn mwynhau'r byd natur o'i chwmpas, ond heb allu sylwi ar ddim mewn gwirionedd. Bob hyn a hyn, fodd bynnag, bwriai gipolwg sydyn dros ei hysgwydd i gyfeiriad ei ffrind i weld pa effaith gawsai geiriau Marko arni.

Gyda dwylo crynedig, rhwygodd Nia'r amlen gan ddechrau darllen y llythyr yn betrus. Yna, wrth i eiriau cariadus Marko dreiddio i'w hymwybyddiaeth, dechreuodd y dagrau lifo i lawr ei gruddiau.

Pan na allai Bethan oddef aros funud yn rhagor heb gael

gwybod beth oedd gan Marko i'w ddweud drosto'i hun, trodd yn ôl at Nia a ddaliai'r llythyr yn dynn wrth ei mynwes.

"M... mae o'n dal i ngharu i ac mae o 'di bod yn trio cysylltu ers i mi ei adael o," eglurodd drwy ei dagrau. "Ond gan fod 'na helynt yn Iwgoslafia, m... ma'i lythyra fo 'di mynd ar goll. Dim ond wsnos dwytha gath o'n llythyra i. Mae o'n deud ei fod o am roi'r gorau i'w gwrs yn y coleg a'i fod o rywsut neu gilydd am ddŵad yma ata i a'r babi." Trodd ei chefn ar y giât a chamodd i freichiau Bethan. "O Beth, be dwi 'di neud?"

"Mi fydd yn rhaid i ti adal iddo fo wybod dy fod wedi prodi. Fedri di ddim ei gael o yn landio ar stepan drws Plas Dunod," atebodd Bethan gan geisio bod yn ymarferol.

"Ond be dduda i wrtho fo? Pam na 'swn i 'di aros amdano fo am chydig hirach? Doedd Huw ddim isio priodi tan Dolig. Taswn i 'di cytuno i hynny, mi fysa pob dim yn iawn."

"Fy mai i ydi hyn i gyd, te? Fi nath fynd i dy ben di a deud bod yn rhaid i ti briodi Huw yn syth bin.... Fedri di fadda i mi byth?"

"Paid ti â beio dy hun achos dwi'm yn gwbod sut byswn i 'di ymdopi heb dy gefnogaeth di. Fi nath y penderfyniad. Ond sut fedra i egluro be dwi 'di neud i Marko? Nes i rioed sôn gair am Huw wrtho fo!"

"Gad ti bob dim i mi. Na'i gysylltu hefo fo," meddai Bethan gan gymryd y llythyr o law Nia. Canolbwyntia di ar dy briodas a dyfodol y babi rŵan. Ma petha'n siŵr o wella pan ddaw Huw i wybod dy fod ti'n disgwl. Rŵan, ty'd nôl am y car cyn iddi ddechra oeri."

Y noson honno ar ôl danfon Nia'n ôl i Blas Dunod, aeth Bethan adref i lunio llythyr i Marko gan egluro beth oedd sefyllfa ei ffrind erbyn hynny, a'i rybuddio i gadw draw. Er mwyn rhoi rhywfaint o falm ar y briw, addawodd y buasai'n cysylltu i adael iddo gael gwybod pan fyddai'r babi yn cael ei eni. Wedi'r cwbl, ystyriodd, roedd ganddo hawl i hynny.

***

Wythnos yn ddiweddarach, dychwelodd Bethan i Blas Dunod i fynd â Nia at y meddyg a sicrhaodd ei ffrind fod popeth yn iawn gyda'r beichiogrwydd.

"Ti isio i mi fynd â chdi i Fangor am sgan?" holodd ar y ffordd yn ôl o'r feddygfa.

"Na, dim diolch i ti. Mi dorra i'r newyddion i Huw heno ac mi geith o fynd â fi. Dim ond gobeithio na wneith o holi gormod am faint o wythnosa dwi 'di mynd."

Doedd dim rhaid i Nia boeni fodd bynnag, oherwydd roedd Huw ar ben ei ddigon pan ddeallodd fod Nia yn feichiog a doedd dim yn ormod ganddo ei wneud iddi.

"Mi fydd yn rhaid i mi brynu car bach i ti er mwyn i ti gael dysgu gyrru ar dy union," meddai gan ei chusanu'n frwd. Yna, mynnodd eu bod yn cael gosod cegin ac ystafell ymolchi newydd yn eu rhan hwy o'r tŷ fel eu bod yn gallu byw yn fwy annibynnol o'i rieni.

Pennod 16

A R NOSWYL DYDD Sant Niclas, syllodd Marko ar yr amlen post awyr, gan sylwi fod ei enw a'i gyfeiriad wedi eu hysgrifennu mewn llawysgrifen ddieithr. Oedd rhywbeth wedi digwydd i Nia holodd ei hun yn bryderus. Cymerodd anadl ddofn cyn agor yr amlen. Llithrodd ei lygaid i waelod y llith gan sylwi ar enw Bethan. Pam oedd hi wedi ysgrifennu ato tybed? Doedd hyn ddim yn argoeli'n dda. Fflachiodd lluniau o Nia wedi ei hanafu a gwaeth o flaen ei lygaid, cyn iddo orfodi ei hun i ddarllen y geiriau – geiriau y bu'n rhaid iddo'u hailddarllen cyn i'w neges greulon dreiddio i'w ymennydd.

Roedd Nia wedi priodi rhywun arall! Rhywun, yn ôl Bethan, yr oedd hi wedi bod yn ei ganlyn ers blynyddoedd ac wedi dyweddïo gydag o ers misoedd cyn iddi ddod ar ei gwyliau i Cavtat. Rhywun na soniodd hi air amdano wrth Marko! Teimlodd ias oer yn treiddio drwy'i gorff gan wasgu fel dwrn dur am ei galon a gwthio amheuon a drwgdybiaeth i'w ben. Tybed ai hwnnw oedd tad y babi wedi'r cwbl? Sut gallai hi fod mor dwyllodrus? Roedd hi'n gymaint o gachwr fel na allai ysgrifennu ato ei hun ond yn hytrach cael Bethan i wneud ei gwaith budur drosti. Gorffennodd honno'r llythyr drwy ei rybuddio i beidio cysylltu â Nia eto rhag ofn i'w gŵr ddod i glywed am eu perthynas.

"Y ffwcin ast dwyllodrus!" rhegodd wrth wasgu'r llythyr yn belen a'i luchio i'r fasged sbwriel.

Heb wastraffu amser, aeth i weld ei diwtor i ddweud wrtho

ei fod am adael y coleg yn ddi-oed. "Fedri di ddim o leiaf ystyried aros am yr ychydig wythnosau tan ddiwedd y tymor? Efallai erbyn hynny, fydd be bynnag sydd yn dy boeni di ddim yn ymddangos mor ddrwg. Paid â thaflu pob dim i ffwrdd ar fympwy. Ti'n fyfyriwr galluog gyda dyfodol disglair iawn o dy flaen di."

Anwybyddodd Marko eiriau'r tiwtor; roedd o wedi gwneud ei benderfyniad. Ar ôl dychwelyd i'w ystafell yn y neuadd, ni fu fawr o dro yn gwthio'i ddillad a'i ychydig eiddo personol i'w sgrepan gan adael ei lyfrau academaidd a'i nodiadau ar ôl ar y silffoedd. Roedd croeso i unrhyw un o'i gyd-fyfyrwyr eu defnyddio os oeddynt eisiau – fyddai o mo'u hangen eto.

Wrth gefnu ar y coleg, doedd ganddo ddim cynlluniau i ble roedd o am fynd na beth oedd o am ei wneud. Y cwbl a wyddai oedd na allai oddef aros ddiwrnod arall yn Zagreb. Ni allai chwaith fynd adref i Cavtat lle buasai'n rhaid iddo egluro popeth i'w rieni; roedd y briwiau yn llawer rhy amrwd iddo allu hyd yn oed ystyried gwneud hynny. Roedd Nia wedi torri ei galon ac roedd o angen cilio i rywle digon pell oddi wrth bawb a phopeth. Ond i ble?

Yn ddirybudd, treiddiodd atgof am ddiwrnod hyfryd yn ystod tymor yr haf cynt i'w gof, pan benderfynodd rhai o'i gyd-fyfyrwyr ac yntau eu bod yn haeddu brêc o adolygu ar gyfer eu harholiadau, gan ddianc o sŵn a gwres llethol y brifddinas a chymryd bws allan i'r wlad gyfagos i grwydro'r bryniau ac i fwynhau'r awyr iach. Roedd tawelwch y diwrnod hwnnw wedi bod yn falm i'w enaid a dyna'r union beth roedd o'i angen unwaith eto, meddyliodd wrth droi i gyfeiriad yr orsaf bysiau.

Gyda'r ychydig o arian oedd ganddo yn ei boced, talodd am docyn un ffordd i fynd ag o i ben draw taith y bws cyntaf iddo 'i weld, heb falio ble yn union oedd hynny. Yna, ymlwybrodd ar hyd yr eil gul, heibio'r seddi llawn merched gwledig siaradus â llond eu hafflau o nwyddau wedi eu prynu yn y farchnad yn Zagreb y diwrnod hwnnw. Daeth o hyd i sedd wag yn agos at gefn y bws. Gadawodd i glebran ei gyd-deithwyr rhadlon olchi drosto. Doedd argyfwng y wlad ddim fel petai wedi cyffwrdd bywydau syml y teithwyr hyn, oedd yn fodlon eu byd yn trafod pethau mor ddi-nod â hynt a helynt eu cymdogion neu beth roeddent am ei baratoi i swper y noson honno.

Wrth i'r bws gychwyn ar ei daith, sychodd y niwlen drwchus o ager oedd yn gorchuddio'r ffenest gyda llawes ei gôt. Roedd llawer o graffiti a phosteri gwrth-Serbaidd a chenedlaetholgar wedi ymddangos ar furiau'r ddinas yn ystod y cyfnod hwnnw, ond er i Marko syllu arnynt drwy ffenest y bws, nid oedd eu negeseuon ymfflamychol yn treiddio i'w ymennydd.

Ar ôl gadael cyrion y ddinas, dechreuodd y bws ddringo'n araf gan ddilyn ffordd droellog ar hyd godre mynyddoedd y Medvednika tuag at ardal Prigorje, gan yrru heibio i gaeau a gwinllannoedd di-ri a orchuddiai'r llethrau islaw. Bob hyn a hyn, arhosai'r bws i ollwng rhai o'r teithwyr mewn ambell i bentref bychan gyda'u clystyrau o dai gwyngalchog dan doeau o deils melyngoch; neu wrth arosfan anghysbell ar ochr y ffordd. Erbyn iddynt gyrraedd pen y daith, Marko oedd yr unig deithiwr ar ôl.

"Dyma cyn belled ag yr ydw i'n mynd!" gwaeddodd y gyrrwr o du blaen y bws. "Mi fydd yn rhaid i ti fynd lawr yn fa'ma!"

Dringodd allan o'r bws a chael ei hun yn sefyll ar groesffordd unig yn bell o bob man. Wrth i aer oer y mynydd ei daro, dechreuodd sobri ac ystyried beth roedd o'n ei wneud mewn difri. Doedd hyn ddim yn syniad da, meddyliodd gan ddechrau teimlo'n edifar am fod mor fyrbwyll a chymryd y bws cyntaf iddo ei weld, heb holi yn iawn i ble roedd o'n mynd. Ers iddo dderbyn llythyr Bethan y bore hwnnw, roedd o wedi ymddwyn fel gwallgofddyn. Gwell fuasai iddo ddringo'n ôl i'r bws ar ei union a thalu am docyn i ddychwelyd i Zagreb. Ond erbyn iddo benderfynu gwneud hynny, roedd hwnnw wedi troi yn ei ôl ac wrthi'n diflannu o'r golwg heibio i dro yn y ffordd gyda'i oleuadau cefn yn wincio'u ffarwel arno.

Edrychodd ar ei watsh a gweld ei bod yn tynnu at bedwar o'r gloch y prynhawn. Roedd cymylau'r nos yn dechrau ymgasglu yn yr awyr ac roedd y tymheredd yn disgyn yn gyflym – o fewn hanner awr, byddai'n gwbl dywyll. Roedd yn rhaid iddo ddod o hyd i loches a rhywbeth i'w fwyta cyn hynny, meddyliodd wrth gau botymau top ei gôt a chlymu ei sgarff yn dynnach o amgylch ei wddw. Craffodd drwy'r gwyll ar yr hen arwyddbost mwsoglyd a safai ar y groesffordd gan geisio cael arweiniad gan yr enwau anghyfarwydd oedd wedi hen bylu ar y pren pydredig. Pa ffordd i'w chymryd? A ddylai droi i'r dde neu i'r chwith? Troi'n ôl i gyfeiriad Zagreb yntau cerdded yn ei flaen gan obeithio y deuai ar draws rhyw bentref lle gallai aros dros nos? Ysgydwodd ei ben yn anobeithiol wrth i eironi'r sefyllfa ei drawo – dyma ble roedd o'n sefyll ar groesffordd bywyd heb unrhyw syniad beth i'w wneud nesaf!

***

Roedd pethau yn dra gwahanol i Tomislav Horvat a deimlai'n fodlon iawn ei fyd wrth yrru ei hen dryc rhydlyd tuag adref yn hwyr y prynhawn hwnnw.

Er i'r Comiwnyddion yn Iwgoslafia geisio efelychu polisi'r

Undeb Sofietaidd, gan atafaelu holl diroedd amaethyddol y wlad, sylweddolodd Tito yn fuan iawn mai gwell fuasai gadael llonydd i'r tyddynwyr bychan weithio'u hychydig aceri fel eu cyndeidiau o'u blaenau. Felly'r bore hwnnw cychwynnodd Tomislav yn blygeiniol am y farchnad yn Zagreb gyda thrwmbal ei dryc yn llawn i'w ymylon gyda chynnyrch ei dir, fel y bu'n gwneud yn fisol ers degawdau cyn hynny.

Pan gyrhaeddodd Sgwâr Jelačić a pharcio yn ei le arferol ymysg stondinau'r farchnad, synnodd weld llu o gwsmeriaid yn aros yn ddisgwylgar amdano. Yn fuan iawn roedd wedi gwerthu popeth heb i unrhyw un geisio bargeinio a'i gael i dynnu ei brisiau i lawr, fel roedd hi'n arferiad ganddynt ei wneud. Roedd pawb fel pe baent yn ddiolchgar iddo am eu cyflenwi gyda'i lysiau a'i ffrwythau, ei gaws a'i wyau, gan fod yn fwy na bodlon i dalu prisiau uwch nag a freuddwydiodd Tomislav y buasai byth yn eu derbyn.

Doedd dim drwg nad oedd o'n dda i rywun meddyliodd wrth ddathlu ei lwc gyda gwydriad o gwrw yn un o fariau'r ddinas yng nghwmni rhai o'i gyd-dyddynwyr a oedd wedi bod yr un mor llwyddiannus ag yntau'r bore hwnnw. Roedd y Serbiaid, o'r hyn a ddeallai o'r sgwrs, yn ceisio atal nwyddau rhag cyrraedd Zagreb drwy osod rhwystrau ar y rheilffordd a'r priffyrdd – felly doedd ryfedd yn y byd iddo dderbyn y fath groeso gan ei gwsmeriaid. Yr unig beth sefydlog yn ei farn o fel tyddynnwr syml, oedd y tir a'r tymhorau – mynd a dod oedd y gwleidyddion a'u syniadau dwl gan newid pethau'n dragywydd. Beth oedd i'w ddisgwyl ond helynt wrth geisio gwneud un wlad allan o hanner dwsin o genhedloedd gwahanol iawn i'w gilydd gyda'u hieithoedd, crefyddau a'u traddodiadau eu hunain?

"Rhyfel arall fydd ei diwedd hi, mae'n siŵr," oedd sylw un

o'r criw. "Ond waeth i ni 'neud y gorau o betha tra medrwn ni."

"Ti'n iawn yn fa'na," meddai Tomislav gan godi ei wydr. "Sa'n dda gen i taswn i 'chydig flynyddoedd yn fengach i mi gael mwy allan o'r hen dir 'cw. Mae'n amhosib bron cael pobl ifanc i aros i weithio yng nghefn gwlad erbyn hyn – ma' nhw'n hel eu traed am y trefi a'r dinasoedd cyn gynted ag y medran nhw."

Rhyw ddwy awr yn ddiweddarach, gyda chryn dipyn mwy o gwrw yn gorwedd yn ei stumog, gyrrai Tomislav ei dryc tuag adref gan fwmian canu'n fodlon dan ei wynt. Edrychai ymlaen i gyrraedd pen ei daith er mwyn cael dathlu ei lwyddiant gyda'i wraig. Roedd bywyd wedi bod yn galed i'r ddau ers blynyddoedd wrth iddynt grafu byw ar eu mymryn tir diarffordd. Gwenodd wrth feddwl pa mor hapus fyddai Marta pan glywsai'r newyddion a phan welsai'r glustog fach wedi ei haddurno gyda brodwaith cain ac wedi ei stwffio gyda lafant persawrus roedd o wedi ei phrynu iddi yn y farchnad i ddathlu eu llwyddiant.

Yn ddirybudd wrth iddo yrru rownd cornel go dynn, camodd rhywun allan o'r tywyllwch i ganol y ffordd o'i flaen. Gwasgodd Tomislav y brêc. Stoliodd yr injan a sglefriodd yr hen dryc o un ochr i'r ffordd gul i'r llall. Blynyddoedd o brofiad yn unig a'i hachubodd rhag colli rheolaeth lwyr ar y cerbyd a glanio yn y ffos. "Gobeithio i Dduw mod i heb daro neb," meddai gan groesi ei hun yn frysiog cyn agor ffenest y tryc a gwthio'i ben allan.

"Oes 'na siawns am lifft?" daeth llais o rywle.

"Pwy sy 'na?" holodd Tomislav. "Be oedd ar dy ben di'n camu allan o mlaen i fel 'na?"

"Mae'n ddrwg gen i os nes i'ch dychryn chi," ymddiheurodd

Marko gan gamu o'r tywyllwch. "Dwi 'di bod yn cerddad ar hyd y ffordd 'ma heb weld neb na dim ers oesoedd. Fysa chi mor garedig â rhoi lifft i mi i'r pentra nesa?"

"Ti ddim yn un o'r cyffinia yma, nag wyt, neu 'sa ti'n gwybod mai dim ond 'chydig dyddynnod sydd ar hyd y lôn 'ma?"

Suddodd calon Marko wrth glywed hyn. Roedd o wedi dewis y troead anghywir ac roedd meddwl am gerdded yr holl ffordd yn ôl at y groesffordd y noson honno yn ormod iddo.

"Ty'd, neidia i mewn," meddai Tomislav gan symud y glustog lafant oddi ar sedd y teithiwr. "Ma' na olwg wedi ymlâdd arnat ti. Fyddan ni fawr o dro yn cyrraedd y tyddyn 'cw."

Wedi iddynt gyrraedd pen eu taith, gofynnodd Tomislav i Marko aros yn y tryc tra buasai yntau'n cael gair gyda'i wraig. "Mi alwa'i arnat ti i ddŵad i mewn wedyn," meddai gan ddringo allan o'r cerbyd.

"Cau dy lygaid a dal dy ddwylo allan," meddai wrth osod y glustog roedd wedi bod yn ei chuddio tu ôl i'w gefn yn nwylo disgwylgar ei wraig.

"O! Tomislav, ma' hi'n berffaith," meddai hithau gan arogli'r gwynt lafant a ddaethai o'r glustog. "Ond ddylat ti ddim lluchio dy arian ar rywbeth mor ddiangen."

"Twt! Paid ti â phoeni dy ben am yr arian, Marta fach," meddai Tomislav gan estyn y bwndel o ddinarau o boced ei grysbais. "Mi ges i fwy am ein cynnyrch ni heddiw nag a freuddwydiais y buaswn byth yn ei gael. Rŵan, gad i ni eu rhoi nhw mewn lle saff dan garreg yr aelwyd cyn i mi ddŵad ag ymwelydd i'r tŷ."

"Ymwelydd? Does neb bron yn dŵad ffor hyn, yn enwedig adag yma o'r flwyddyn."

"Wel, mi ddoth hwn, ac mae o yn y tryc y funud 'ma yn

aros i gael dŵad i mewn," atebodd Tomislav cyn adrodd sut roedd o wedi cyfarfod Marko ar y ffordd a sut yr oedd o wedi addo llety iddo dros nos. "Efallai y gall yr hogyn fod yn ateb i'n problema ni... Mae bwyd mor brin yn Zagreb a phobl yn barod i dalu prisiau da am ein cynnyrch, mae'n ddyletswydd arno ni i neud yn fawr o bob tamaid o'r hen dir 'ma. Mae'r gwaith yn ormod i ni'n dau, ond os gallwn ni ddwyn perswâd arno fo i aros i weithio yma am sbel – wel gall rywbeth fod yn bosib!"

"Be sy'n gneud i ti feddwl y bydd o'n fodlon aros? Ti'n gwybod na fedrwn ni fforddio talu fawr o gyflog iddo fo."

"Hmm, mae'n amlwg fod 'na rwbath yn poeni'r cradur, a 'swn i'n synnu dim na wneith o neidio am y cyfla i aros yma."

"Wel, paid â sefyllian yn fan 'na 'ta Tomislav bach. Dos i nôl yr hogyn cyn iddo fo rewi'n gorn!"

Pennod 17

"Pan syrthiodd fforc oddi ar y bwrdd bore 'ma, ro'n i'n gwybod bod 'na ddyn diarth am alw," meddai Marta gan gymryd braich Marko a'i arwain i mewn i'r tyddyn bach tlodaidd. "Dewch i gynhesu wrth y stôf, tra bydda i'n paratoi tamaid o fwyd i ni." Yna, trodd at ei gŵr: "Tomislav, estyn y gadair yn nes i'r hogyn. Mae'r c'radur bach yn edrach fath â'i fod o bron â chorffi!"

Gan fod lwmp fel carreg wedi setlo yn ei wddw ac yn ei atal rhag siarad, amneidiodd Marko ei ben mewn ystum o ddiolch i'r cwpwl croesawgar; doedd o ddim wedi disgwyl derbyn y fath garedigrwydd gan ddieithriaid llwyr. Wrth i'r gwres o'r stôf goed ddechrau ei ddadebru, teimlodd yntau'r oerni rhewllyd oedd wedi gafael fel gefail ynddo ers iddo ddarllen llythyr Bethan y bore hwnnw yn dechrau meirioli, gan ryddhau ei emosiynau a dod â dagrau i'w lygaid.

Os sylwodd Tomislav a Marta ar y dagrau, ddywedodd yr un o'r ddau ddim ond gadael llonydd iddo gael cyfle i ddod ato'i hun. Pobl syml na chafodd fawr o addysg ffurfiol oedd y ddau, ond er hynny roedd ganddynt lawer mwy o synnwyr cyffredin na llawer iawn o benaethiaid y wlad y dyddiau hynny. Dewis y bachgen oedd rhannu ei ofidiau ai peidio, a hynny yn ei amser ei hun, heb iddynt hwy roi pwysau arno.

"Be sy 'na i swpar?" holodd Tomislav toc, gan geisio edrych dros ysgwydd ei wraig ar beth oedd yn ffrwtian ar y stôf gan lenwi'r ystafell gydag arogleuon hyfryd.

"Dwi wrthi'n paratoi dipyn o *grah* i ni," atebodd hithau

gan ychwanegu darnau o gig moch wedi ei fygu i'r cawl ffa trwchus. "Mi fydd o'n barod gyda hyn."

"Un dda wyt ti Marta, ti'n gwybod mai *grah* ydi fy ffefryn i bob amsar," meddai Tomislav gan geisio taro cusan ar foch ei wraig.

"Taw â dy lol o flaen yr hogyn ifanc 'ma. Stedda'n ddistaw ar y setl 'na a bihafia dy hun er mwyn i mi gael llonydd i orffan paratoi'r bwyd!" chwarddodd hithau gan chwifio'i llwy bren yn ffug fygythiol.

Ar ôl sychu ei ddagrau gyda chefn ei law, edrychodd Marko ar y cwpwl oedrannus oedd mor gyfforddus yng nghwmni ei gilydd. Tomislav yn wargam a thenau fel rasel gyda rhychau dyfnion yn ei wyneb brown caredig; ei wallt claerwyn a'i aeliau trwchus uwchben dau lygad tywyll a syllai'n llawn edmygedd ar Marta. Hithau wedyn yn belen fach gron a oedd bron â bod yr un hyd a'r un lled gyda'i gwallt brith wedi ei glymu'n gocyn twt tu ôl i'w phen; ei llawenydd parhaus yn pefrio o'i dau lygaid glas wrth iddi ymhyfrydu yng ngwerthfawrogiad ei gŵr.

Sut gallai cariad y ddau barhau mor gryf a hwythau yn siŵr o fod dros eu deg a thrigain holodd Marko ei hun. Beth oedd eu cyfrinach tybed? Yn sicr, doedd dim twyll na chelwydd wedi bod rhyngddynt erioed. Dim ond cwta bythefnos y bu Nia ac yntau yng nghwmni ei gilydd – cyfnod byr yr oedd Marko wedi ei ystyried fel un o amseroedd gorau'i fywyd, tan y bore hwnnw, pan ddeallodd ei fod wedi byw breuddwyd ffŵl.

"Reit, mae'r bwyd yn barod," torrodd llais Marta ar draws ei fyfyrdod cyn iddo gael cyfle i ymdrybaeddu ymhellach yn ei ofidiau.

Cododd yn ddiolchgar ac ymunodd â'r ddau wrth y bwrdd. Wrth i'r aroglau hyfryd a ddeuai o'r dysglau pridd daro'i synhwyrau, prin y gallodd atal ei hun rhag dechrau bwyta ar ei union cyn sylweddoli fod Marta wedi dechrau adrodd gras bwyd. Daeth gwên annisgwyl dros ei wyneb am y tro cyntaf y diwrnod hwnnw gan i lun enwog Van Gogh o'r bwytwyr tatws lithro i'w gof wrth iddo sylwi ar y tri ohonynt yn eistedd yn wargam o amgylch y bwrdd dan olau gwan y lamp baraffîn. Roedd bod yng nghwmni'r ddau syml yma yn falm i'w enaid

"Byta fath â dy fod adra achos chei di ddim gwell *grah* 'nunlle," meddai Tomislav ar ôl eilio *Amen* ei wraig. "Does na'r un cogydd fedrith ddwad yn agos i Marta 'ma am baratoi bwyd!"

Doedd dim angen mwy o gymhelliad ar Marko a ddechreuodd lowcio'n eiddgar gan synnu pa mor lwglyd yr oedd o mewn difri; dyma'r bwyd cyntaf iddo'i flasu ers ben bore, meddyliodd wrth drochi darn o fara yn y cawl blasus.

***

Tra roedd Marta yn paratoi'r gwely i'w hymwelydd yn y groglofft, aeth Tomislav allan i'r beudy i weld a oedd y da byw yn iawn wedi ei absenoldeb y diwrnod hwnnw, gan adael Marko i gicio'i sodlau ar ei ben ei hun yn y gegin. Wrth edrych o'i amgylch ar yr ystafell fach dywyll, teimlai ei fod wedi camu'n ôl i ryw fywyd ganrif ynghynt wrth sylwi ar y mat rhacs a orchuddiai'r llawr pridd, y dodrefn pren syml; y stôf haearn bwrw hen ffasiwn a'r cigoedd a grogai ar fachau oddi ar drawstiau'r nenfwd isel. Yr unig addurniadau yn yr ystafell, heblaw am y glustog newydd roedd Tomislav wedi ei phrynu yn y farchnad y diwrnod hwnnw, oedd croeslun fechan bren a llun o'r Forwyn Fair a grogai uwchben y lle tân. Cartref bach tlodaidd a syml oedd yn balas llawn cariad, a'r union math o le y dymunai Marko encilio iddo, ymhell o'r tensiynau gwleidyddol yn Zagreb ac o'i gartref yn Cavtat, lle buasai'n cael ei atgoffa o Nia byth a beunydd. Tybed a fuasai'r hen gwpl yn fodlon iddo aros am gyfnod petasai'n cynnig eu helpu ar y tir? Doedd o ddim gwaeth na gofyn, meddyliodd.

Er mawr ryddhad iddo, derbyniasant ei gynnig yn frwd, a'r bore trannoeth ar ôl codi'n blygeiniol a chael plataid o frecwast traddodiadol o *bolenta* meddal, bara ceirch gyda lard wedi ei daenu drosto a chwpanaid o goffi cryf, dilynodd Marko Tomislav i fyny'r llethr serth tu ôl i'r tyddyn at hen winllan a oedd wedi mynd â'i phen iddi.

"Arferai'r winllan 'ma fod yn destun balchder fy nheulu i," meddai Tomislav gydag ochenaid gan edrych yn ddigalon ar y drain a'r mieri a dagai'r rhesi o hen winwydd cnotiog. "Roeddan ni'n arfer cynhyrchu grawnwin *Kraljevina* ardderchog yma ar un adeg. Ond bellach, mae'r gwaith o ofalu am y winllan wedi mynd yn ormod i Marta a finna. Biti hefyd, achos mae'r llechwedd 'ma yn gwynebu'r De ac os bysa'r tir yn cael ei glirio a'i droi, mi fysa'n bosib tyfu cnydau da yma." Yna, trodd at Marko, "Ti'n meddwl y gallet ti roi cynnig arni? Mae gen i ofn na fedrwn ni fforddio talu fawr o gyflog i ti ond mae croeso i ti gael dy fwyd a llety yn rhad ac am ddim wrth gwrs."

"Mae hynny yn fy siwtio i i'r dim. Lle 'da chi am i mi ddechra?"

Ar ôl cael ei roi ar ben ffordd gan Tomislav, dechreuodd Marko ar y gwaith caled o glirio'r hen winllan drwy gael gwared o'r mieri, tyrchu'r hen winwydd pydredig o'r pridd a cheibio'r tir. Erbyn diwedd ei ddiwrnod cyntaf o lafur caled, roedd ei ddwylo meddal wedi eu gorchuddio gyda phothelli poenus ac roedd ei gorff yn brifo drosto.

Wrth weld y stad oedd arno, ysgydwodd Marta ei phen yn

ddifrifol. Oeddent hwy yn disgwyl gormod o'r hogyn druan nad oedd erioed wedi arfer gyda gwaith corfforol caled, tybed? Ar ôl taenu sudd planhigyn *aloe vera* a dyfai mewn potyn ar silff y ffenest dros ei ddwylo, estynnodd botyn o saim gŵydd o'r cwpwrdd a dweud wrtho am ei rwbio i'w gyhyrau blinedig. "Fyddwch chi ddim yr un un erbyn y bora, gewch chi weld," meddai cyn mynd ati i weini bwyd y noson honno.

Erbyn diwedd yr wythnos, roedd dwylo Marko yn dechrau caledu ac roedd ei gorff yn dechrau dod i arfer gyda'r gwaith caled. Bob nos ar ôl bwyta swper ardderchog, byddai'n noswylio'n ddiolchgar i'r groglofft a chyn y byddai ei ben yn trawo'r gobennydd bron, byddai'n llithro i gwsg trwm di-ofal, heb unwaith ddeffro i boeni am sefyllfa'r wlad nac ychwaith am Nia a'i thwyll.

Un bore, ychydig ddyddiau cyn y Nadolig, deffrodd i weld y wlad wedi ei gorchuddio â mantell o eira.

"Mae o 'di cyrraedd o'r diwedd felly," meddai Tomislav gan daro ei drwyn allan drwy ddrws y tyddyn. "Fydd dim iws i ti drio gwneud dim yn y winllan tan y bydd hwn wedi dadmer."

"Faint gymrith hynny?" holodd Marko.

"Amhosib deud. Ambell i aeaf, mae'r lle 'ma o dan gnwd o eira tan Ebrill a'r ddaear wedi rhewi'n gorn."

"Tan Ebrill? Fedra i ddim aros yma yn gneud dim i ennill fy mara menyn tan hynny!"

"Paid ti â phoeni dy ben am hynny," atebodd Tomislav. "Mi ddaw Marta a finna o hyd i ddigon o waith i ti. Gei di ddechra drwy fy helpu i glirio peth o'r eira fel y galla'i gael y tryc allan i'r lôn. Ro'n i'n amau nad oedd yr eira ymhell, felly mi nes i osod y cadweini ar yr olwynion neithiwr."

"Mi fyswn i'n gallu gwneud hefo'ch help chi hefyd i bluo'r

gwydda cyn i Tomislav fynd â nhw i lawr i'r farchnad yn Zagreb i'w gwerthu fory," ychwanegodd Marta.

Yn ddiweddarach y diwrnod hwnnw ar ôl gorffen yr orchwyl o glirio'r eira eisteddai Marko ar ei gwrcwd ar stôl deircoes isel yn un o'r cytiau tu allan gyda gŵydd dew ar ei lin a chnwd trwchus o blu gwynion a ymdebygai i'r cnwd eira tu allan yn gymylau gwynion wrth ei draed. Ar ôl cychwyn braidd yn betrus, buan daeth dros ei atgasedd o'r orchwyl o bluo wrth efelychu gweithgaredd yr hen wraig a blyciai'r plu mor ddeheuig gan sgwrsio'n braf am hyn a'r llall.

"Oes gennych chi ddim awydd mynd adref at eich teulu dros y Dolig?" mentrodd Marta toc. "Peidiwch meddwl fod rhaid i chi aros yma hefo ni. Mi fysa Tomislav a finnau'n dallt yn iawn petasech yn penderfynu mynd."

"Mi arosa i yma os ydi hynny yn iawn hefo chi."

"Ydi, tad. Chafon ni'n dau 'rioed blant, felly mae'n braf cael rhywun ifanc o gwmpas y lle 'ma... Tydi o ddim busnes i mi, ond faswn i byth isio bod yn gyfrifol am eich cadw chi oddi wrth eich mam a'ch tad. Mae'n siŵr y byddan nhw yn gweld eich eisiau..." Gadawodd i'w geiriau hofran yn yr awyr rhyngddynt gyda'r cymylau plu.

Bu distawrwydd am ychydig wrth i Marko ystyried ei geiriau. Cododd teimlad o gywilydd drosto wrth iddo sylwi ei fod wedi bod yn uffernol o hunanol yn cuddio oddi wrth bawb a phopeth heb hyd yn oed anfon gair at ei rieni i adael iddynt wybod ei fod o'n iawn. Mae'n rhaid eu bod yn poeni amdano oherwydd roedd tymor y coleg wedi dod i ben bellach ac mi fyddent wedi disgwyl ei weld yn dod adref i Cavtat dros y gwyliau. Gydag ebychiad, agorodd y llifddorau a bwriodd ei fol wrth yr hen wraig a wrandawodd yn astud ar ei hanes heb unwaith dorri ar ei draws wrth iddo adrodd am ei deulu, ei yrfa academaidd a hyd yn oed y siom ofnadwy a deimlodd pan ddaeth i wybod ei fod wedi ei dwyllo gan Nia.

"Wel, ga i awgrymu'n garedig y dylech chi adael i'ch mam a'ch tad wybod eich bod yn fyw ac yn iach, beth bynnag," meddai Marta ar ôl i Marko orffen ei lith. "Pam na ewch chi draw i Zagreb gyda Tomislav bore fory? Mi fedrwch chi anfon teligram neu ffonio eich rhieni o fa'no."

Pennod 18

AR ÔL HELPU Tomislav i osod ei stondin yn y farchnad yn Sgwâr Jelačić, aeth Marko i chwilio am giosg er mwyn ffonio adref fel yr addawodd i Marta y buasai'n gwneud pan gyrhaeddai Zagreb.

"Marko? Ti sydd 'na?" daeth llais petrus Katia Babić lawr y lein. "Lle ti 'di bod? Mae dy dad a finna bron â mynd o'n coeau yn poeni amdanat ti, yn enwedig pan nest di ddim dod adra ddiwedd tymor a hynny heb i ni glywad yr un gair gen ti ers wythnosa... roedd dy dad..."

Teimlodd Marko ei hun yn cael ei lethu gydag euogrwydd wrth wrando ar eiriau ei fam. Roedd o wedi bod ar fai yn diflannu heb anfon gair o eglurhad i'w rieni. "Sori, Mama," ceisiodd gael gair i mewn.

"... dy dad wedi ffonio'r coleg ac roeddan nhw yn deud dy fod wedi gadael ers dechrau'r mis..."

"Sori," ceisiodd eto.

"... a dy ewyrth Ivo am yrru draw i Zagreb i wneud ymholiadau... hefo'r helyntion sydd yn y wlad 'ma ar hyn o bryd, 'sa rwbath wedi gallu digwydd i ti... dy fodryb Jaka yn grediniol fod y *Chetniks* wedi dy gipio di ac mae hi wedi bod yn cynna cannwyll yn ddyddiol drosta ti'n yr eglwys..."

Pan dorrodd llais dagreuol ei fam yn y diwedd, ceisiodd Marko ymddiheuro unwaith eto am beri'r fath ofid i'w deulu, ac ar ôl bwydo sawl darn arian i'r ffôn, cafodd gyfle i geisio egluro beth a'i cymhellodd i wneud beth wnaeth o.

"Ro'n i'n gwybod y bysa dy berthynas di â'r hogan ddiarth 'na yn darfod mewn dagra. Dwn i ddim pam na nest di ddim bachu ar dy gyfla hefo Marina cyn i dy gefnder gael gafael ynddi. Ma' nhw wedi dyweddïo bellach ac ma 'na sôn am briodas ym Mehefin..."

Wedi i'w fam orffen bwrw ei bol o'r diwedd, eglurodd Marko ei fod yn bwriadu aros yn y tyddyn gyda Marta a Tomislav am sbel eto. Yna, ar ôl addo y buasai'n cadw mewn cysylltiad o hynny ymlaen, daeth yr alwad anodd i ben. Ochneidiodd wrth osod y derbynnydd yn ôl yn ei grud a phenderfynodd gael amser i ddod ato'i hun drwy gerdded o gwmpas am sbel cyn dychwelyd at Tomislav yn y farchnad.

Wrth ddilyn ei drwyn drwy strydoedd y ddinas, cafodd ei hun cyn hir yn sefyll ar gyrion Sgwâr Sant Marc a synnodd wrth weld tyrfa fawr o bobl yn aros yn ddisgwylgar o flaen un o adeiladau'r llywodraeth yno. Ar ôl holi, cafodd wybod fod cyfansoddiad newydd Croatia wedi cael ei fabwysiadu'r diwrnod hwnnw – cyfansoddiad oedd yn addo hyrwyddo iawnderau dynol, rhyddid a chydraddoldeb i'w holl ddinasyddion beth bynnag eu cefndir ethnig.

Ar hynny, daeth bloedd o'r dorf wrth i faner newydd y wlad gael ei chodi ar do'r adeilad – baner oedd ond wedi ei mabwysiadu y diwrnod cynt. Wrth i'r drilliw, coch, gwyn a glas gydag arfbais o sgwariau coch a gwyn gyhwfan yn y gwynt, teimlodd Marko, fel pawb arall yn y dorf, rhyw falchder cenedlaethol yn gafael ynddo a dechreuodd rhai ganu yr anthem Groatiaidd, 'Lijepa naša domovino' – ein mamwlad hardd. Edrychodd o'i amgylch ar y wynebau hapus, llawn hyder a gobeithiodd yn fawr y buasai'r Serbiaid yn bodloni a gadael llonydd i'w wlad gael bwrw mlaen gyda hunanlywodraeth heb fwy o stŵr. Am ryw reswm fodd bynnag, teimlai ym mêr ei esgyrn fod hynny yn bur annhebygol ac y deuai dial am hyn.

Cyn gadael, edrychodd i gyfeiriad hen eglwys hynafol

Sant Marc a roddai ei henw i'r sgwâr a dotiodd wrth sylwi ar arfbeisiau Zagreb a Croatia oedd yn rhan o'i tho lliwgar. Oedd, roedd ei famwlad yn hardd fel honnai geiriau'r anthem ac roedd hi'n werth ymladd drosti pe deuai'r angen.

Pan gyrhaeddodd yn ôl at Tomislav, roedd hwnnw mewn hwyliau ardderchog gan iddo werthu'r gwyddau ar ei union a hynny am bris arbennig o dda.

"Dwi 'di prynu anrheg Nadolig bach i Marta i ddathlu ein llwyddiant o'r un stondin ag y gwnes i brynu'r glustog iddi ar ddydd Sant Nicolas, ddechra'r mis," meddai gan arddangos lliain bwrdd claerwyn gyda border o frodwaith cain o'i amgylch. "Ti'n meddwl y bydd hi'n licio hwn? Yli, cymra di rhain," meddai, gan roi gwad o ddinarau yn llaw Marko. "Mae'n hen bryd i ti gael cyflog am yr holl waith caled rwyt ti 'di neud acw yn ystod yr wythnosa dwytha 'ma. Heb dy help di, dwi'n amau'n fawr faswn i wedi gallu dod i ben â chyrraedd y farchnad 'ma heddiw."

"'Dach chi'n siŵr? Mi fyswn i'n hoffi prynu rhywbeth bach y gallaf ei bostio i Mama hefyd," meddai Marko gan dderbyn yr arian yn ddiolchgar.

"Ydw tad. Rŵan, dos i brynu anrheg i dy fam a rhywbeth i ti dy hun yr un pryd," meddai Tomislav cyn cychwyn am y bar lle roedd yn bwriadu cael dathliad bach gyda'i gyfeillion cyn dychwelyd adref.

***

Ar noswyl Nadolig gwasgodd Marko i mewn i'r tryc gyda Tomislav a Marta er mwyn mynd i'r eglwys yn y pentref agosaf, ble roedd offeren yn cael ei chynnal am hanner nos. Wrth gydaddoli drwy'r oriau mân gyda'r gwerinwyr syml a lanwai'r eglwys, daeth rhyw deimlad ysbrydol drosto, ac am y tro cyntaf erioed wrth wrando ar stori'r geni gwyrthiol, credai ei fod yn deall beth oedd yn cymell ei fodryb Jaka i arddel ei ffydd Gristnogol.

Cyn troi am adref, rhoddodd ganiad i'w rieni i ddymuno Nadolig llawen iddynt o giosg y pentref. Y tro hwn, roedd ei fam yn swnio'n llawer mwy cymodlon a chafodd gyfle i gael sgwrs fer gyda'i dad cyn i'r alwad ddod i ben.

***

Ar ôl y Nadolig, daeth y flwyddyn newydd gyda chnwd trymach o eira ac er na fedrai Marko barhau â'i waith yn y winllan, fe'i cadwyd yn ddigon prysur yn clirio'r eira, llifio coed ar lechweddau'r mynydd, llusgo'u boncyffion trymion i drwmbal y tryc a'u torri yn goed tân ar y buarth cyn eu pentyrru yn daclus dan do feranda'r tyddyn. Gyda'r holl waith corfforol, awyr iach a bwyd syml Marta, llenwodd ei gorff ac yn lle'r llipryn main a gyrhaeddodd y tyddyn ddechrau Rhagfyr, roedd o bellach yn dalp cryf a chyhyrog. Teimlai ei fod wedi dod dros Nia yn bur dda hefyd, gan mai yn anaml iawn y meddyliai amdani o gwbl erbyn hynny.

Aeth misoedd y gaeaf rhagddynt ac o'r diwedd, daeth y gwanwyn i feirioli'r tir. Ailgychwynnodd ar ei dasg o glirio'r winllan, troi'r tir a phlannu rhesi o datws, moron, sbigoglys, tatws melys, blodfersych, nionod a garlleg fel y byddai gan Tomislav ddigonedd o gynnyrch i'w werthu ym marchnad Zagreb, lle roedd bwyd ffresh yn prinhau bob dydd fel roedd helyntion y wlad y gwaethygu.

Yna, un diwrnod, tua diwedd Mai, chwalwyd ei ddedwyddwch a'i dawelwch meddwl yn yfflon wrth iddo dderbyn llythyr o Gymru wedi ei ailgyfeirio ato gan ei dad. Llythyr oddi wrth Bethan yn dweud fod Nia wedi rhoi genedigaeth i ferch fach wyth bwys a phedwar owns ar y deuddegfed o Fai.

Er fy mod wedi dy rybuddio rhag cysylltu â Nia ar ôl iddi briodi, roeddwn yn meddwl fod gen ti'r hawl i wybod am fodolaeth dy ferch – wedi'r cwbl, does dim amheuaeth mai chdi ydi ei thad hi. Does dim angen ond edrych ar ei llygaid mawr brown a'i phen cyrliog tywyll – mae hi yr un ffunud â chdi! Mae Nia wedi penderfynu ei galw yn Perl er cof am Dubrovnik a'r amser da a gafodd yno! Ond, cofia paid â thrio cysylltu hefo hi rhag ofn i'w gŵr ddechrau amau rwbath – mae petha'n ddigon anodd fel y mae hi gyda'r babi yn cyrraedd lai nag wyth mis ar ôl iddo fo ddŵad nôl o New Zealand!

Gyda'r llythyr roedd llun bychan o'r babi a methodd ei galon guriad wrth iddo daro golwg ar y wyneb bach diniwed. Roedd Bethan yn iawn, roedd Perl yr un ffunud ag o a gwyddai na allai fyth mo'i gwadu. Rhyw ddydd, doed a ddelo, addawodd iddo'i hun, byddai'n mynd drosodd i Gymru ati hi. Roedd hi'n rhan ohono, a doedd neb na dim am ei rwystro rhag cael ei chyfarfod. Rhoddodd gusan ysgafn i'r llun cyn ei gadw yn ddiogel yn ei waled.

Ar ôl derbyn llythyr Bethan, daeth teimlad o anniddigrwydd dros Marko ac erbyn dechrau Mehefin, penderfynodd ddychwelyd adref i Cavtat. Ffarweliodd â Tomislav a Marta wrth yr orsaf fwsiau yn Zagreb ar ôl eu helpu i werthu eu cynhaeaf cynharaf yn y farchnad y bore hwnnw. Wrth edrych ar yr hen gwpl annwyl yn chwifio'u dwylo yn frwd arno drwy ffenest y bws cyn i hwnnw gychwyn ar ei daith hir i

Dubrovnik, sylweddolai maint ei ddyled iddynt – roeddent wedi rhoi lloches iddo a chyfle i ddod ato 'i hun a hynny ar adeg anodd yn ei fywyd.

Pennod 19

BU MART BRYNCIR yn gyrchfan boblogaidd i ffermwyr Eifionydd ers dauddegau'r ganrif ac ystyrir y lle nid yn unig fel lle hwylus i brynu a gwerthu, ond fel lle i gael cyfle i gymdeithasu'n ogystal. Gall bywyd ffermwr fod yn unig ac yn y mart ceir cyfle i roi'r byd yn ei le rhwng corlannau'r anifeiliaid neu wrth ymgynnull o gwmpas y cylch wedi i'r arwerthwr daro'i forthwyl.

Ar ôl bore llwyddiannus lle cafodd bris da am ei fustych, croesodd Huw Pritchard Plas Dunod y ffordd i dafarn y Bryncir Arms, gan fwriadu cael tamaid o fwyd a pheint haeddiannol o gwrw cyn ei throi hi am adref. Byddai hynny yn sbario Nia rhag gorfod trafferthu paratoi rhywbeth iddo i ginio ganol dydd, ceisiodd gyfiawnhau ei hun. Y gwir amdani, fodd bynnag, oedd ei fod yn cadw allan o'i ffordd hynny ag y gallai y dyddiau hynny, gan na allai ddioddef fod yng nghwmni ei wraig a'i babi fwy nag oedd raid.

Cymrodd eiliad neu ddwy i'w lygaid gynefino â'r gwyll a'r mwg pan gamodd i mewn i'r bar bach tywyll a oedd yn llawn o ffermwyr yn mwynhau sgwrs a mygyn dros beint wrth aros am eu bwyd.

"Huw! Ty'd i ista i fa'ma!" galwodd Gwil y Ffridd, un o'i gymdogion a eisteddai gyda grŵp o ffermwyr eraill wrth fwrdd ger y ffenest. "Gwnewch le iddo fo, hogia, achos ma' angan i ni ei helpu fo i ddathlu gan 'i fod o newydd ddŵad yn dad am y tro cynta. Be gymri di yr hen foi? Neith hi fesuriad o wisgi?"

"Na, well i mi beidio a finna isio dreifio adra wedyn. Mi sticia'i hefo rhyw beint bach hefo fy mwyd," meddai Huw gan gymryd cipolwg ar y fwydlen.

"Ty'd 'laen 'chan!" mynnodd Gwil. "Os byddi di dros y limit, gei di lifft adra gen i. Wedi'r cwbl, dim bob diwrnod ma' rhywun yn dŵad yn dad am y tro cynta!"

"Wel os ti'n rhoi hi fel 'na, mi gymrai i ryw wydriad bach o *Glenfiddich* 'ta."

Tra bu Gwil wrth y bar yn archebu'r wisgi, ailgydiodd gweddill y criw a eisteddai o gwmpas y bwrdd yn eu sgwrs flaenorol.

"Mae'r BSE ma'n peri dipyn o boen, hogia," oedd sylw difrifol un.

"Yndi wir. Ro'n i'n darllan yn y *Farmer's Weekly* neithiwr am sut mae rhai ffermydd wedi cael eu gorfodi i ddifa'u stoc i gyd."

"A rŵan, mae 'na sôn fod TB mewn gwarthaig ar gynnydd. Dwn i ddim be..."

"Pryd ganwyd y babi, felly?" trodd un o'r criw at Huw yn gwbl annisgwyl ar ganol y drafodaeth ddwys.

"Be? O'r babi? Rhyw dair wythnos yn ôl," atebodd gan synnu fod gan y dyn ddiddordeb yng ngenedigaeth Perl.

"Nest di'm gwastraffu dy amsar cyn mynd ati'n syth ar ôl dŵad nôl o New Zealand felly!" meddai un arall, gan godi ei ddwrn mewn ystum awgrymog.

"Ganol Medi ddoist di'n ôl o fa'nno, dwad?" holodd Gwil a ddychwelodd mewn pryd gyda'r wisgi i glywed y sylw.

"Babi cynnar oedd o felly, ia?" meddai un arall gan gyfri'r misoedd ar ei fysedd. "Hynny, neu..." arhosodd ar ganol brawddeg wrth sylweddoli beth oedd o ar fin ei awgrymu.

Llyncodd Huw'r wisgi ar ei dalcen cyn codi a mynd allan ar

ei union o'r dafarn heb yngan yr un gair. Doedd o ddim am aros eiliad arall i gael pobl yn chwerthin am ei ben a'i gyhuddo o fod yn gwcwallt.

Trodd drwyn y car i gyfeiriad Glandwyfach, lle trodd i'r dde ac anelu am Gricieth. Ar ôl parcio ym mhen pella'r prom, lle treuliodd oriau difyr yng nghwmni Nia yn y gorffennol, pwysodd ei ben ar y llyw a gadawodd i'r dagrau y bu'n ei hatal mor hir lifo.

Ers iddo ddychwelyd o Seland Newydd roedd wedi synhwyro nad oedd popeth yn iawn – roedd Nia wedi newid ac wedi ymbellhau rywsut. Ar y dechrau, tybiodd mai pwdu oedd hi am nad oedd wedi gwneud mwy o ymdrech i gadw mewn cysylltiad tra roedd o i ffwrdd. Yn ei naïfrwydd hefyd, credodd mai oherwydd ei bod wedi ei golli yr oedd hi wedi bod mor eiddgar iddynt briodi ar eu hunion mewn swyddfa ar ôl iddo ddychwelyd; a hynny heb y ffrils na'r mis mêl a oedd wedi bod mor bwysig iddi cyn iddo fynd i ffwrdd. Roedd o wedi bod mor gibddall!

Doedd pethau ddim wedi bod yn hawdd yn ystod wythnosau cyntaf eu priodas chwaith, ond credai mai ei fam oedd fwyaf cyfrifol am hynny, gan nad oedd hi wedi cymryd at Nia. Ceisiodd yntau gadw'r ddysgl yn wastad cystal ag y medrai a mynnodd eu bod yn cael rhan o'r tŷ iddynt eu hunain. Er ei holl ymdrechion, fodd bynnag, roedd Nia yn parhau i fod yn dawedog a phell.

Yna, ychydig wythnosau cyn y Nadolig, dywedodd wrtho ei bod yn feichiog. Llawenhaodd Huw drwyddo o glywed y newydd; roedd o'n mynd i fod yn dad ac mi fyddai'r olyniaeth ym Mhlas Dunod yn ddiogel am genhedlaeth arall, yn arbennig felly os mai mab oedd y bychan. Nia druan, mae'n rhaid mai ei beichiogrwydd oedd i gyfri am ei hwyliau oeraidd, rhesymodd ar y pryd. Unwaith y byddai'r babi yn cyrraedd, byddai popeth yn iawn ac mi fyddai yr hen Nia yn dychwelyd yr un mor gariadus ac annwyl ag yr arferai fod cyn iddo fynd i ffwrdd.

Yn ystod y misoedd canlynol, doedd dim digon a allai wneud drosti. Yn ogystal ag ailddodrefnu, gosododd gegin ac ystafell ymolchi newydd yn eu rhan nhw o'r tŷ, fel y gallent fyw yn annibynnol o'i rieni. Prynodd gar bach iddi a mynnodd ei bod yn cael gwersi gyrru dwys ar ei hunion fel y gallai fynd a dod o Blas Dunod fel y mynnai, gan sylweddoli ei bod yn siŵr o fod yn unig ar y fferm yn bell oddi wrth ei thad a'i ffrindiau.

Yna, bedair wythnos ynghynt, pan gafodd ei ddeffro ganol nos gan Nia a gredai bod y babi ar fin cyrraedd, torrodd pob rheol goryrru wrth wibio ar hyd y ffordd i'r ysbyty ym Mangor a chael a chael oedd hi iddynt gyrraedd mewn pryd cyn yr enedigaeth.

Wrth afael yn y bwndel bach penddu a osododd y fydwraig yn ei freichiau, ceisiodd Huw wadu'r teimlad o siom a ddaeth drosto. Doedd dim gwahaniaeth mai geneth oedd hi, ceisiodd ddwyn perswâd arno 'i hun wrth sylwi ar y ddau lygad mawr tywyll dieithr a syllai arno; roedd y babi yn fyw ac yn iach, dyna oedd yn bwysig. Ond pam oedd ei phryd a gwedd mor dywyll ac yntau a Nia mor olau? Heblaw ei fod wedi bod yn bresennol yn ystod yr enedigaeth, byddai wedi taeru mai babi rhywun arall ydoedd.

Er i'r fydwraig geisio ei ddarbwyllo y gallai gwallt, croen a llygaid y babi newid a goleuo yn ystod yr wythnosau canlynol, ni allai Huw yn ei fyw gynhesu at y fechan ac ni allai deimlo unrhyw deimlad tadol tuag ati, sylweddolodd wrth ei gosod ym mreichiau disgwylgar Nia a edrychai arni gyda'r fath gariad angerddol.

"Be ti'n feddwl o'r enw Perl?" holodd pan ddychwelodd i'r ward y noson honno gyda bwnsiad o flodau.

"Enwa di hi'n be ti isio," atebodd gan geisio anwybyddu'r bwndel bach a orweddai'n dawel yn ei chrud plastig clir wrth ochr gwely ei mam. "Does gen i ddim barn ar y mater."

Yn ystod y mis ers yr enedigaeth, bu Huw yn ceisio ei orau i anwybyddu'r cwestiynau a'r amheuon fu'n corddi yn ei ben ac a fu yn ei gadw'n effro am oriau bob nos. Trodd ar ei fam pan feiddiodd honno awgrymu nad oedd Perl yn edrych fel babi cynnar ac ailadroddodd eiriau'r fydwraig pan holodd am bryd a gwedd tywyll y fechan.

"Perl? Sut fath o enw ydi peth fel'na?" holodd Margaret Pritchard pan ddaeth i ddeall beth oedd enw ei hwyres.

"Dewis Nia oedd o."

"Wedi ei henwi hi ar ôl rhyw gymeriad yn un o'r operâu sebon di-chwaeth 'na ma' hi'n mynnu edrych arnyn nhw ma siŵr!" oedd ei hymateb dirmygus.

Ceisiodd Huw ei orau i beidio gadael i sylwadau gwawdlyd ei fam ei effeithio, ond pan sylweddolodd ei fod yn destun gwawd y ffermwyr oedd yn y mart y diwrnod hwnnw, roedd yn rhaid iddo wynebu'r posibilrwydd fod pawb yn chwerthin am ei ben ac yn amau bod Nia wedi ei dwyllo.

Sut y gallai hi fod wedi gwneud y fath beth? Roedd hi'n wir ei fod o wedi cael ambell ffling tra roedd o i ffwrdd yn Seland Newydd – ond roedd hynny yn wahanol oherwydd doeddan nhw'n golygu dim byd. Roedd Nia, fodd bynnag wedi mynd ati'n fwriadol i'w dwyllo. Nid yn unig roedd hi wedi cysgu hefo rhywun arall ond roedd hi wedi taflu llwch i'w lygaid gan ddisgwyl iddo fagu babi rhywun arall fel ei ferch ei hun! Trawodd ei ddyrnau yn galed yn erbyn y llyw cyn sychu ei ddagrau yn llewys ei grys siec. Doedd o ddim yn barod i fynd adref eto meddyliodd wrth droi trwyn y car i gyfeiriad y pentref lle bu'n boddi ei ofidiau yn y dafarn tan amser cau.

★★★

"Gwell i mi alw am dacsi i chi, dwi'n meddwl," meddai'r tafarnwr wrth geisio deffro Huw a oedd wedi syrthio i gwsg meddw yng nghornel y bar cyn diwedd y noson. "Tydach chi ddim mewn stad i ddreifio adra heno ar ôl yfed gymaint."

"M... m... mi fydda i'n iawn!" mynnodd yntau'n sarrug gan slyrio ei eiriau. "M... m... mi na'i gerddad," ychwanegodd gan ymlwybro'n sigledig tua'r drws.

Ar ôl chwydu llawer o'r wisgi a'r cwrw ym môn y clawdd, sobrodd ddigon i allu cerdded yn sigledig ar hyd y ffordd gul a arweiniai o'r pentref i Blas Dunod, ac erbyn iddo gyrraedd y rhodfa goediog oedd yn arwain at y tŷ, roedd llawer o niwl yr alcohol wedi clirio ac roedd teimlad o gasineb pur wedi ei feddiannu. Pwy ddiawl oedd y tad, tybed? Oedd hi wedi bod hefo Gwil y Ffridd yn ystod ei absenoldeb? Roedd gan hwnnw fop o wallt tywyll tebyg iawn i'r babi! Oedd hi wedi cysgu hefo hanner y dynion oedd yn y mart? Doedd ddim rhyfedd eu bod i gyd yn chwerthin am ei ben meddyliai wrth ddringo i fyny'r grisiau i'r ystafell wely.

Wrth rythu ar ei wraig a gysgai'n dawel gyda'i bastard yn ei basged wrth ei hochr, collodd bob rheolaeth arno 'i hun. Yn ei gynddaredd, brasgamodd at y gwely a lluchio'r cwilt yn ddiseremoni oddi arni.

"Pwy oedd o?!" sgrechiodd yn ei gwyneb wrth rwygo ei choban oddi amdani. "Duda wrtha'i pwy nest di ffwcio tra ro'n i ffwrdd?"

Yn ei braw rhwng cwsg ac effro, ceisiodd Nia arbed ei hun gorau y gallai ond doedd ganddi ddim gobaith yn ei erbyn.

"Pwy oedd o?" gwaeddodd eto gan wthio ei hun yn galed i mewn iddi.

"Paid Huw – ti'n fy mrifo fi, 'di'r pwytha ddi..."

"Cau dy geg yr ast!" meddai gan osod un o'i ddwylo cryfion dros ei cheg gan barhau i'w phwnio'n ddidrugaredd.

Ar ôl bwrw ei lid, rowliodd oddi arni i'w ochr ei hun o'r gwely, lle syrthiodd ar ei union i gwsg meddw gan rochian chwyrnu'n uchel.

Gorweddodd Nia wrth ei ochr yn y tywyllwch gan grynu fel deilen. Roedd y boen rhwng ei choesau'n arteithiol ac ysai am gael sgwrio'i hun yn y gawod, ond ni feiddiai symud llaw na choes, rhag ofn iddo ddeffro ac ymosod arni eto.

Rywbryd yn oriau mân y bore, fodd bynnag, deffrodd Perl yn ei basged Moses a dechrau hewian i gael ei bwydo. Yn araf, stryffaglodd Nia allan o'r gwely a tharo ei gŵn nos amdani, ac er bod pob cyhyr yn ei chorff yn sgrechian a phob symudiad yn artaith, cododd y fechan ac aeth â hi i lawr i'r gegin i baratoi ei photel.

Tra bu Perl yn sugno'n fodlon heb unrhyw amgyffred o'r trais a fu ychydig oriau ynghynt, trodd cwestiynau yn ddi-baid ym mhen Nia. Beth petasai heb benderfynu twyllo Huw? Beth petasai hi heb fynd ar ei gwyliau i Iwgoslafia? Beth petasai heb gyfarfod a syrthio mewn cariad â Marko? Marko, yr oedd wedi gorfodi ei hun i beidio meddwl amdano ers misoedd. Bob tro yr edrychai ar Perl fodd bynnag, roedd yn amhosib ei anghofio, gan yr ymdebygai fwy i'w thad bob dydd.

Wrth wasgu'r fechan oedd mor ddibynnol arni i'w chôl, daeth Nia i benderfyniad – roedd yn rhaid iddynt adael Plas Dunod ar eu hunion oherwydd doedd hi ddim yn ddiogel iddynt aros eiliad yn rhagor, neu Duw a ŵyr be fuasai Huw yn ei wneud nesaf. Efallai ei bod hi'n haeddu cael ei thrin yn wael gan iddi ei dwyllo – ond beth petasai'n penderfynu gwneud rhywbeth i Perl? Roedd yn ddyletswydd arni i gadw'r un fach yn ddiogel – dim ei bai hi oedd y llanast llwyr roedd ei mam wedi ei wneud o'i bywyd.

Pennod 20

PAN ATEBODD JOHN Roberts y drws i'r cnocio taer yn gynnar y bore hwnnw, cafodd gryn fraw i ddarganfod Nia yn sefyll yno gyda Perl yn dynn yn ei chesail â golwg druenus arni. Roedd ei hwyneb fel y galchen gyda rhimynnau coch o amgylch ei dau lygaid clwyfus a chrogai ei gwallt yn gudynnau blêr dros ei hysgwyddau. Daliodd ei dafod heb holi dim wrth ei harwain i'r gegin a'i rhoi i eistedd o flaen y tân trydan gan ei bod yn crynu fel deilen er gwaetha'r ffaith ei bod yn fore braf o Fehefin. Yna, ar ôl cymryd yr un fach oddi arni a'i rhoi i orwedd ar glustog ar y llawr lle dechreuodd gicio'i choesau a sugno'i bawd yn ddigon bodlon ei byd, aeth i baratoi paned o de i Nia gyda digon o siwgr ynddo.

Wrth i'r te ddechrau ei dadebru, daeth y dagrau gan bowlio i lawr ei gruddiau.

"Sori Dad am landio arnat ti fel hyn. Do'n i ddim yn gwybod lle arall i droi!"

"Ti'n gwybod bod croeso i ti yma rywbryd – mae fa'ma yn gymaint o gartra i ti ag ydi o i mi," meddai John gan ledu ei freichiau yn agored iddi.

"Dwi 'di gneud gymaint o lanast o betha," meddai gan godi o'r gadair a chlosio i'w gesail fel yr arferai wneud pan roedd hi'n fach. Yna, o dipyn i beth rhwng pyliau o grio, cyfaddefodd bopeth am Marko a sut yr aeth ati'n fwriadol i dwyllo Huw.

"Ro'n i wedi amau nad oedd petha'n iawn hefo chdi ers tro, achos doeddat ti ddim yr un hogan ar ôl i ti ddod nôl o dy wylia. Mi nes i bwyso ar Bethan er mwyn i mi drio dallt be oedd yn dy boeni di ac mi soniodd hi am yr hogyn 'na roeddat ti wedi ei gyfarfod tra roeddach chi i ffwrdd. Ro'n i ar fai na fyswn i wedi deud wrtha ti i beidio priodi."

"Paid â beio dy hun – 'y mai i ydi hyn a neb arall. Does na'm rhyfedd bo Huw 'di colli ei limpyn hefo fi neithiwr."

"Ond tydi hynny ddim yn deud y ceith o dy gam-drin di! Aros di i mi gael gafael yn y diawl!" Berwai gwaed John wrth ddychmygu beth oedd y cythraul Huw Pritchard wedi ei wneud i'w ferch gan i Nia wrthod adrodd unrhyw fanylion am yr hyn oedd wedi digwydd rhyngddynt i beri iddi gyrraedd yn y fath stad.

"Na, Dad, paid plis. Ond mi fydda i'n ddiolchgar os ca i a Perl aros yma am 'chydig i mi gael amsar i feddwl be dwi am neud nesa."

Cytunodd John ac ar ôl i Nia ymbilio, addawod na fuasai'n gwneud dim byd byrbwyll ac aeth i ffonio'r ffatri laeth i ddweud na fyddai'n gallu bod yn ei waith y diwrnod hwnnw. Y diwrnod cynta iddo ei golli ers angladd Lisa, ei wraig.

Wedi iddi ddod ati ei hun yn weddol, gadawodd Nia Perl yng ngofal John tra yr aeth hithau i socian mewn bath poeth. Pam y gwnaeth Huw golli arno'i hun neithiwr, tybed? meddyliodd wrth sgwrio'i hun yn galed i geisio cael gwared o'r aflendid a deimlai ar ei chorff. Oedd hi'n bosib fod rhywun wedi dweud rhywbeth i'w gythruddo yn y mart? Dim ond Bethan a wyddai am ei chyfrinach ac roedd yn gwbl sicr na fyddai hi wedi dweud gair wrth neb.

Wrth gwrs, cyfaddefodd wrthi ei hun, mi fuasai'n rhaid i Huw fod yn ddall i beidio sylwi ar bryd tywyll Perl a oedd mor annhebyg i'r ddau ohonyn nhw. Gwyddai hefyd fod ei mam yng nghyfraith yn barod iawn i leisio'i amheuon yng ngŵydd Huw, nad oedd Perl, a oedd yn pwyso dros wyth bwys pan y'i ganwyd hi, yn fabi cynnar. Beth ar y ddaear ddaeth dros ei phen hi i feddwl am funud y buasai hi wedi gallu taflu llwch i lygaid craff honno? Sgwriodd ei hun yn galetach cyn troi'r tap i gael rhagor o ddŵr poeth i'r bath.

Pam na fuasai hi wedi aros i glywed oddi wrth Marko cyn rhuthro i briodi? Byddai pethau wedi bod mor wahanol petasai wedi gwneud hynny. Marko druan, roedd hi wedi ceisio gorfodi ei hun i beidio meddwl amdano ond roedd hynny wedi profi'n amhosib ers i Perl gael ei geni a hithau yr un ffunud ag o.

***

Pan ddeffrodd Huw roedd blas cas yn ei geg a theimlai fel bod rhywun wrthi'n taro cannoedd o forthwylion yn ddidrugaredd yn ei ben. Trodd yn boenus i gyfeiriad y cloc ar y cwpwrdd wrth ochr y gwely. Nofiai'r rhifau a'r bysedd yn ddi-siâp o flaen ei lygaid dolurus fel rhyw greadigaeth o eiddo Salvador Dali, cyn iddo allu dod â wyneb y cloc i ffocws. Chwarter i ddeuddeg? Oedd hynny i hanner nos yntau i ganol dydd? Ceisiodd resymu cyn i'w ymennydd brosesu bod golau dydd yn llenwi'r ystafell wely. Lle oedd Nia na fuasai hi wedi ei ddeffro oriau cyn hyn? meddyliodd yn flin wrth godi ar ei eistedd. Roedd o wedi bwriadu torri silwair y bore hwnnw a dechrau ar...

Yna, wrth i gwmwl cwsg gilio rhywfaint, sylwodd ar annibendod y dillad gwely o'i amgylch – y goban ddarniog a'r staen coch ar y gynfas ac anghofiodd bopeth am waith y fferm. Plymiodd ei galon wrth i weithred dreisgar y noson cynt lifo'n fyw i'w gof. Griddfanodd mewn cywilydd. Doedd y ffaith ei fod yn feddw ddim yn cyfiawnhau'r fath ymddygiad, meddyliodd wrth orwedd yn ôl a chladdu ei wyneb yn y gobennydd.

Ar ôl magu rhywfaint o blwc, cododd a gorfodi ei hun i gymryd cawod oer cyn gwisgo a chamu i lawr y grisiau'n betrusgar. Sut ar y ddaear oedd o'n mynd i wynebu Nia ar ôl hyn? Beth allai ddweud wrthi holodd ei hun wrth gyrraedd y gegin.

Daeth teimlad o ollyngdod llwfr drosto pan sylweddolodd nad oedd ei wraig yno ac na fyddai'n rhaid iddo'i gwynebu ar ei union. Gydag ebychiad o ryddhad, estynnodd ddwy baracetamol o'r drôr a pharatoi mygiad o goffi cryf iddo'i hun.

Wrth eistedd wrth fwrdd y gegin yn yfed y coffi, trawodd ei lygad ar y modrwyau a'r darn o bapur a oedd wedi eu gadael yno – nodyn brysiog gan Nia yn dweud ei bod hi a Perl wedi mynd yn ôl i'r Ffôr at ei thad. Lluchiodd y modrwyau i'r llawr yn ei dymer a gwasgodd y papur yn belen dynn yn ei ddwrn cyn lluchio hwnnw hefyd. Allai o ddim caniatáu iddi ei adael oherwydd byddai hynny yn rhoi mwy o le i bobl siarad ac i chwerthin am ei ben! Roedd yn rhaid iddo fynd i'w gweld ar ei union a dwyn perswâd arni i ddychwelyd cyn i neb ddod i wybod.

"Lle ddiawl mae'r car?" holodd wrth sylwi nad oedd y Volvo wedi ei barcio yn ei le arferol. Yna, cofiodd. "Damia las!" ebychodd. Roedd hynny'n golygu fod rhaid iddo gerdded milltir a hanner i gyrraedd maes parcio'r dafarn!

Brasgamodd ymlaen ar hyd y rhodfa goediog heb sylwi ar y llwyni rhododendron oedd yn llawn blodau porffor hardd. Unwaith y cyrhaeddodd giât y fferm, ni allai lai na sylwi ar ogoniant Eifionydd a wisgai ei dillad emrallt gorau o dan awyr glir y diwrnod hwnnw. Er gwaethaf ei boen meddwl, daeth teimlad o falchder drosto wrth edrych dros y cloddiau ar ei aceri toreithiog o wair euraidd a fyddai'n barod i'w ladd o fewn yr wythnosau canlynol. Yn wir doedd pethau ddim yn ddrwg i gyd, rhesymodd wrth aros am funud i edrych draw at y ddôl, lle porai ei fuches bedigri. Yn eu canol roedd ei darw Charolais golau, a oedd yn destun balchder mawr iddo, gyda'i gefn mawr gwastad, ei ben llydan a'i goesau a'i gluniau cadarn. Roedd hwn yn argoeli i fod yn bencampwr, a bwriadai ei arddangos yn Llanelwedd ymhen y mis.

Ar hynny, dringodd y bwystfil anferth ar gefn heffer ifanc a ddechreuodd wegian o dan ei bwysau wrth iddo wthio'i aelod i mewn iddi'n ddidrugaredd. Wrth syllu ar berfformiad gorchestol y tarw, llethwyd Huw gan don o hunan ffieidd-dra, gan na allai atal ei hun rhag ei gymharu â'i ymddygiad anifeilaidd yntau'r noson cynt. Doedd dim esgus am beth a wnaeth o i Nia ac roedd yn ddyletswydd arno i ymddiheuro cyn gynted â phosib. Felly heb ymdroi ymhellach, prysurodd yn ei flaen.

★★★

"Ga'i weld Nia?" holodd pan agorodd John y drws i'w gnocio taer ganol y prynhawn.

"Mae hi a'r fechan wedi mynd i orwedd a fydd hi ddim am dy weld di'r cythraul brwnt!" atebodd John gan ymdrechu i gadw rheolaeth arno'i hun gan ei fod yn ysu i roi crasfa i'w fab yng nghyfraith. "Felly hegla hi o'ma rŵan, cyn i mi neud rwbath fyswn i'n ei ddifaru!" ategodd gan gychwyn cau'r drws yn glep yn ei wyneb.

"Na, Dad, gad iddo fo ddŵad i mewn," galwodd Nia a oedd

wedi dod i lawr y grisiau ar ôl clywed sŵn cyfarwydd y Volvo yn cyrraedd o flaen y tŷ. "Rydan ni angan trafod."

Yn bur anfodlon, camodd John i'r ochr er mwyn gadael Huw i mewn. "Cofia mi fydda'i yn y gegin os byddi di fy angan i," meddai'n awgrymog wrth Nia cyn eu gadael ar eu pennau eu hunain yn y parlwr lle'r eisteddodd y ddau yn gefn syth ar y cadeiriau y naill ochr i'r lle tân gwag gan syllu ar eu traed mewn distawrwydd anghysurus am rai munudau. Yna toc, cliriodd Huw ei wddw, cyn ceisio ymddiheuro'n gryglyd.

"Mae bai wedi bod arna' i hefyd," atebodd Nia gan frathu ei gwefusau yn nerfus. "Dwi ddim wedi bod yn onest hefo ti ers i ti ddŵad nôl o New Zealand." Yna, byrlymodd ei chyfaddefiad allan ohoni fel llif yr afon am yr eilwaith y diwrnod hwnnw.

"Ddylwn i byth fod wedi trio dy dwyllo ac fe gei di fynd am ysgariad ar dy union a na'i ddim gofyn am ddim byd gen ti. Mi nes i ddefnyddio'r car bach i ddŵad yma bore 'ma, ond gei di fynd â fo'n ôl achos dwi ddim yn bwriadu cadw dim o dy..."

"Taw Nia, a gwranda am funud," torrodd Huw ar ei thraws. "Ti'n deud mai rhyw foi o Iwgoslafia ydi tad y babi? Pwy arall sydd yn gwybod hynny?"

"Neb heblaw am Bethan a Dad – nes i gyfadda pob dim wrtho fo bora 'ma."

"Fysa Bethan yn debygol o ddeud wrth rywun arall?"

"Na fysa, byth!"

"Nest di gysgu hefo rhywun arall tra ro'n i ffwrdd?" holodd gan gofio sut roedd wedi amau fod rhywbeth wedi bod rhyngddi hi a'i gymydog, Gwil y Ffridd. "Rhywun o'r ochra yma?"

"Naddo ar fy llw!" cododd gwrychyn Nia wrth iddi glywed y cwestiwn annisgwyl. "Be ti'n feddwl ydw i?" Yna tawodd yn sydyn wrth sylweddoli fod ganddo berffaith hawl i'w hamau ar ôl beth roedd hi wedi ei wneud.

"Yli," meddai toc. "Dwi'n gwybod fod pawb yn gwneud camgymeriadau o dro i dro a fy nghamgymeriad i oedd mynd i ffwrdd a dy adael di a pheidio cadw mewn cysylltiad tra ro'n i'n Seland Newydd. Wrth gwrs, tydi hynny ddim yn esgusodi be ti 'di neud ond dwi'n fodlon trio rhoi pob dim tu cefn i ni a dechra eto. Wedi'r cwbl mi oedd petha yn arfar bod mor dda rhyngtha ni cyn i mi fynd i ffwrdd."

"Ond be am Perl? Fedri di ddiodda'i magu hi fel merch i ti?"

"Mi dria'i ngora, ac os bydd rhywun yn holi sut cafodd hi'r gwallt a'r llygaid tywyll 'na, mi ddudai 'i bod hi 'di etifeddu genynnau yn hen daid oedd efo mop o wallt cyrliog du!"

"'Di hynny yn wir?"

"Dwn i'm! Fydd neb gallach beth bynnag."

"Ond be am dy rieni? Mae'n amlwg fod gan dy fam amheuon."

"Gad ti hynny i mi. Dwi'n gwybod sut i drin Mam."

Eisteddodd Nia mewn tawelwch gan bwyso a mesur ei hopsiynau am rai munudau. A fentrai hi ddychwelyd i Blas Dunod? A allai fod yn siŵr na fyddai Huw yn ymosod arni eto yn ei ddiod? A fyddai o wir yn gallu derbyn Perl gan wybod i sicrwydd erbyn hyn mai nid y fo oedd ei thad? Chwyrlïai'r cwestiynau yn ei phen. Yn y diwedd fodd bynnag, daeth i benderfyniad ei bod yn ddyletswydd arni roi cynnig arall arni. Wedi'r cwbl, roedd Huw wedi dweud ei fod yn fodlon ceisio rhoi popeth tu ôl iddynt. Felly, ni allai hi wneud llai na'i gymryd ar ei air.

"Ti'n siŵr dy fod yn gneud y peth iawn?" holodd John yn betrusgar wrth i'w ferch baratoi i ymadael yn hwyrach ymlaen y diwrnod hwnnw. "Cofia bod croeso i chi nôl yma unrhyw bryd os eith petha'n anodd eto."

"Paid â phoeni amdana ni Dad. Mae Huw a finna'n dallt ein gilydd erbyn hyn a does dim cyfrinacha rhyngtha ni rŵan," meddai gan daro cusan ar foch ei thad cyn cychwyn yn ôl i Blas Dunod gyda Perl yn cysgu'n fodlon yng nghefn y car.

Pennod 21

Cavtat – Mehefin 1991

OS OEDD MARKO am wireddu ei freuddwyd o geisio mynd dramor i weld ei ferch fach, sylweddolai y byddai'n rhaid iddo ddechrau ennill bywoliaeth, a hynny ar unwaith. Felly, ar ei fore cyntaf yn ôl adref yn Cavtat, aeth draw i'r gwesty lle arferai weithio pob haf ers pan roedd o'n bymtheg oed i holi am waith. Er nad oedd cyflog y gwesty yn dda, roedd y cildwrn y byddai'n ei dderbyn gan sawl un o'r gwesteion yn gwneud yn iawn am hynny; ac o gynilo'n ofalus, dylai fod gyda digon i allu fforddio mynd draw i Gymru ar ddiwedd tymor y gwyliau.

Ond buan iawn cafodd ei gynlluniau eu dymchwel pan glywodd ymateb pryderus rheolwr y gwesty.

"Mae'n ddrwg iawn gen i Marko, ond fedra'i ddim cynnig gwaith i ti 'leni," meddai hwnnw'n ddigalon cyn ychwanegu, "A dweud y gwir, dwi ddim yn siŵr am faint y medrwn ni fforddio i gadw drysau'r lle 'ma'n agored. Mae'r rhan fwyaf o'n 'stafelloedd ni'n wag; a does na'm arwydd fod petha'n mynd i wella."

Cafodd pryderon y rheolwr eu hategu wrth iddo holi am waith mewn sawl bar a thŷ bwyta hynod o dawel yn ardal harbwr Cavtat y bore hwnnw hefyd. Roedd y newyddion am yr helyntion yn peri i dwristiaid gadw draw. A pwy allai eu beio? holodd Marko'i hun wrth ddarllen penawdau brawychus y papur newydd dros baned o goffi yn un o'r bariau gwag.

Yn ôl yr erthygl ar flaen y papur, roedd pobl gyffredin dinas

Split wedi penderfynu eu bod wedi cael digon ar orthrwm a thrais y Serbiaid ac wedi mynd allan i'r strydoedd i brotestio yn erbyn y gwarchae creulon a osodwyd ar ardaloedd yn nwyrain y wlad. Heb unrhyw fath o arfau, ymosododd y dorf ar danciau'r fyddin Iwgoslafaidd gan eu taro gyda'u dyrnau noethion.

Mae pobl yn gallu bod mor ddewr, meddyliodd Marko gan gywilyddio ei fod o wedi bod mor fewnblyg a hunanol tra roedd ei gydwladwyr yn dioddef. Ers misoedd bellach roedd wedi claddu ei ben yn y tywod gan anwybyddu'r newyddion. Tra roedd o'n ymdrybaeddu yn ei broblemau ei hun yn nhyddyn Tomislav a Marta, roedd rhai o'i gydwladwyr wedi eu lladd llai nag ugain milltir oddi wrtho, wrth iddynt geisio amddiffyn Parc Cenedlaethol Plitvice a'i lynnoedd hardd. Roedd hi'n bryd iddo gymryd cyfrifoldeb a dechrau gwneud ei ran, meddyliodd wrth sylwi ar erthygl arall yn y papur.

Yn ôl yr erthygl honno, pan ddechreuodd yr helyntion yn y wlad, roedd nifer fawr o Serbiaid yn aelodau o'r heddlu yng Nghroatia, ac oherwydd hynny roedd llawer o droseddau'r Serbiaid gwrthryfelgar wedi cael eu hanwybyddu a llawer un wedi mynd yn rhydd heb ei gosbi. Er mwyn ceisio gwella'r sefyllfa annerbyniol, penderfynodd yr Arlywydd Tudman ddiwygio heddluoedd Croatia drwy recriwtio aelodau newydd Croataidd i'r rhengoedd. Gan fod Croatia yn parhau i fod yn rhan o weriniaeth Iwgoslafia, doedd hi ddim yn gyfreithiol i'r wlad gael ei byddin ei hun, felly aeth Tudman ati i sefydlu Heddlu Arbennig a fyddai'n ceisio amddiffyn y wlad rhag ymosodiadau'r Serbiaid a'r fyddin Iwgoslafaidd.

Erbyn iddo orffen darllen yr erthygl, gwyddai Marko yn union beth ddylai yntau ei wneud. Roedd Croatia ei angen ac roedd yn ddyletswydd arno i roi ei wlad yn gyntaf am unwaith. Tynnodd y llun o Perl allan o'i waled.

Syllodd ar y wyneb bach diniwed.

"Mi fydd yn rhaid i ni aros am sbel cyn cael cyfarfod, fy mechan i," sibrydodd. "Ond dwi'n siŵr pan fyddi di'n ddigon hen i ddeall, y byddi'n dallt pam roedd rhaid i Tata aros yma i wneud ei ddyletswydd."

Heb oedi ymhellach, cododd oddi wrth y bwrdd a chroesi'r ffordd at y cwch fferi oedd ar fin cychwyn am Dubrovnik. Wrth i'r cwch hwylio o'r harbwr, llifodd yr atgofion am y diwrnod hwnnw pan aeth Petar ac yntau gyda Bethan a Nia ar yr un fordaith. Anodd oedd credu mai dim ond cwta ddeg mis oedd wedi mynd ers hynny.

Lle ar y ddaear aeth Petar a'i fam tybed? Yn ôl ei rieni, doedd neb wedi clywed yr un gair amdanynt ers iddynt adael Cavtat yn dilyn yr ymosodiad ar y *slastičarna* yn ôl ym mis Tachwedd. Dim ond gobeithio eu bod yn ddiogel yn rhywle ac y buasent yn dychwelyd adref rhyw ddydd wedi i bethau dawelu. Am yr ail dro'r bore hwnnw, cystwyodd Marko ei hun – fe ddylai fod wedi sylweddoli'r fath straen oedd ar Petar yn lle pwdu gydag o fel ag y gwnaeth am iddo feiddio cwestiynu ei berthynas â Nia.

Ar ôl llenwi ffurflenni di-ri ym mhencadlys yr heddlu yn Dubrovnik, cafodd wybod y byddai'n rhaid iddo ddychwelyd ymhen rhai dyddiau i gael cyfweliad swyddogol a phrofion meddygol i brofi ei ffitrwydd cyn dechrau ar y rhaglen hyfforddiant oedd yn ofynnol iddo'i chwblhau er mwyn ymuno â rhengoedd yr Heddlu Arbennig. Roedd y misoedd o waith corfforol ar y tyddyn yn mynd i dalu ar ei ganfed wedi'r cwbl, gan ei fod yn llawer mwy cyhyrog a chryf nag a fu erioed o'r blaen.

Wrth gerdded yn ôl trwy'r Hen Dref i gyfeiriad yr harbwr, ceisiodd ddychmygu beth fyddai ymateb ei rieni i'w newyddion. A fydden nhw'n falch ohono am ymuno â'r heddlu? A fyddai hyn yn gwneud yn iawn am iddo eu siomi pan benderfynodd roi'r gorau i'w gwrs coleg mor ddisymwth? Er eu bod wedi ei groesawu'n ôl yn ddigon cynnes y noson cynt, synhwyrai fodd bynnag nad oeddent wedi llawn faddau iddo am beri'r fath ofid iddynt pan ddiflannodd o Zagreb heb adael iddynt wybod beth oedd wedi dod ohono.

Ar hynny, tarfwyd ar ei feddyliau gan synau cyfarwydd. Cododd ei olygon at dŵr yr hen gloc hynafol a safai ym mhen pella'r Stradun wrth i Maro a Baro'r efeilliaid gwyrdd, fel y gelwid y ddau ffigwr efydd, fynd ati i daro clychau'r cloc fel y gwnaent ar ben pob awr yn ddi-dor ers canrifoedd.

"Hanner dydd," meddai wrtho'i hun. Golygai hynny ei fod newydd golli'r fferi ac roedd ganddo awr arall i aros tan y byddai'r cwch nesaf yn cychwyn am Cavtat. Fe âi draw i gael gair hefo Stefan, os na fyddai hwnnw yn rhy brysur yn ceisio dwyn perswâd ar ryw dwristiaid hygoelus i logi ei gychod.

Doedd dim angen iddo fod wedi poeni am hynny fodd bynnag, oherwydd cafodd groeso brwd gan ei gefnder a eisteddai y tu ôl i gownter ei stondin wag yn pori drwy gylchgrawn cychod. "Dwi mor falch o dy weld di!" meddai gan roi'r cylchgrawn i lawr. "Ma' hi fel y bedd yma, fel y gweli di," ychwanegodd gan edrych o'i gwmpas ar yr harbwr a oedd yn anarferol o dawel, heb fawr mwy na llond dwrn o dwristiaid yn crwydro o amgylch y lle. "A deud y gwir, dwi'n meddwl gwerthu'r *Progutati* drwy'r cylchgrawn 'ma, a mynd nôl i bysgota hefo 'nhad os na wellith petha yn o fuan."

"Ydi petha mor ddrwg â hynny?"

"Yndyn, ma' arna'i ofn," ochneidiodd gan edrych dros ei

ysgwydd ar ei gwch pleser, ei *jet skis* a'i gychod eraill yn siglo'n segur wrth eu rhaffau ar y dŵr. "Ond ty'd, mi awn ni i gael sgwrs iawn dros lasiad o gwrw. Ma' hi 'di bod yn ry hir ers i mi dy weld ac ma' gen i rwbath pwysig i ofyn i ti hefyd."

Eisteddodd y ddau gyda'u cwrw wrth fwrdd awyr agored yn un o fariau'r harbwr lle gallai Stefan gadw golwg ar ei stondin, rhag ofn i rywun ddod heibio i holi am un o'i gychod, er mor annhebygol oedd hynny.

"Ti'n gwybod mod i a Marina yn priodi cyn diwedd y mis?" gofynnodd toc gan lyfu ewyn y cwrw oddi ar ei weflau.

"Do, mi soniodd Mama. Llongyfarchiadau!" meddai Marko gan godi ei wydr mewn llwncdestun. "Gobeithio y byddwch chi'n hapus iawn."

"Ti'n gwybod dwyt, mai chdi ydi fy hoff gefnder?"

"O'r hyn gofia i, fi ydi dy unig gefnder!" atebodd Marko gan chwerthin.

"Ond cefnder neu beidio, mae gen i feddwl mawr ohonat ti, ac mi fyswn i wrth fy modd tasa ti'n ystyried bod yn *barjaktar* i mi."

Doedd Marko ddim yn gwybod be i'w ddweud. Roedd cael eich dewis i fod yn *barjaktar* mewn priodas yn dipyn o anrhydedd yng Nghroatia. Aeth Stefan yn ei flaen gan ddweud na allai feddwl am neb gwell i gyflawni'r dasg draddodiadol o gludo'r faner ar flaen y prosesiwn priodasol. "Ti'n gweld, mae rhieni Marina yn awyddus i ni gael priodas draddodiadol a chael y gwasanaeth yn yr eglwys yn Cavtat – a ti'n 'nabod y lle fel cefn dy law."

"Wel, os ti'n siŵr, mi fasa'n bleser!"

Aeth y sgwrs yn ei blaen a chafodd Marko wybod fod Stefan a Marina yn bwriadu aros dros dro gyda'i rieni, Ivo a Jaka ar ôl y briodas, tra byddent yn aros i gael lle iddynt eu hunain. "Fel ti'n gwybod ma' fflatiau'n brin i bobl leol yn Dubrovnik 'ma am bod 'na well pres i'w gael yn gosod i ymwelwyr."

"Ella bydd pethau'n newid yn o fuan. O be wela'i, mae' na lawer iawn llai o dwristiaid yma 'leni."

"Wel, dyna un peth da am wn i," atebodd Steffan cyn gwagio ei wydr. "Reit, gorffenna'r cwrw 'na yn reit handi er mwyn i mi gael codi un arall."

"Na, mae'r rownd nesa arna' i achos mae gen i dipyn o newyddion i'w rhannu hefyd," meddai Marko gan godi ei law i dynnu sylw'r gweinydd. "Dwi newydd roi fy enw i lawr i ymuno efo'r Heddlu Arbennig."

"Ti'n gall? Ti'n sylweddoli y medri di gael dy hel i le mae'r helyntion ar eu gwaetha, wyt? Yr Heddlu Arbennig sy 'di cael y gwaith o drio stopio'r Serbiaid ddiawl. Ti'n cofio be ddigwyddodd yn Pakrac fis Mawrth?"

"Dwi'n gwybod fod rhai o'r heddlu wedi eu lladd yno, ond dwi am wneud fy rhan."

"Wel, mae'n siŵr ei bod hi'n haws i foi sengl fel chdi, heb wraig na phlant, neud y penderfyniad."

"Ydi, siŵr o fod," cytunodd Marko gan daro cipolwg cyfrinachol ar lun Perl wrth iddo agor ei waled i dalu am y diodydd.

Pennod 22

DAIR WYTHNOS YN ddiweddarach, safai Marko wrth yr harbwr yn Cavtat yn ei lifrau gwyrddion newydd gyda bathodyn yr Heddlu Arbennig, y *Mač i munja*, yn addurno ei ysgwydd dde. Roedd wedi cael caniatâd i gymryd diwrnod i ffwrdd o'i hyfforddiant fel y gallai gadw at ei addewid i fod yn *barjaktar* i'w gefnder. Chwifiai'r faner Groatiaidd newydd yn llawn balchder wrth i gwch pleser y *Progutati,* gyda Stefan a'i deulu ar ei bwrdd, gyrraedd o Dubrovnik ar gyfer y briodas.

Wedi i'w fodryb Jaka adael am yr eglwys gyda'i fam a rhai o'r gwesteion eraill, arweiniodd Marko ei gefnder, ei ewyrth Ivo a'i dad yn ogystal â rhai o'i ffrindiau o Dubrovnik drwy strydoedd cul Cavtat tuag at gartref Marina, gan chwifio'r faner o'u blaenau ac annog pawb a ddaethant ar eu traws i ymuno yn yr orymdaith. Erbyn cyrraedd y tŷ, roedd tyrfa helaeth wedi ymgasglu i gefnogi'r priodfab. Yna, gyda pheth seremoni, curodd Stefan ar y drws ac yn ôl traddodiad dechreuodd holi ar dop ei lais a oedd tad Marina yn fodlon i'w ferch ei briodi.

"Be wyt ti'n fodlon ei gynnig amdani?" daeth yr ateb o du ôl i'r drws caeedig.

"Mi na'i ganu cân i chi!" cynigiodd Stefan.

"Na, tydi hynny ddim digon da!" oedd yr ateb.

"Beth petaswn i'n jyglo tri afal wrth ganu?"

"Na!"

"Pedwar afal?"

"Na!"

Aeth y bargeinio ymlaen am rai munudau gyda Stefan yn cynnig gwneud pob math o dasgau er mwyn ennill llaw'r briodferch.

Tra roedd y pantomeim hwn yn mynd rhagddo, cafodd Marko gip drwy gornel ei lygaid ar Marina ac Ana, a oedd yn forwyn briodas iddi, yn sbecian o du ôl i'r llenni yn un o'r llofftydd. Roedd ei chwaer wedi cael diwrnod i ffwrdd o'i gwaith yn yr ysbyty ar gyfer y briodas hefyd a gobeithiai gael sgwrs gyda hi cyn diwedd y dydd.

"Mi na'i sefyll ar fy mhen a chanu cân serch os liciwch chi?" cynigodd Stefan toc.

"Iawn, gwna di hynny! Os bydd dy berfformiad yn plesio, cei briodi fy merch!"

Ar hynny, tynnodd Stefan siaced ei siwt, llacio ei dei a thorchi llewys ei grys cyn syrthio ar ei ddwylo a hyrddio ei draed i fyny i'r awyr. Wedi iddo adennill ei gydbwysedd ben i waered, dechreuodd ganu hen gân serch draddodiadol; 'Proplakat, proplakat će me zora' – Wyla'r wawr ei dagrau.

Er mawr ollyngdod i Stefan, agorwyd y drws ymhen sbel a daeth Marina a'i thad allan gydag Ana yn eu dilyn. Cododd yntau'n ôl ar ei draed ac ar ôl twtio'i wallt yn frysiog a gwisgo'i siaced aeth at ei ddarpar dad yng nghyfraith ac ysgwyd ei law cyn taro golwg gwerthfawrogol i gyfeiriad Marina a edrychai'n arbennig o hardd yn ei ffrog o les gwyn a wisgodd ei mam a'i nain i'w priodasau hwythau.

Wedi'r cyfarchion, ailgychwynnodd yr orymdaith drwy'r strydoedd gyda Marko'n arwain y blaen gan chwifio'r faner yn uchel nes cyrraedd yr eglwys hynafol ym mhen pella'r harbwr, lle'r oedd yr offeiriad a gweddill y gwahoddedigion yn aros amdanynt.

Ar ôl y gwasanaeth, arweiniodd Marko'r pâr priod a'u

gwesteion i un o dai bwyta'r dref ar gyfer y neithior, ac wedi i bawb orffen gwledda galwodd am ddistawrwydd oherwydd fod gan ei ewyrth rhywbeth i'w ddweud.

"Mae un weithred draddodiadol heb gael ei chynnal eto," cyhoeddodd Ivo, gan lusgo Stefan a Marina i ganol y llawr, lle dechreuodd y ddau ymrafael i geisio sathru traed y naill a'r llall. "Da iawn ti Marina!" meddai Ivo toc, gan blannu cusan ar foch ei ferch yng nghyfraith wedi iddi sodro ei throed yn gadarn ar ben un o draed Stefan. "Ti wedi dangos yn glir pwy fydd yn rheoli yn eich priodas chi!"

Yna, ar ôl llawer o chwerthin a thynnu coes, trawodd y band un o ganeuon traddodiadol y wlad, a chyn hir dechreuodd llawer o'r gwesteion ddawnsio mewn cylch i nodau'r gitâr a'r *tamburitza.*

"Ti'n edrach yn dda," meddai Marko pan gafodd gyfle i fod yn bartner i'w chwaer yn ystod y ddawns.

"Titha'n smart yn dy lifrai newydd hefyd," atebodd Ana gan droelli yn ei freichiau. "Dwi mor falch ohonat ti, cofia."

"Mae hynna'n golygu llawer iawn i mi 'sti achos dwi'm yn credu fod Mama a Tata yn rhy hapus mod i 'di ymuno â'r heddlu."

"Poeni amdanat ti ma' nhw siŵr o fod, hefo sefyllfa'r wlad fel ag y mae hi."

"Ddoi di allan am funud er mwyn i ni gael sgwrs iawn? Mae gen i betha dwi angen i'w dweud wrthat ti, ac mae'n amhosib cael llonydd yn fa'ma."

Camodd Marko ac Ana o gylch y dawnswyr ac ar ôl gadael y tŷ bwyta cerddasant ar hyd yr harbwr nes cyrraedd un o'r meinciau a safai yng nghysgod y coed palmwydd ar y promenâd a edrychai'n rhyfeddol o wag heb y cychod pleser drudfawr a arferai angori yno. Eisteddodd y ddau mewn distawrwydd am funud gan wylio'r haul yn llithro'n araf tuag at y gorwel tu ôl i ynys Mrkan.

"Fe ddaeth yr ymwelwyr bach yma yn ôl 'leni beth bynnag," meddai Marko toc gan amneidio i gyfeiriad y gwenoliaid prysur a wibiai'n ôl a blaen yn isel uwchben y dŵr.

"Ro'n i'n sylwi ei bod hi'n hynod o ddistaw yma fel mae hi yn Dubrovnik. Pobl wedi cadw draw oherwydd yr helyntion, ma siŵr," cynigiodd Ana gan edrych dros ei hysgwydd ar y rhes o fariau a thai bwyta gwag.

Nodiodd Marko cyn dweud wrthi am ymateb rheolwr y gwesty pan aeth i holi am waith ar ôl dychwelyd i Cavtat.

"Dyna sut nest di benderfynu ymuno â'r heddlu felly?"

"Wel ia a naci. Rhyw sylweddoli braidd yn hwyr yn y dydd, y dylwn i chwarae fy rhan er lles y wlad. Fel ti'n gwybod, mi nes i gladdu mhen yn y tywod am fisoedd heb gymryd sylw o'r helyntion ar ôl gadael y coleg."

"Pam roist di'r gorau i dy gwrs mor sydyn? Ro'n i'n meddwl dy fod ti wrth dy fodd yn y coleg."

"Mae'n stori hir."

"Mi ddudodd Mama rwbath am ryw ferch dramor roeddat wedi mynd â hi i'w cyfarfod llynedd. Ti dal mewn cysylltiad efo hi?"

Gydag ochenaid, adroddodd Marko yr hanes a chyn hir roedd yr holl brofiadau y bu'n eu cadw iddo'i hun dros y misoedd cynt yn byrlymu allan ohono. Roedd hi mor braf cael clust i wrando arno a gwyddai y gallai ymddiried yn ei chwaer i gadw popeth iddi ei hun.

"Be? Roedd hi wedi dyweddïo hefo rhywun arall ar y pryd?" holodd Ana'n anghrediniol. "A doedd hi ddim 'di sôn gair am hynny wrthat ti?"

"Na, mi ddaeth yn sioc ofnadwy i mi, a dyna pryd nes i benderfynu fy mod i di cael llond bol ar y coleg. Oni bai am garedigrwydd yr hen Tomislav a Marta, dw'n i ddim beth fysa wedi dŵad ohona' i."

"Wel yr hen g'nawas dwyllodrus! Roedd hi ar fai yn dy gamarwain di fel y gnath hi."

"Dwi'n meddwl y bydda petha wedi troi allan yn dra gwahanol heblaw bod ein llythyrau wedi eu hatal gan y Serbiaid. Ti'n gweld, roedd hi 'di sgwennu ata'i ers wythnosau i ddeud ei bod yn disgwyl fy mabi i."

"Dy fabi di? Ti'n siŵr o hynny?"

Estynnodd Marko ei waled a dangos llun Perl i'w chwaer. "Anfonodd ei ffrind hi'r llun yma hefo llythyr yn dweud fod fy merch wedi ei geni ar y deuddegfed o Fai."

Syllodd Ana'n gegagored ar y llun. O edrych ar y ddau lygad tywyll a'r mop o wallt du, gwyddai nad oedd unrhyw amheuaeth pwy oedd y tad. "Ma' hi'r un ffunud â chdi!" ebychodd. "Ydi Mama a Tata yn gwybod?"

"Na, dydw'i ddim wedi magu digon o blwc i ddeud wrthyn nhw eto. Pan glywais am ei bodolaeth i ddechrau, mi nes i benderfynu y byswn yn mynd drosodd i Brydain a mynnu cael ei gweld hi unwaith y byswn wedi cynilo digon o arian i wneud hynny. Ond dwi ddim yn siŵr os ydi fy mhasbort Iwgoslafaidd i'n dal yn gyfreithlon hyd yn oed erbyn hyn; ac efo sefyllfa Croatia fel ag y mae hi, dwi 'di penderfynu gohirio tan y bydd petha'n tawelu."

"Ia, dyna fysa ora, mae'n siŵr. Ar ôl i'r helyntion 'ma fod drosodd, ella cawn ni gyd gyfle i'w chyfarfod hi. Ti'n gwybod be 'di henw hi?"

"Perl."

"Dyna enw bach tlws. Be mae o'n 'i olygu?"

"Y gair Cymraeg am *biser* ydi o. Mi enwyd hi ar ôl Dubrovnik; *Biser Jadrana* – Perl yr Adriatig."

Erbyn i Marko orffen ei stori, roedd yr haul wedi llithro dros y gorwel a chymylau'r nos wedi dechrau ymgasglu yn yr awyr.

"Well i ni fynd yn ôl i'r parti cyn iddyn nhw anfon rhywun i chwilio amdanom ni," meddai Ana toc gan godi oddi ar y fainc.

"Ti'n addo na nei di yngan gair o be dwi 'di ddeud wrth Mama a Tata na neb arall?"

"Yndw siŵr, mi fedri di ymddiried yno i."

Pan gyraeddasant yn ôl i'r wledd, roedd y gerddoriaeth a'r dawnsio, y cellwair a'r chwerthin yn parhau fel roedd y diodydd yn llifo.

"Ana! Marko! Lle 'dach chi wedi bod? Dewch i eistedd yn fan hyn." galwodd Josip. "Dyn a ŵyr pryd y cawn ni eistedd fel teulu eto, hefo petha fel maen nhw yn y wlad 'ma."

Ofnai Marko fod ei dad wedi lleisio mwy o wirionedd nag a sylweddolai – doedd dim posib gwybod pryd y câi fod yng nghwmni ei deulu eto. Roedd wedi clywed sibrydion y byddai ei uned yn cael ei rhoi ar wyliadwriaeth uchel o fewn mater o ddyddiau ac efallai'n cael ei hanfon i amddiffyn rhannau eraill o'r wlad. Roedd cynnydd yn ymosodiadau'r Serbiaid yn anorfod gan fod yr Arlywydd Tudman yn bwriadu cyhoeddi annibyniaeth lwyr Croatia oddi wrth weddill gweriniaethau Iwgoslafia'r dydd Mawrth canlynol yn dilyn canlyniadau'r refferendwm ym mis Mai, lle'r oedd naw deg tri y cant o'r boblogaeth wedi ffafrio annibyniaeth.

Ni wyddai sut roedd disgwyl i'r Heddlu Arbennig allu gwarchod pobl rhag ymosodiadau'r Serbiaid a'r fyddin Iwgoslafaidd – y JNA, gan fod prinder arfau enbyd ers i arfau unedau amddiffyn tiriogaethol Croatia gael eu hatafaelu ar ddechrau'r helyntion, flwyddyn ynghynt. Wrth gwrs roedd miloedd o wirfoddolwyr fel yntau yn barod i ymladd dros eu gwlad, ond heb arfau, yn arbennig arfau trymion, roedd y sefyllfa yn edrych yn amhosib.

Penderfynodd gadw ei bryderon iddo'i hun, fodd bynnag, oherwydd doedd o ddim am beri poen i'w rieni na lluchio dŵr oer ar y dathliadau'r noson honno.

Pennod 23

GOLLYNGODD NIA EBYCHIAD o ryddhad wrth wylio Huw yn cychwyn am Lanelwedd. O'r diwedd roedd ganddi dri diwrnod i ymlacio ar ôl byw ar bigau'r drain ers wythnosau. Bu'r cyfnod ers iddi gytuno i ddychwelyd o dŷ ei thad yn anodd. Roedd hi'n hollol amlwg fod Huw yn ceisio cadw allan o'i ffordd gymaint ag y gallai, gan mai'r unig amser a dreuliai yn ei chwmni fyddai yn ystod prydau bwyd, pan lyncai bopeth mor gyflym â phosib cyn dychwelyd allan; a hynny'n aml heb dorri fawr mwy na rhyw hanner dwsin o eiriau gyda hi. Byddai'n defnyddio unrhyw amser sbâr i baratoi'r tarw ar gyfer y sioe, drwy siampwio'r bwystfil a'i dywys yn barhaus yn ôl ac ymlaen ar draws y buarth ar dennyn.

Yna, yn hwyrach ymlaen bob gyda'r nos, âi draw i dafarn y pentref gan ddychwelyd yn hwyr i'r ystafell wely sbâr, lle bu'n cysgu ar ei ben ei hun ers noson yr ymosodiad. Gorweddai hithau gan grynu ag arswyd ac ofn yn eu gwely priodasol yr ochr arall i'r pared, gan weddïo na fyddai'n dod ati'n feddw a gorfodi ei hun arni unwaith eto. Gwyddai y dylai fod yn ddiolchgar ei fod wedi symud i'r ystafell sbâr ac na cheisiodd gyffwrdd pen ei fys ynddi ers y tro hwnnw. Ond roedd yr olwg dywyll a chyhuddgar a ddeuai dros ei wyneb bob tro y byddai'n gweld Perl yn ei breichiau yn brawf nad oedd wedi maddau iddi.

Roedd yn edifar ganddi ei bod wedi cytuno i ddychwelyd i Blas Dunod ar ôl yr ymosodiad, a bu ar fin pacio ei bagiau a symud yn ôl at ei thad sawl gwaith. Ond gan i ryw lesgedd annodweddiadol ddod drosti ers genedigaeth Perl, doedd ganddi mo'r egni i fynd trwy'r fath gythrwfl emosiynol unwaith eto; haws oedd dioddef yn ddistaw gan obeithio y byddai pethau'n gwella rhyngddynt ymhen amser.

Ond nawr roedd ganddi hi dridiau i wneud fel yn y byd a fynnai ac roedd un peth yn sicr, doedd hi ddim am aros am un funud yn hirach nag oedd rhaid ym Mhlas Dunod, dan drwyn ei rhieni yng nghyfraith. Felly, ychydig funudau'n ddiweddarach, sodrodd Perl yn ei sedd bwrpasol yng nghefn y car bach, taniodd y peiriant a chychwyn am y Ffôr.

"Mae hi'r un ffunud â Marko," oedd sylw Bethan wrth iddi gymryd y fechan o'i breichiau pan alwodd i'w gweld yn nhŷ John Roberts yn syth ar ôl ei gwaith y prynhawn hwnnw.

"Taw nei di!" rhybuddiodd Nia dan ei gwynt. "Ti'n gwybod dwi'm isio sôn amdano fo!"

"Paid â bod mor gysetlyd, does 'na neb o gwmpas i gl'wad. Mae'n rhaid i ti gyfadda ei bod hi'n debyg iawn iddo fo, hefo'r gwallt cyrliog tywyll a'r ll'gada mawr brown 'na. Be ma' Huw yn'i feddwl o'i hedrychiad hi tybad? Ydi o 'di ama' rwbath bellach?"

Roedd hyn yn ormod i Nia a dorrodd i lawr yn llwyr gan feichio crio ar ysgwydd ei ffrind. Yna, rhwng ochneidiau oedd yn bygwth ei mygu, cyfaddefodd sut roedd pethau wedi dirywio rhyngddi hi a Huw.

"Be? Mae o'n gw'bod nad fo ydi'r tad?" holodd Bethan yn syfrdan ar ôl clywed rhan o'r hanes. "Sdim rhyfadd na di o'n fodlon siarad rhyw lawar hefo chdi 'lly. Mae'n syndod ei fod o'n gadal i chi aros ym Mhlas Dunod."

"Ydi, dwi'n gw'bod," cytunodd Nia gan sychu ei dagrau. Er

i Bethan fod y peth agosaf a fu ganddi at gael chwaer, ni allai yn ei byw â datgelu wrthi fod Huw wedi ei threisio; roedd rhai pethau yn rhy bersonol i'w rhannu hyd yn oed â hi.

"Dwi'n gobeithio na ti'n malio i mi ddeud, ond does na'm golwg rhy dda arnat ti. Ydi Perl yn dy gadw di'n effro'r nos?"

"Na, mae hi'n fabi bach hynod o fodlon, yn enwedig ers i mi ddechra'i bwydo hi hefo potal. Mi nes i drio ei bwydo hi fy hun am y dyddia cynta ond roedd yn amlwg nad oedd hi'n cael digon gen i, felly ma' hi'n cal potal ers hynny. Felly, dwi'm yn dallt be ydi'r blindar 'ma sydd wedi dod drosta'i ers yr enedigaeth."

"Wel, o be ti newydd ddeud wrtha'i am dy berthynas di a Huw, ti 'di bod o dan dipyn o straen ac mi neith 'chydig o ddyddia hefo fi a dy dad fyd o les i ti, gei di weld. Ma' gen i *day off* fory, a dwi am i ni gael gneud rwbath gwahanol, fydd yn siŵr o neud byd o les i ti."

"Be sy gen ti mewn golwg?"

"Paid â holi. Gei di weld fory. Y cwbl dduda'i ydi, gobeithio fod y bicini 'na oedd gen ti'n Iwgoslafia yn dal i dy ffitio di."

"Bicini? Dwi'm yn meddwl rywsut, hefo'r holl *stretch marks* sydd ar fy mol i!" atebodd Nia gan chwerthin am y tro cyntaf ers tro.

"Wel, mi fydd yn rhaid i ni bicio i Dre bora fory felly, i gael gwisg nofio newydd i ti o Bon Marché," meddai Bethan gan gychwyn am y drws wrth iddi glywed John Roberts yn cyrraedd adra o'i waith. "Mi â'i rŵan i ti gael amsar hefo dy dad ond bydda'n barod erbyn tua deg o'r gloch bora fory," ychwanegodd gan daro cusan ysgafn ar ben cyrliog Perl cyn gadael.

Fore trannoeth ar ôl prynu gwisg nofio newydd ym Mhwllheli, gofynnodd Bethan i Nia yrru'r car i gyfeiriad

Abererch ac yna ymlaen at wersyll Butlin's, neu Star Coast World fel y gelwid y gwersyll gwyliau erbyn hynny.

Wrth bowlio'r goets ar draws y ffordd o'r maes parcio at y brif fynedfa, lle'r oedd cerddoriaeth pop ddi-baid yn atseinio'n uchel drwy uwchseinyddion, teimlai Nia mai dyma'r lle diwethaf roedd hi eisiau bod, a hithau mor flinedig. Doedd ganddi mo'r galon i siomi Bethan fodd bynnag, a honno'n llawn brwdfrydedd ac wedi mynnu talu am fynediad i'r ddwy ohonynt.

"Mi neith diwrnod yn fa'ma fyd o les i ti, gei di weld," meddai wrth gamu'n dalog i gyfeiriad y pwll nofio awyr agored. "Roedd y dyn tywydd yn addo fod heddiw yn mynd i fod y diwrnod poetha'r flwyddyn, felly mi fydd cael trochi yn y pwll 'ma jyst y peth i ni. Dos di i newid, tra bydda i'n gwarchod Perl."

Wrth newid o'i dillad mewn ciwbicl cul, holodd Nia ei hun pam na feiddiai ddweud wrth Bethan nad oedd hi'n teimlo fel nofio. Gwyddai o'r gorau fodd bynnag nad oedd ganddi mo'r egni i dynnu'n groes ac mai haws oedd cydymffurfio'n dawel. Erbyn iddi ddychwelyd at lan y pwll, roedd Bethan wedi gosod llieiniau iddynt orwedd arnynt ac roedd hi wrthi'n rhwbio eli haul yn blastar drosti ei hun.

"Mae'n well i ti roi dipyn o hwn dros Perl hefyd rhag ofn iddi losgi, er ma'i chroen i'w weld yn brownio'n naturiol fel un ei ..."

"Diolch," meddai Nia gan dorri ar ei thraws, cyn iddi ddechrau sôn am Marko unwaith eto. Doedd hi ddim mor hawdd â hynny rhoi taw ar Bethan fodd bynnag, a estynnodd ddilledyn bychan o'i bag.

"Dwi 'di prynu siwt nofio fach iddi hitha gael mynd i'r dŵr hefyd. Yli ciwt ydi hi!"

"Ma hi braidd yn ifanc i beth felly," meddai Nia a oedd yn dechrau cael llond bol ar ei ffrind. "Tydi hi ddim yn dri mis oed eto!"

"Twt! 'Drycha, ma 'na lawar o fabis bach yn y pwll 'ma. Os 'di Perl yn rwbath tebyg i'w thad, mi fydd hi wrth ei bodd yn y dŵr. Ti'm yn cofio fel y soniodd o ei fod o'n arfar chwarae polo dŵr yn y pwll yn Cavtat?"

Er mwyn osgoi cweryl, aeth Nia ar ei hunion at ymyl pen tyfna'r pwll a phlymio i mewn i'r dŵr a oedd yn oerach na'r disgwyl. Daliodd ei gwynt am funud tra ymgyfarwyddodd ei chorff gyda'r oerni, ac yna dechreuodd nofio'n egnïol nôl a blaen ar draws y pwll sawl gwaith gan geisio atal ei hun rhag cofio am y tro hwnnw bu'n nofio yn y Môr Marw ar Ynys Lokrum yng nghwmni Marko.

Pan roedd hi bron â llwyr ymlâdd, dringodd allan o'r dŵr yn simsan, ond cyn iddi gyrraedd yn ôl at Bethan a Perl, dechreuodd sŵn dŵr fyrlymu yn ei chlustiau ac aeth pobman yn ddu. Pan ddaeth ati ei hun, sylwodd fod haid o bobl yn sefyll yn gylch o'i hamgylch gan syllu'n ddifrifol arni.

"Ay yous or'rite luv?" holodd un wreigan mewn acen Lerpwl drom. "Ay think yous should see a medic."

"She will be fine, she is with me!" meddai Bethan gan wthio'i ffordd drwy'r dorf tuag at ei ffrind. "Ti'n iawn Nia? Be ddigwyddodd?"

"Dw'n i'm! Aeth y lle'n ddu i gyd. Ma' raid mod i 'di taro mhen ar rwbath hefyd," atebodd, gan deimlo'r gwaed yn llifo i lawr ei thalcen.

Gyda help, cododd ar ei thraed ac ar ôl sychu a newid yn ôl i'w dillad, mynnodd Bethan fynd â hi ar ei hunion i'r feddygfa ym Mhwllheli.

Ar ôl trin y briw ar ei thalcen, dechreuodd y meddyg holi

Nia'n ofalus am gyflwr ei hiechyd, ac o dipyn i beth datgelodd hithau sut yr oedd wedi bod yn teimlo mor flinedig ac isel ers genedigaeth Perl.

"Mae iselder ar ôl genedigaeth yn beth digon cyffredin," meddai'r meddyg. "Ond er mwyn gwneud yn siŵr nad oes dim byd meddygol o'i le arnoch, mi wna'i archwiliad trylwyr."

Hanner awr yn ddiweddarach, ymunodd Nia â Bethan a Perl a oedd wedi bod yn aros amdani yn y dderbynfa.

"Ti'n iawn? Ro'n i'n dechra poeni a chditha yna mor hir," meddai Bethan. "Be sy? Ti'n edrach fath â dy fod 'di gweld ysbryd. Be ddudodd y doctor?"

"Dwi'n disgwl," sibrydodd Nia dan ei gwynt.

"Be? Ydi hynny yn bosib mor fuan ar ôl Perl?"

"Ydi, mae'n debyg yn ôl y doctor. Yn enwedig os ydi'r fam ddim yn bwydo."

"Ond ro'n i'n meddwl dy fod 'di deud dy fod ti a Huw yn cysgu ar wahân?"

"Jyst dos â fi a Perl adra i dŷ Dad. A plis paid â holi, Beth!"

Pennod 24

Yn ystod oriau mân bore'r cyntaf o Hydref, gorweddai Josip yn ei wely â chwsg yn bell. Teimlai mor annigonol, fel rhyw ysglyfaeth wedi ei lwyr barlysu, gan na allai wneud dim heblaw aros yn ddiymadferth i drychineb gyrraedd. Gwyddai mai tasg gwbl ddisynnwyr oedd ceisio dysgu ei ddisgyblion am hanes hen ryfeloedd a oedd wedi'u hymladd ganrifoedd ynghynt, tra gallai eu bywydau ifanc gael eu distrywio yn yfflon unrhyw funud. Tasg ofer hefyd oedd ei ymdrechion i geisio eu paratoi ar gyfer arholiadau na fyddent, fwy na thebyg, byth yn cael cyfle i'w sefyll. Ni allai ddod â chysur i neb mewn gwirionedd – dim hyd yn oed i Katia y buasai'n rhoi'r byd i allu ei hamddiffyn rhag y fath drallod. Trodd ei ben ar y gobennydd i wrando ar ei hanadl ysgafn wrth ei ochr, a diolchodd i'r drefn ei bod wedi cael dihangfa o'r pryderon parhaus mewn mymryn o gwsg o leiaf.

Roedd misoedd yr haf wedi bod yn rhai anodd gyda'r JNA – byddin Iwgoslafia, dan arweiniad y Serbiaid, yn ymosod yn gyson ar bob cwr o'r wlad, gan adael trywydd o ddinistr o'u hôl. Er iddo geisio ei orau i'w harbed rhag clywed y gwaethaf, mynnai Katia, a arferai ddarllen dim byd trymach nag ambell i gylchgrawn cyn hynny, bori yn y papurau dyddiol gyda chrib mân a dilyn y bwletinau newyddion yn eiddgar ar y teledu a ddarlledai luniau o'r erchylltra i'w hystafell fyw yn nosweithiol.

"Mi fysa'n well i ni ddiffodd o, Katia," awgrymodd droeon wrth iddi fynnu syllu ar y sgrin. "Ti'n gwybod faint mae'r newyddion yn dy gynhyrfu di."

"Ond mae'n rhaid i mi – rhag ofn!" atebai hithau gan barhau i edrych ar y lluniau erchyll o'r ymladd, ac o drueiniaid a geisiai ffoi o'u cartrefi a ddinistriwyd yn llwyr gan y gelyn.

Doedd dim rhaid iddi ymhelaethu ar y "rhag ofn", gan y gwyddai Josip yn union beth oedd ganddi dan sylw. Roedd Marko a'i uned wedi cael eu symud o Dubrovnik ers canol Gorffennaf i geisio gwrthsefyll yr ymosodiadau yn nwyrain y wlad, a doeddent ddim wedi cael gair ganddo ers misoedd. Astudiai Katia'r sgrin yn ofalus a darllenai bob erthygl yn y papurau yn y gobaith o gael unrhyw newydd am ei mab. Oedd o wedi ei anafu ac yn gorwedd mewn poen ynghanol rwbel un o'r pentrefi neu'r trefi a ddinistriwyd? Oedd o'n fyw hyd yn oed? Roedd yr anwybodaeth yn ei lladd!

Yna, ar ben popeth, ffoniodd Ana cyn iddynt noswylio'r noson honno i ddweud nad oedd posib iddi ddychwelyd adref o'r ysbyty fel yr oedd wedi bwriadu, gan fod pob amser i ffwrdd wedi ei ganslo wrth i filoedd o ffoaduriaid heidio i Dubrovnik i chwilio am loches – llawer ohonynt yn dioddef o newyn a chlwyfau difrifol. Pob un â'i hanes dirdynnol ei hun.

Ana druan oedd ond yn bedair ar bymtheg oed, yn gorfod delio gydag erchyllterau na ddylai'r un ferch orfod eu gweld byth! Teimlai Josip mor rhwystredig, a buasai'n rhoi'r byd i allu ei gwarchod hi, Marko a Katia rhag yr hunllef oedd wedi meddiannu eu gwlad y dyddiau hynny. Beiai ei hun a'i genhedlaeth am fynnu dilyn rhyw freuddwyd ffôl am Groatia iwtopaidd a fyddai'n rhydd o afael Gweriniaeth Iwgoslafia, a hynny heb sylweddoli'r gost i genhedlaeth ei blant. Oedd annibyniaeth werth y fath bris?

Pan na allai oddef gorwedd yn segur am funud yn hirach, llithrodd ei goesau dros yr erchwyn a chodi ei hun oddi ar y gwely'n ofalus rhag deffro Katia. Yna, ar ôl taro ei ŵn nos dros ei ysgwyddau, aeth i lawr y grisiau i'r gegin i wneud paned o goffi iddo'i hun. Gyda rhwydwaith mewnol y wlad wedi ei chwalu'n llwyr erbyn hynny, roedd coffi fel llawer o fwydydd eraill yn brin. Felly, tywalltodd ragor o ddŵr berwedig ar ben y mymryn gronynnau oedd yng ngwaelod y pot ers y diwrnod cynt a'i arllwys i'w gwpan. O leiaf roedd honno yn gynnes rhwng cledrau ei ddwylo, meddyliodd wrth yfed peth o'r hylif llwydaidd, di-flas.

"Methu cysgu oeddat ti?" holodd Katia a'i dilynodd i lawr y grisiau ychydig funudau yn ddiweddarach.

"O, mae'n ddrwg gen i, cariad, nes i dy ddeffro di?"

"Do'n i ddim yn cysgu'n drwm ac ro'n i'n meddwl mod i'n clywed sŵn storm daranau tu allan beth bynnag."

"Taranau? Ti'n siŵr? Tydi stormydd ddim yn arferol yr adeg yma o'r flwyddyn."

"Wel ty'd allan i glywed drosot dy hun," meddai hithau gan agor y drws cefn a chamu allan ar y teras. Bu'r ddau yn sefyll yn stond am rai munudau fel dau gerflun, gan syllu'n anghrediniol i gyfeiriad y de lle'r oedd yr awyr wedi ei goleuo'n oren llachar.

"Tydi'r wawr ddim yn torri mor gynnar â hyn nac o'r cyfeiriad yna," meddai Katia gan leisio beth oedd ar feddwl y ddau wrth iddynt sylweddoli eu bod yn edrych ar rai o bentrefi ardal y Konavle, i'r de o Cavtat, yn llosgi. "Dim sŵn taranau ydan ni'n ei glywed chwaith!" ychwanegodd gan bwyntio i gyfeiriad Montenegro. "Ma' nhw ar eu ffordd yma o'r diwedd!"

Gwasgodd Josip ei braich a cheisio'i harwain yn ôl i'r tŷ. "Mae'n well i ni wisgo a gwneud ein hunain yn barod i fynd," meddai.

"Ond mynd i le Josip bach? Does 'na unlle i fynd! Maen nhw wedi cymryd drosodd y wlad i gyd o be wela i. Mae'n rhaid i ni sefyll a gwneud rhywbeth drosom ein hunain bellach," atebodd Katia gyda rhyw gadernid newydd yn ei llais.

Hanner awr yn ddiweddarach, cyrhaeddodd y car cyntaf yn llawn o ferched a phlant o ardal Konavle. Pob un ohonynt gydag ôl braw ar eu hwynebau llwydaidd, a'r erchyllterau yr oeddent wedi bod yn dyst iddynt yn cael eu hadlewyrchu yn eu llygaid llonydd. Brysiodd Katia a rhai o ferched eraill Cavtat i gynnig cymorth iddynt. Ond ymhen ychydig, fel y cyrhaeddodd llawer iawn rhagor o ffoaduriaid, rhai mewn cerbydau ac eraill ar droed, sylweddolwyd y byddai'n rhaid cael gwell trefn ar bethau. Felly, cynhaliwyd cyfarfod cyhoeddus brys yn un o eglwysi'r dref ac ar ôl i'r offeiriad gynnig gair o weddi, cynigwyd fod y Maer a'i swyddogion yn trefnu bod y ffoaduriaid yn cael eu cartrefu yn rhai o westai gweigion Cavtat.

"Dwi'n credu y dylem ni drefnu casgliad hefyd, fel y gall pobl sy'n gallu fforddio, roi rhywfaint o ddillad, pethau ymolchi a theganau sbâr i'r trueiniaid sydd wedi cyrraedd yma gyda dim mwy na'r dillad sydd ar eu cefnau," cynigiodd Katia gan sefyll ar ei thraed yn ystod y cyfarfod.

"Syniad da, Gđa Babić," atebodd y Maer. "A wnewch chi fod yn gyfrifol am hynny?"

"Wrth gwrs. Mi drefna'i ein bod yn gallu defnyddio un o siopau swfenîrs y dre 'ma sydd wedi bod yn wag ers misoedd fel canolfan gasglu."

Edrychodd Josip yn llawn edmygedd ar ei wraig a oedd

wedi ei thrawsnewid yn llwyr yn ystod yr ychydig oriau ers iddynt sylweddoli fod y gelyn ar eu gwarthaf.

***

Wrth groesi llawr marmor cyntedd un o westai'r dref yn hwyrach ymlaen y diwrnod hwnnw gyda bocs yn llawn o nwyddau i'w rhannu, ni allai Katia lai na rhyfeddu wrth sylwi ar y gwrthgyferbyniad rhwng y ffoaduriaid llychlyd a'r moethusrwydd a'u hamgylchynai. Safai llawer mewn rhesi hirion wrth ddesg y dderbynfa yn aros eu tro yn amyneddgar i gofrestru ac i gael eu lleoli mewn ystafelloedd; pawb â'i atgof am yr erchylltra yr oeddent wedi dianc oddi wrtho ychydig oriau ynghynt. Gorweddai ambell i wraig oedrannus wedi llwyr ymlâdd ar soffas melfed y cyntedd a safai rhai eraill yn glystyrau tawel gyda'r ychydig eiddo yr oeddent wedi gallu dod gyda hwy mewn bagiau plastig wrth eu traed.

"Esgusodwch fi," gafaelodd rhywun yn ysgafn yn ei phenelin. "Oes gennych chi glwt sbâr, fel y galla i newid fy mabi? Ches i ddim cyfle i bacio clytiau cyn..." torrodd y llais.

Trodd Katia i weld gwraig ifanc yn sefyll yno gyda babi yn ei breichiau a phlentyn bach arall oddeutu teirblwydd oed yn tynnu ar odre'i chôt.

"Mae gen i rwbath fysa'n gwneud, siŵr o fod. Dewch i ni gael gweld be sydd 'ma," meddai wrth roi'r bocs i lawr ar fwrdd coffi gerllaw.

"Dyma i chi liain 'molchi. Mi ddylai hwn wneud yn lle clwt nes y bydda i wedi dod o hyd i rywbeth gwell i chi. A phwy ydi hwn, tybad?" holodd wrth dynnu tegan meddal allan o'r bocs a'i osod yn nwylo'r plentyn bach. "Dwi'n siŵr fod yr arth fach yma angen rhywun i edrych ar ei hôl."

"Rydach chi mor garedig," meddai'r fam gan geisio gwenu trwy ei dagrau.

"Twt! Dyma'r peth lleia fedra i 'neud. Mae golwg wedi ymlâdd arnoch chi. Steddwch ar y soffa 'ma am funud hefo'r fechan tra bydda i'n newid y babi," meddai Katia gan gymryd y babi o'i breichiau. "Ydach chi 'di cael 'stafell yn y gwesty 'ma?"

"Dim eto. Dwi'n aros i fy ngŵr gyrraedd. Mi nath o addo y bysa fo'n dychwelyd atom ni pan allai," meddai cyn i'r dagrau ei thagu.

"O le 'dach chi 'di dod felly?"

"O Čilipi."

"Tydi Čilipi ddim mwy na rhyw wyth cilometr i ffwrdd o fan hyn! Ydi'r Serbiaid mor agos â hynny?"

"Ydyn. A'r Montenigriaid – ma' rhai o rheini cyn waethed â'r Serbiaid!"

O dipyn i beth, adroddodd yr hanes am sut y cyrhaeddodd y fyddin eu pentref, lle yr arferai ymwelwyr o bob rhan o'r byd lanio yn y maes awyr cyn i'r helyntion ddechrau.

"Cawsom ein deffro gan sŵn ffrwydradau ganol nos. Roedd Pavao, fy ngŵr yn meddwl mai ymosod ar y maes awyr oedden nhw. Wedyn, roedd 'na synau tanio."

"Gynnau?"

"Ia, dwi'n credu. Wedyn, daeth 'na sŵn ffrwydro yn llawer agosach, ac mi ddechreuodd y tŷ grynu a'r plaster gracio a disgyn ar ein pennau. Dyna pryd y penderfynodd Pavao y buasai'n well i ni fynd allan. Doedd dim amser i ni neud dim ond taro'n sgidiau a'n cotiau amdanom a chipio'r babi a'r fechan a oedd yn dal i gysgu trwy'r holl stŵr, cyn rhedeg allan i'r stryd lle'r oedd llawer o'n cymdogion wedi casglu'n barod."

"Pan aethom allan, roedd yr awyr yn llawn mwg a llwch

oedd yn llenwi'n ffroenau ac yn bygwth ein mygu. Roedd rhai o'r tai lawr y stryd ar dân. Mi allwn i weld gwraig ro'n i'n ei lled adnabod yn ffenest llofft un o'r tai yn erfyn ar i rywun ei hachub hi. C... cyn i neb allu gwneud dim, d... dymchwelodd to ei thŷ i mewn arni. R... oedd ganddi bedwar o blant; un ohonynt yr un oed â Freja 'ma."

"Oedd y plant wedi gallu dod allan mewn pryd?"

"Dwi'm yn gwybod! Fedrwn i neud dim byd ond sefyll yn hollol ddiymadferth ar ôl hynny, gyda sgrechiadau'r fam druan yn atseinio yn fy nghlustiau! Mi afaelodd Pavao yn fy mraich a fy llusgo i at ei gar oedd wedi ei barcio o flaen y tŷ. Chawsom ni'm amser i neud dim heblaw sodro'r plant ar y sedd gefn a... a gadael ar ein hunion."

"Chawsoch chi ddim cyfle i gael dim byd o'ch tŷ?"

"Na! Fel y gwelwch chi, roedd yn rhaid i ni ddianc yn ein dillad nos," meddai gan godi mymryn ar odre'i chôt i ddatgelu ei choban oddi tani.

"Do'n i ddim eisiau i Pavao ddychwelyd i Čilipi – ond gan ei fod o'n feddyg, roedd o'n teimlo dyletswydd i fynd nôl i geisio helpu rhai o'r bobl oedd yn siŵr o fod wedi eu hanafu. Nes i erfyn arno i fynd â fi yn ôl hefo fo, ond roedd yn rhaid i ni ystyried diogelwch y plant, medda fo."

Wrth synhwyro fod ei mam wedi cynhyrfu, dechreuodd Freja fach, a oedd wedi bod yn ddigon bodlon hyd at hynny gyda'i thegan meddal newydd, grio'n uchel, a chyn hir ymunodd y babi gan sgrechian ar dop ei lais hefyd.

"Fedri di ddim cadw dy blant yn ddistaw?" galwodd hen wreigan gecrus oddi ar soffa gerllaw. "Ma 'na rai ohonom ni'n trio cael mymryn o gwsg yn y lle 'ma!"

"Dewch hefo fi," meddai Katia a ddaeth i benderfyniad sydyn wrth weld y trallod ar wyneb y fam druan. "Mae gan y gŵr a finna ddigon o le yn ein tŷ ni, ac fe geith y plant wneud hynny o sŵn ag a fynnent yno!"

"Ond sut daw Pavao o hyd i ni?"

"Peidiwch â phoeni am hynny. Mi adawaf i'r awdurdodau wybod eich manylion fel bydd o'n gallu dod o hyd i chi ar ei union. Gyda llaw, Katia Babić ydi fy enw i."

"Elena Marić ydw i, a dyma Freja fy merch a Luka fy mab."

Pennod 25

A M DDAU O'R gloch prynhawn y diwrnod canlynol, cyrhaeddodd y Serbiaid a'r Montenigriaid y dref yn ddiwrthwynebiad gyda'u fflyd o gerbydau milwrol, eu gynnau a'u tanciau, gan gyhoeddi fod Cavtat bellach yn gyfan gwbl o dan eu rheolaeth hwy. Tynnwyd baner newydd Croatia a arferai gyhwfan yn falch uwch neuadd y dref ers y Rhagfyr blaenorol a chodwyd baner drilliw Iwgoslafia yn ei lle. Bwriwyd y Maer a'i swyddogion allan o'u swyddfeydd ac fe gipiodd yr arweinwyr milwrol reolaeth lwyr.

Ysbeiliwyd yr amgueddfa leol, ac anfonwyd y creiriau gwerthfawr dros y ffin i Montenegro. Datgysylltwyd y llinellau ffôn ac ataliwyd papurau newydd a darllediadau gorsafoedd radio a theledu Croatiaidd rhag cyrraedd y boblogaeth fel na ellid derbyn dim newyddion heblaw propaganda Serbaidd. Gosodwyd posteri ar hyd a lled y dref yn datgan y rheolau haearnaidd y disgwylid i'r boblogaeth gydymffurfio â hwy, gan gynnwys rhybudd y gellid saethu unrhyw un yn ddi-gwestiwn pe'i gwelid y tu allan i'w gartref yn ystod oriau'r cyrffiw llym a osodwyd.

Gwarchodwyd ardal yr harbwr a'r priffyrdd allan o'r dref gan filwyr arfog a gosodwyd llongau rhyfel fel blocâd yn y bae i sicrhau na allai unrhyw un ddianc dros dir na môr. Doedd unlle i ddianc iddo fodd bynnag, gan eu bod wedi eu hamgylchynu.

Sylweddolodd rhan helaeth o drigolion Cavtat mai ofer fyddai ceisio gwrthwynebu, gan eu bod wedi eu gadael yn gwbl ddiamddiffyn fel gweddill ardal y Konavle, wrth i'r gormeswyr ymosod mor annisgwyl o gyfeiriad Montenegro. Rywsut, setlodd bywyd yn ôl i ryw fath o drefn ac ni fu fawr o helynt ac eithrio ambell i wrthsafiad gan rai unigolion penboeth a gawsai eu sathru ar eu hunion.

Yn gynnar gyda'r nos ar y pumed diwrnod o'r drefn newydd, roedd Katia yn y gegin yn ceisio paratoi swper. Ar ôl crafu ei phen am ychydig wrth edrych ar y casgliad digon tila o lysiau y bu'n ddigon ffodus i'w prynu yn y farchnad y diwrnod hwnnw, penderfynodd wneud *Satarash*, gan ychwanegu ychydig o dwmplenni blawd a dŵr gyda phinsiad o berlysiau a dyfai yn y potiau ar y teras i'r stiw llysiau syml, er mwyn gwneud i'r pryd fynd ymhellach ac i lenwi ychydig mwy ar eu stumogau gweigion. Roedd sancsiynau a osodwyd gan y Serbiaid yn golygu bod bwyd, a oedd yn brin cyn iddynt gyrraedd, bellach yn cael ei ddogni yn llym.

Ar y gadair freichiau tu cefn iddi, eisteddai Elena yn bwydo Luka ar ei bron gan hymian hwiangerdd draddodiadol, 'Nina nani ni ga doma' – 'Nid yw eto adref' i'r bychan. Roedd yn rhyfeddol sut roedd y fam ifanc a'i phlant wedi cymryd eu lle mor naturiol yn eu cartref, meddyliodd Katia gan dorri'r llysiau'n fân. Ar ôl dechrau braidd yn lletchwith y noson gyntaf, gydag Elena druan yn methu ymlacio ar ôl ei phrofiadau erchyll a'i phryder am ei gŵr, setlodd yn dda yn ei chwmni hi a Josip. Gan ei bod yn eithaf tebyg i Ana o ran maint, derbyniodd fenthyciad o ddillad eu merch yn ddiolchgar a chysgodd y teulu bach

yn ystafell wely Marko'r noson honno a phob noson ers hynny.

Marko ac Ana! Gwasgodd Katia'r dagrau o'i llygaid wrth feddwl am ei phlant ei hun. Roedd y diffyg newyddion yn ei bwyta'n fyw ac yn brifo yn fwy na dim. Gweddïai fod

Marko yn fyw ac yn iach ac y deuai adref yn ddiogel o ble bynnag yr oedd o wedi cael ei anfon. Clywsai sibrydion fod y fyddin Iwgoslafaidd wedi dechrau ymosod yn ddidrugaredd ar Dubrovnik a gweddïai fod Ana yn ddiogel wrth ei gwaith yn yr ysbyty hefyd. Er nad oedd ond rhyw ychydig mwy nag ugain cilometr yn gwahanu'r ddau le, teimlai Dubrovnik fel ei fod filoedd o gilometrau i ffwrdd y dyddiau hynny a hithau'n amhosib teithio o un lle i'r llall.

Cododd ei phen wrth glywed sŵn chwerthin iach Freja a Josip allan ar y teras ac ni allai lai na gwenu, er gwaethaf ei phryderon wrth edrych drwy'r ffenest ar ei gŵr yn ei oed a'i amser yn cropian ar ei bedwar gyda'r fechan yn ei farchogaeth fel ei bod yn cymryd rhan yn nhwrnamaint yr *Alka*, yn union fel y byddai Ana yn arfer ei wneud pan roedd hi tua'r un oed. Roedd presenoldeb y teulu bach yn gwneud gymaint o les iddynt ill dau, meddyliodd.

Sylweddolai Katia fod Josip wedi bod yn isel iawn ei ysbryd ers tro a'i fod yn beio ei hun am ei ddaliadau gwleidyddol, a oedd yn ei dyb o wedi arwain at benderfyniad Marko i ymuno â rhengoedd yr Heddlu Arbennig. Ers i Elena a'r plant gyrraedd, fodd bynnag, roedd fel petai wedi cael mwy o nerth i ymdopi â phethau. Roedd y ffaith fod yr ysgol wedi cael caniatâd i ailagor wedi bod yn gymorth iddo hefyd, gan ei fod wedi cael ailgydio yn ei ddyletswyddau o ddysgu hanes i'w ddisgyblion, gan gynnig cysur iddynt a'u sicrhau y byddai eu gwlad yn siŵr o oresgyn yn y diwedd.

Roedd cadw'n brysur drwy drefnu canolfan yn un o siopau gweigion y dref i dderbyn nwyddau angenrheidiol, ac yna eu rhannu rhwng y ffoaduriaid mwyaf anghenus wedi bod yn gymorth mawr i Katia ei hun hefyd. Y bore cyntaf ar ôl i'r gormeswyr gyrraedd, daeth swyddog Serbaidd a dau filwr i'r siop i weld beth oedd yn mynd ymlaen yno. Ond ar ôl iddynt chwilio a chwalu drwy bopeth, heb ddod o hyd i unrhyw beth amheus ymysg yr eitemau a gasglwyd, rhoddwyd caniatâd iddi barhau gyda'r gwaith dyngarol yn ystod y boreau.

Ar ddiwedd ei gorchwyl dyddiol yn y siop, byddai'n rhuthro adref i fynd â Freja fach a'r babi am dro, fel y gallai Elena gael munud iddi ei hun. Powliai hen bram a adawyd yn y ganolfan gasglu i lawr at ardal yr harbwr gan geisio anwybyddu'r milwyr arfog a safai'n fygythiol yn gwarchod y lle. Galwai yng nghartrefi rhai o henoed y dref i weld a oeddent yn ymdopi ac i gynnig gair o gysur a thamaid o'i bwyd prin mewn fflasg thermos iddynt. Roedd gallu cyflawni ambell i weithred fach ddyngarol fel hyn yn rhoi ystyr i'w bywyd yn ystod y dyddiau tywyll oedd ohoni.

Fel roedd yr oedolion yn mynd i eistedd o amgylch bwrdd y gegin i fwyta'u swper ar ôl i Elena setlo'r plant yn eu gwelyau y noson honno, daeth cnoc annisgwyl ar y drws ffrynt. Pwy fyddai'n mentro galw a hithau mor agos i amser cyrffiw? holodd Katia ei hun wrth i Josip fynd i'w ateb.

"Pavao!" galwodd Elena gan ruthro i freichiau'r person a ddilynai Josip i mewn i'r gegin ychydig eiliadau'n ddiweddarach. "Sut nest di ddod o hyd i ni? Sut nest di fedru cyrraedd yma hefo'r milwyr yn gwarchod pob ffordd?"

Pan gafodd ei gŵr gyfle i gael gair i mewn, eglurodd ei fod wedi cael caniatâd gan y fyddin i ddod i ymweld â rhai o'i gleifion oedd yn aros yng ngwestai'r dref, a'i fod wedi holi'r awdurdodau sifil am leoliad ei deulu.

"Dewch i eistedd wrth y bwrdd, Pavao. Mae'n siŵr eich bod ar eich cythlwng," meddai Katia gan gynnig peth o'r stiw llysiau iddo.

"Na, bwytwch chi! Dwi wedi cael digon o fwyd dros y

dyddiau dwytha gan rai o fy nghleifion," meddai Pavao a aeth ati i adrodd ei hanes.

Ar ôl iddo ollwng Elena a'r plant yn Cavat, roedd wedi gyrru yn ôl i Čilipi i geisio ymgeleddu'r bobl oedd wedi dioddef niwed yn ystod yr ymosodiad ar y pentref.

"Oes 'na lawer o ddifrod?" holodd Elena'n betrusgar.

"Oes, mae llawer o'r tai wedi eu dinistrio. Mi welais i filwyr yn cario setiau teledu, peiriannau golchi dillad, dodrefn ac unrhyw beth arall o werth o rai o'r tai a'u pentyrru ar gefnau lorïau cyn chwythu'r adeiladau i fyny i guddio'r dystiolaeth o'r ysbeilio fu yna wedi i bobl adael eu cartrefi."

"Beth am ein tŷ ni? Ydi hi'n ddiogel i mi a'r plant ddŵad adref?"

"Mae'r tŷ yn sefyll, ond tydi hi ddim yn ddiogel i ti ddychwelyd achos mae 'na lawer o adroddiadau am wragedd a merched ifanc yn cael eu treisio gan y milwyr sydd dal yn prowlan o amgylch y lle."

"Mae hynna'n erchyll!" ochneidiodd Katia a oedd wedi ei dychryn i'r byw gan adroddiad Pavao. "Paid â meddwl dychwelyd tan y bydd hi'n ddiogel," rhybuddiodd, gan droi at Elena. "Mae croeso i ti aros yma am faint bynnag lici di."

"Ydi wir", ategodd Josip. "Fyswn i byth yn maddau i mi fy hun tasa unrhyw beth yn digwydd i ti neu'r plant!"

"Rydach chi'n hynod o garedig, ac mae'n dyled ni yn fawr i chi. Does gan filwyr y JNA ddim tamaid o gydwybod na pharch at ddim," meddai Pavao. Yna, aeth ymlaen i ddisgrifio fel yr oedd wedi mynd draw i faes awyr Čilipi yn ddiweddarach y diwrnod hwnnw. Pan gyrhaeddodd yno, sylwodd fod y lle wedi ei ddifrodi yn ddrwg a bod llawer iawn o'r staff wedi eu lladd neu eu hanafu yn ddifrifol.

"Mi nes i be fedrwn i iddyn nhw cyn i'r Groes Goch

gyrraedd," meddai gan ysgwyd ei ben yn drist. "Ond gan fod fy nghyflenwad o gyffuriau mor brin erbyn hynny, doedd gen i fawr i'w gynnig i'r rhai oedd yn sgrechian mewn poen."

Yn ystod y dyddiau canlynol roedd wedi teithio i drefi a phentrefi eraill y Konavle gan geisio gwneud beth a allai i helpu'r trueiniaid a fethodd ddianc oddi wrth y gelyn. Roedd ambell i bentref oedd yn agos i'r ffin â Montenegro wedi ei ddifrodi'n llwyr gan adael dim ar ôl heblaw daear oedd wedi ei throi yn olosg du a chlystyrau o flociau concrit wedi eu malurio'n yfflon.

Ambell waith, daeth ar draws hen ddyddynwyr yng nghefn gwlad a wrthodasant adael eu cartrefi ac a fynnai fod Pavao yn derbyn digonedd o'u cynnyrch fel arwydd o'u gwerthfawrogiad.

"Mae gen i dipyn o fwyd i chi yng nghefn y car ar hyn o bryd," meddai gan godi oddi wrth y bwrdd i'w nôl. "Dyna'r peth lleiaf a alla'i wneud, i ddiolch i chi am gadw Elena a'r plant yn ddiogel."

Edrychodd Katia mewn anghrediniaeth ar y fasged llawn wyau, caws a menyn yn ogystal â darn mawr o ham wedi ei ferwi a osododd o'u blaenau. Doedd hi ddim wedi gweld y fath fwyd ers misoedd bellach a deuai dŵr i'w dannedd wrth iddi ddychmygu'r wledd y gallai baratoi gyda'r fath gynnyrch gwerthfawr.

"Sut wnaethoch chi allu dod â'r bwyd heibio'r milwyr sy'n gwarchod y ffyrdd?" holodd Josip.

"Wel, ar ôl i mi ddangos fy nhrwydded teithio, ac iddynt ddeall fy mod i'n feddyg, mi ges i ddod trwy eu rhwystrau yn ddidrafferth. Ond, mae'n well i mi ei throi hi'n ôl am Čilipi rŵan, gan ei bod hi'n agos iawn at amser y cyrffiw. Ga' i weld y plant cyn mynd?" holodd gan edrych ar Elena a'i harweiniodd i fyny'r grisiau ac i ystafell wely Marko lle'r oedd Freja a'r babi yn cysgu.

Deg munud yn ddiweddarach, daeth Elena yn ôl i'r gegin gan egluro y byddai Pavao yn ceisio ymweld yn wythnosol o hynny ymlaen.

Pennod 26

Eifionydd – Hydref 1991

YR ARGRAFF GYFFREDINOL yn yr ardal o Margaret Pritchard, Plas Dunod, oedd ei bod hi'n ffroenuchel, yn gul ac yn galed, fel y dysgodd y rhai a fu'n ddigon anffodus i ddod ger ei bron pan eisteddai ar y fainc fel Ynad Heddwch. Ar yr amseroedd rheini, rhoddai'r argraff fod popeth yn ddu a gwyn a doedd bron byth le i ddangos trugaredd na goddefgarwch at gyd-ddyn. Roedd cadw safonau yn hollbwysig yn ei golwg ac nid oedd fiw dangos gwendid drwy gyfaddawdu ar unrhyw gost.

Tu ôl i'r wyneb caled cyhoeddus, fodd bynnag, llechai gwraig a garai yn angerddol ac a oedd yn fodlon ymladd fel llewes i warchod y pethau oedd yn bwysig iddi hi. Ar ôl bod yn briod am dros bymtheg mlynedd a dod i ddygymod â'r ffaith na allai gyflwyno etifedd i Blas Dunod, darganfu er mawr syndod ei bod yn feichiog a hithau yn bell dros ei deugain ar y pryd. O'r funud y daeth ei mab i'r byd, Huw oedd cannwyll ei llygaid a byddai'n fodlon gwneud unrhyw beth er ei les, hyd yn oed ar yr adegau hynny pan na fyddai o'i hun yn gwerthfawrogi beth oedd orau iddo.

Felly, pan ddaeth Huw â Nia adref un noson, ychydig dros flwyddyn ynghynt a'i chyflwyno fel ei wraig, gwyddai Margaret o'r funud y trawodd lygaid ar ei merch yng nghyfraith fod ei mab wedi gwneud camgymeriad. Roedd yn amlwg iddi o'r cychwyn nad oedd Nia o'r un anian â theulu Plas Dunod, ac nid ei chefndir cyffredin oedd yr unig reswm am iddi gredu

177

hynny. Wedi'r cwbl, merch tyddyn bach digon di-nod yn Sir Fôn arferai hithau fod cyn iddi daro ar Henry a phenderfynu gwella ei hun.

Ni allai yn lân â chymryd at y ferch. Roedd rhywbeth yn gyfrwys amdani, fel petai'n cuddio rhywbeth oddi wrthynt. Yna, pan anwyd ei merch, lai nag wyth mis ar ôl y briodas, methodd daflu llwch i lygaid Margaret am eiliad. Doedd babi a bwysai dros wyth pwys ar ei genedigaeth ddim yn fabi cynnar! Gwyddai hefyd ei bod yn bur anarferol i fam a thad mor olau â Huw a Nia gael plentyn mor dywyll ei phryd a'i gwedd. Roedd yn amlwg fod y g'nawes fach wedi'u twyllo.

Sylwodd hefyd nad oedd pethau ddim wedi bod yn dda rhwng Huw a Nia ers yr enedigaeth. A hwythau i gyd yn byw o dan yr un to, roedd hi'n amhosib cuddio'r ffaith fod y ddau yn cysgu mewn ystafelloedd ar wahân. Yna, ar ôl i Huw ddychwelyd yn siomedig o Lanelwedd yng Ngorffennaf, dewisodd fynd yn ôl i'r hen drefn o fwyta ei swper nosweithiol gyda'i rieni yn eu rhan hwy o'r tŷ, gan adael ei wraig ar ei phen ei hun gyda'r babi. Roedd hyn wrth fodd Margaret.

Roedd y ffaith fod ei fab, a arferai fod yn yfwr cymhedrol cyn iddo briodi, wedi dechrau mynd draw i'r dafarn i foddi ei ofidiau yn nosweithiol, yn peri pryder mawr iddi. Arferai fod yn fachgen mor rhadlon cyn iddo briodi, ond bellach roedd wedi troi i fod yn greadur surbwch a blin. Roedd yn rhaid iddi wneud rhywbeth i gael gwared â Nia cyn i fywyd Huw gael ei ddifetha yn llwyr.

Yn y gorffennol, arferai Margaret fod yn feirniadol o bobl fyddai'n ysgaru. Yn ei thyb hi roedd priodas yn gytundeb oes ac ambell waith roedd rhaid claddu teimladau personol er mwyn gwneud i bethau lwyddo. Doedd bywyd priodasol ddim wedi bod yn fêl i gyd iddi hithau chwaith, gan y bu'n rhaid iddi gau ei llygaid i ambell i amryfusedd o eiddo Henry dros y blynyddoedd. Roedd yr oes yn newid fodd bynnag, ac roedd priodasau sawl aelod o'r teulu brenhinol hyd yn oed wedi gorffen mewn ysgariad erbyn hynny. Felly, ceisiodd ei gorau i ddwyn perswâd ar Huw i roi terfyn ar ei briodas yntau. Ond am ryw reswm, roedd ei mab yn anfodlon iawn ystyried y syniad a throdd arni'n chwyrn bob tro y mentrodd grybwyll y peth gan ddweud wrthi yn blwmp ac yn blaen i feindio ei busnes.

Beth oedd y gafael oedd gan Nia arno, tybed? Doedd bosib ei fod yn dal i garu'r slwten ar ôl iddi ei dwyllo mor greulon? Os na allai ddwyn perswâd ar Huw i gael gwared ohoni, byddai'n rhaid iddi gael gair gyda hi ei hun, a rhoi pwysau arni i adael. Wedi'r cwbl, roedd yn eithaf siŵr fod gan rywun mor faterol â'i merch yng nghyfraith ei phris!

Felly, un noson, manteisiodd Margaret ar absenoldeb Henry a Huw a oedd wedi mynd i un o'u cyfarfodydd misol yn y Lodge ac aeth draw i ben arall y tŷ i weld Nia gyda'i llyfr siec yn ei llaw.

Ar ôl cerdded ar hyd y coridor tywyll a rannai Plas Dunod yn ddau, cyrhaeddodd yr ystafell gefn oedd wedi ei throi yn gegin fodern, a oedd ym marn Margaret gyda'i chypyrddau a thopiau fformeica golau yn gwbl anaddas i gymeriad yr hen dŷ. Yno lledorweddai Nia gyda'i thraed i fyny ar soffa feddal wrth yr Aga yn gwylio rhyw opera sebon ar y teledu.

Pan sylwodd bod ei mam yng nghyfraith wedi galw mor annisgwyl, cododd yn drwsgl oddi ar y soffa gan geisio rhoi trefn ar ei dillad llac a oedd wedi crychu'n flêr amdani. "Sori, nes i'm o'ch clywad chi'n cyrraedd."

"Naddo, mae hynny'n amlwg."

"Cymryd rhyw hoe fach i edrach ar Bobl y Cwm o'n i ar

ôl rhoi Perl i gysgu," ceisiodd egluro gan wasgu'r botwm i ddiffodd y teledu. "Gymrwch chi baned?"

"Cynnig sydd gen i; un mwy na theg o gysidro'r amgylchiadau," meddai Margaret gan ddod yn syth at y pwynt ac anwybyddu ymddiheuriadau ei merch yng nghyfraith a'i chynnig o de.

"Be felly? Fel 'da chi'n siŵr o fod yn gwybod, tydi Huw ddim yma ar hyn o bryd os ydach chi isio trafod rhywbath hefo'r ddau ohonom ni."

"Na, mae'r sgwrs yma rhyngoch chi a fi a neb arall. Does dim rhaid tynnu Huw i mewn i'r peth o gwbl. Dwi wedi dod yma i gynnig dwy fil o bunnoedd i chi os wnewch chi fynd a gadael Plas Dunod a mynd â'ch babi hefo chi!" meddai gan osod y llyfr siec yn agored ar y bwrdd o'i blaen.

Safodd Nia yn gegrwth am funud gan amau ei hun a oedd hi wedi clywed yn iawn.

"Wel, be ddeudwch chi?" holodd Margaret gan daro ei bysedd yn ddiamynedd ar wyneb fformeica'r bwrdd.

"Fedra'i ddim credu eich bod wedi cynnig y fath beth!" meddai Nia yn anghrediniol pan ddaeth o hyd i'w thafod.

"Reit, dwi'n fodlon mynd i fyny i dair mil, ond dim ceiniog yn fwy na hynny! Ydach chi'n dallt?"

"Dallt?!" gwaeddodd Nia. "Mi fyswn i'n gadael heno nesa a hynny heb yr un geiniog gennych chi na neb arall taswn i'n gallu!"

"Beth sydd i'ch rhwystro chi?"

Heb yngan gair arall, aeth Nia at un o gypyrddau'r gegin ac estyn llun o'r drôr. "Dyma chi pam!" meddai gan sodro'r llun ar y bwrdd o flaen Margaret.

Edrychodd honno yn syn ar y ddelwedd ddu a gwyn heb allu dirnad beth roedd hi'n edrych arno.

"Llun sgan ydi hwnna a gymrwyd yn yr ysbyty ym Mangor mis dwaetha, sy'n dangos mod i'n cario gefeilliaid. Plant Huw ac wyrion neu wyresau i chitha!"

Am yr unig dro yn ei bywyd, ni wyddai Margaret beth i'w ddweud. Doedd hi ddim wedi disgwyl y fath ymateb. "Ydi Huw yn gwybod am hyn?" gofynnodd toc.

"Ydi!"

"Ond pam na wnaeth o sôn?"

"Rhaid i chi ofyn hynny iddo fo!"

Taflodd Margaret olwg feirniadol i gyfeiriad ei merch yng nghyfraith. Pwy oedd i ddweud mai Huw druan oedd y tad y tro hyn? Wedi'r cwbl gwyddai fod y ddau yn cysgu ar wahân ers misoedd.

"Faint ydach chi wedi mynd?" holodd.

"Dros bedwar mis."

"Pedwar mis? Ond tydi'ch babi chi ddim llawer hŷn na hynny! Sut felly?"

"Yn hollol! Fel yr awgrymais i ynghynt, gofynnwch i Huw. Dwi'n siŵr y bydd o'n fodlon eich goleuo chi!" meddai Nia gan droi ei chefn ar ei mam yng nghyfraith a gwasgu'r botwm i ailgynnau'r teledu.

Heb yngan gair arall, cymrodd Margaret gipolwg arall ar y llun sgan. Yna, rhoddodd y llyfr siec yn ei phoced a chamu yn ansicr allan o'r gegin.

Pennod 27

Dubrovnik – Tachwedd 1991

GORWEDDODD MARKO AR ei stumog wrth lan nant fechan a fyrlymai i lawr ochr serth y mynydd a chwpanodd ei ddwylo i godi peth o'r dŵr i'w geg sych. Yna, gyda pheth trafferth agorodd glymau ei garrai gyda'i fysedd anhyblyg a thynnodd ei esgidiau uchel a'i sanau tyllog a golchi ei draed yn y dŵr. Ebychodd wrth deimlo'r gwlybaniaeth rhewllyd yn cosi rhwng bysedd ei draed ac yn mwytho'r pothelli brwnt oedd wedi codi ar ei wadnau ac ar gefn ei sodlau.

Wedi iddo roi ei esgidiau yn ôl am ei draed, pwysodd ei gefn ar foncyff y goeden gypres a'i gwarchododd rhag dod wyneb yn wyneb â fflyd o gerbydau'r JNA ar y ffordd fynyddig gerllaw. Heblaw am gysgod y goeden, byddai'n siŵr o fod wedi cael ei saethu'n gelain a'i adael i bydru ar ochr y ffordd, fel tynged ambell un arall a welodd yn ystod ei daith hir a hunllefus ar draws y wlad. Taith a'i gwelodd yn osgoi pob tref a phentref, gan grafangu ar hyd llwybrau diarffordd mynyddig drwy oriau'r nos, gyda dim ond golau'r lleuad a'r sêr i'w arwain. Yn amlach na dim, cuddiai drwy oriau'r dydd yng nghysgod coed pîn ar lechweddau'r mynyddoedd, neu pan fyddai'n lwcus, mewn hen ysgubor neu aelwyd ddiarffordd gan ddibynnu ar haelioni'r tyddynwyr gwladgarol a'i croesawai.

Tyrchodd yn ei ysgrepan a thynnu tafell o fara a chaws oedd wedi hen galedu; yr unig beth oedd ar ôl o'r pecyn bwyd a dderbyniodd gan hen gwpl gwerinol a'i hatgoffai o Tomislav a Marta, ac a'i croesawodd am ychydig oriau i'w tyddyn ddeuddydd ynghynt.

"Ylwch, dwi 'di paratoi rhyw fymryn o fwyd i chi, fydd yn help i'ch cynnal chi weddill y ffordd," meddai'r hen wraig gan roi'r pecyn yn ei law. "Ydach chi'n hollol siŵr y machgen i, na fedrwn ni ddwyn perswâd arnoch i aros yma'n hirach hefo ni? Ma 'na olwg lluddedig arnoch chi, ac mi fysa noson o gwsg yn glud o dan do yn gneud byd o les i chi."

"Na, ma' gen i ofn fod rhaid i mi fynd," atebodd gan dderbyn y pecyn bwyd yn ddiolchgar. "Rydach chi wedi bod yn hynod o garedig yn fy mwydo i, a gadael i mi orffwyso yma drwy oriau'r dydd. Dwi'n ymwybodol eich bod wedi rhoi'ch bywydau 'ch hunain mewn peryg wrth fy nghroesawu i, gan na fysa'r Serbiaid yn dangos mymryn o drugaredd tasen nhw'n dod i wybod eich bod wedi rhoi lloches i aelod o'r Heddlu Arbennig yn eich cartref."

"Tewch â sôn fy machgen i, ma' hi 'di bod yn fraint helpu rhywun sy'n ceisio amddiffyn ein gwlad. Taswn i ond ryw chydig flynyddoedd yn iau, mi fyswn i'n ymuno hefo chi yn y frwydr i gael gwared ar y Serbiaid felltith 'ma," meddai'r hen ŵr gwargrwm a safai wrth ochr ei wraig gan bwyso'n drwm ar ei ffon. "*Hrvatska zauvijek!* – 'Croatia am byth!'" galwodd yn heriol, gan godi ei fraich i'r awyr a cheisio ffurfio dwrn cadarn gyda'i figyrnau chwyddedig.

Yn ystod ei daith, daeth Marko i sylweddoli mai gwerinwyr syml fel hyn oedd asgwrn cefn Croatia. Pobl syml a ffyddlon y gallai ymddiried ynddynt; pobl a warchodai'r tir a oedd yn eu cynnal. Iddynt hwy roedd Croatia yn golygu llawer mwy na rhywle roeddent yn digwydd byw ynddo; roedd pridd y wlad yn eu gwythiennau a'r tir yn rhan annatod o'u bodolaeth a'u heneidiau.

Ar ôl cnoi'r bara a chaws a'u golchi i lawr gyda rhagor o ddŵr y nant, teimlodd ei lygaid yn trymhau; nid oedd wedi cael fawr o gwsg ers iddo adael tyddyn yr hen gwpl croesawgar. Ysgydwodd ei hun – ni allai fforddio syrthio i gysgu ag yntau mor agos i'r ffordd. Beth petasai rhagor o filwyr yn dod heibio a'i ddarganfod? Llusgodd ei hun drwy'r mân dyfiant a'r talpiau o galchfeini gwasgaredig a orchuddiai'r llechwedd, at guddfan ddiogelach ymhellach i ffwrdd o'r ffordd.

Ar ôl gwneud nyth cysgodol yng nghysgod rhyw lwyn digon llwm, rhoddodd ei ben i orwedd ar ei ysgrepan a thaenu'r hen gôt lwyd a dderbyniodd gan werinwr arall yn ystod ei daith dros ei ysgwyddau. Côt a wasanaethai fel cuddliw perffaith wrth iddo dramwyo llechweddau llwydaidd y mynyddoedd, ac a'i harbedodd rhag rhewi'n gorn ambell dro, pan roedd gwyntoedd a glaw rhewllyd yn sgubo drosto yn ystod ei daith. Cyn gynted ag y dechreuodd bendwmpian, fodd bynnag, llifodd delweddau o'r hunllefau y bu'n byw trwyddynt yn ôl yn glir o flaen ei lygaid, fel ag y gwnaethant bob tro y ceisiai gysgu.

Yn ystod Awst roedd y Serbiaid dan faner y JNA wedi ymosod ar dref Vukovar ar lan Afon Donaw yn nwyrain y wlad, gyda'r bwriad o oresgyn y lle mewn mater o ddyddiau, cyn symud ymlaen yn gyflym tuag at Zagreb, lle roeddent yn gobeithio dymchwel llywodraeth newydd Croatia. Roedd y Serbiaid wedi camgyfrif yn ddifrifol, fodd bynnag, gan i'r Croatiaid, a chatrawd Marko yn eu plith, wrthsefyll yr ymosodiad yn gadarn yn Vukovar gyda dim ond gynnau llaw ac arfau ysgafn, gan beri difrod trwm ac annisgwyl i'r ymosodwyr. Er mwyn dial, gosododd y Serbiaid warchae ar y ddinas a cheisio gwanhau'r gwrthwynebiad drwy ymosod yn fileinig a didrugaredd ar y dref o'r tir ac o'r awyr bob awr o'r dydd a'r nos.

Parhaodd y gwarchae am dri mis ond ildio oedd raid yn y diwedd, gan fod poblogaeth Vukovar ar fin llwgu. Yn groes i'r termau gafodd eu derbyn yn ystod trafodaethau cyn ildio, dinistriodd y Serbiaid y dref bron yn llwyr a lladdwyd cannoedd o drigolion diniwed yn ogystal â llawer iawn o'r amddiffynwyr – roedd Marko yn un o'r ychydig fu'n ddigon ffodus i ddianc yn fyw o'r gyflafan ar ôl bod yn dyst i laddfa nas gwelwyd ei thebyg yn Ewrop ers cyfnod yr Ail Ryfel Byd.

Er mwyn ceisio symud ei feddwl o'r erchylltra, tynnodd y llun o Perl allan o'i waled. Roedd ei ferch fach dros chwe mis oed bellach ac yn ddigon pell o afael y Serbiaid. "Pan ddaw'r holl helyntion 'ma i ben, fe ddaw Tata drosodd i Gymru i dy gyfarfod," addawodd wrth edrych ar y wyneb bach, fel ag y gwnâi'n ddyddiol. Roedd lleisio'r mantra hwn yn rhoi cysur iddo yn ystod yr holl dreialon y bu trwyddynt yn ystod y misoedd tywyll a aeth heibio.

***

Mae'n rhaid ei fod wedi syrthio i gysgu wedi'r cwbl, rhesymodd wrth rwbio ei lygaid ychydig oriau'n ddiweddarach a sylwi ei bod hi bellach yn ganol nos. Cododd yn araf o'i guddfan gan ymestyn ei gyhyrau anystwyth. Wrth edrych tua'r gorllewin, sylwodd ar fflachiadau llachar yn goleuo'r awyr dywyll bob hyn a hyn a threiddiai sŵn fel dwndwr taranau yn y pellter i'w glustiau. Gwyddai Marko o brofiad fodd bynnag nad storm drydanol oedd yn chwarae uwchben y noson honno. Er mor anodd oedd credu hynny, roedd y Serbiaid wedi meiddio ymosod ar Dubrovnik!

Deirawr yn ddiweddarach, fel yr agosâi at y ddinas, llanwyd ei ffroenau ag arogleuon cyfarwydd ffrwydron, a llifodd delweddau o Vudokar o flaen ei lygaid wrth iddo sylwi ar yr ymosodiadau ciaidd ar Dubrovnik o ddau gyfeiriad. Roedd sheliau yn cael eu tanio yn ddi-baid o gyfeiriad y mynyddoedd; ac allan yn y bae, gallai weld amlinelliad bygythiol llongau rhyfel, â'u gynnau mawr yn tanio yn ddidrugaredd at yr hen furiau a fu'n gwarchod y dref ers canrifoedd. Gwyddai Marko nad oedd gan Dubrovnik bron ddim arfau na milwyr profiadol i'w hamddiffyn.

Fel roedd cymylau'r nos yn dechrau cilio, cyrhaeddodd ardal Porth Pile, un o'r ddwy brif fynedfa yn waliau'r hen dref. Dyma ble'r arferai ymwelwyr cyfoethog fwynhau eu hunain ar y traeth bychan neu yn y gwestai moethus gerllaw yn y dyddiau hedonistaidd a fu. Tybed beth fuasai ymateb yr ymwelwyr hynny erbyn hyn holodd Marko ei hun wrth i aroglau carthffosiaeth amrwd lenwi ei ffroenau. Roedd y Serbiaid wedi torri cysylltiadau dŵr a thrydan y dref ers wythnosau.

Yn ystod seibiant yn y saethu, croesodd y bont agored ar ei gwrcwd gan anelu at y porth mor gyflym ag y gallai. Uwch ben y bwa gothig, safai cerflun carreg o Blaise, nawddsant Dubrovnik a edrychai fel pe bai'n gwgu'n heriol i gyfeiriad y gelyn gwaradwyddus a feiddiai ymosod ar ei ddinas.

Daeth seibiant dros dro o'r ymosodiad wrth iddi ddyddio a chamodd Marko'n ofalus o loches cymharol y porth i mewn i'r hen dref a oedd yn iasol o dawel erbyn hynny, ar wahân i sŵn ambell i sneipar a daniai ei wn yn achlysurol i gyfeiriad unrhyw beth a symudai. Allan o'r catacwmau tamp a thywyll o dan hen furiau'r dref, mentrodd ambell un o'r trigolion a fu'n llochesu yno yn ystod yr ymosodiad, gan wasgu'n dynn at waliau'r adeiladau a chario bwcedi a phob math o gynwysyddion i geisio casglu'r mymryn o fargod dŵr glaw a oedd wedi dechrau disgyn fel dagrau ar yr olygfa drist.

Wrth gerdded yn ei flaen, daeth ton o hiraeth drosto pan sylweddolodd nad oedd o'n bell o gartref ei ewyrth Ivo. Doedd o ddim wedi gallu bod mewn cysylltiad â'i deulu ers i'w gatrawd gael ei symud i ddwyrain y wlad ynghanol Gorffennaf, bedwar mis ynghynt. O adnabod ei fam, dychmygai y byddai bron â drysu eisiau gwybod beth oedd wedi dod ohono bellach.

Gadawodd y Stradun o'i ôl a dechrau dringo i fyny'r grisiau serth a arweiniai at dŷ ei ewyrth. Rhyfeddai wrth sylweddoli pa mor gul oedd hi yno; petasai'n ymestyn ei freichiau, buasai'n gallu cyffwrdd y tai naill ochr i'r stryd. Yn ystod ei blentyndod, arferai ddod draw gyda'i dad ar y fferi o Cavtat ambell dro, a threuliodd sawl awr hapus yn chwarae ar y grisiau serth gyda Stefan ei gefnder. Yr adeg hynny, ymddangosai'r stryd yn llawer lletach gyda ffenestri pob tŷ yn arddangos casgliad o botiau'n llawn blodau lliwgar. Bellach, doedd dim golwg o'r potiau blodau – dim ond rwbel llychlyd a gweddillion teils cochion y toeau a gwydr y ffenestri wedi eu malu yn deilchion ar wasgar ar hyd y lle.

Pan ddaeth yn nes at ben y grisiau, fe'i hataliwyd rhag dringo'n uwch gan bentwr o gerrig, mortar a theils maluriedig. Edrychodd mewn siom ar weddillion y tŷ oedd wedi ei ddinistrio mor ddrwg a phlymiodd ei galon pan sylweddolodd ei fod yn syllu ar weddillion cartref ei ewyrth. Roedd to a wal flaen yr adeilad wedi eu chwalu yn llwyr gan adael yr ystafelloedd ar wahanol loriau yn agored i'r tywydd; fel cefn y tŷ dol hwnnw oedd gan Ana ei chwaer pan roedd hi'n blentyn. Doedd Marko ddim yn ystyried ei hun yn berson neilltuol o grefyddol, ond ni allai ymatal rhag croesi ei hun pan sylwodd ar lun y Pab John Paul II, yr oedd ei fodryb Jaka mor hoff ohono, yn crogi'n gam ar weddillion y wal a arferai fod yn ystafell wely iddi.

"Fedra i'ch helpu chi?" daeth llais o'r tu cefn iddo.

Trodd Marko i weld gwraig oedrannus yn sefyll wrth ddrws tŷ ychydig yn is i lawr y stryd, ac eglurodd ei fod wedi dod i alw ar ei deulu, ond ei fod yn ofni'r gwaethaf o weld y stad oedd ar eu cartref.

"Peidiwch â phoeni, roedd eich teulu wedi mynd i'r lloches pan fomiwyd eu tŷ mewn ymosodiad o'r awyr," meddai'r wraig. "Ma' nhw bellach wedi cael eu hailgartrefu yn un o westai'r dref."

"Ydach chi'n gwybod pa westy?" holodd Marko a deimlai ryddhad o glywed eu bod yn fyw.

"Mi ddaeth Ivo Babić a'i fab Stefan draw yn ystod y cadoediad dro'n ôl, i edrych os oedd 'na rywbeth gellid ei adfer o'r rwbel, ac fe ddudon nhw eu bod wedi cael 'stafell yn y Belvedere."

Ar ôl diolch i'r gymdoges, dychwelodd Marko i lawr y grisiau serth yn ôl i'r Stradun. Fe ddylai alw yn y Belvedere i weld sut roedd ei deulu yn ymdopi, meddyliodd; ond cyn hynny, roedd rhywun arall roedd yn ysu i'w gweld.

Ond plymiodd ei galon unwaith eto pan gyrhaeddodd safle'r hen ysbyty tu allan i furiau'r hen dref a fu'n gwasanaethu pobl Dubrovnik ers canrif a mwy, a sylwi ar y difrod oedd wedi ei wneud i'r adeilad. Doedd bosib fod y lle yn parhau i weithredu, rhesymodd. Felly, lle'r oedd Ana, ei chwaer? Gobeithiai i'r drefn nad oedd hi wedi ei hanafu neu waeth!

Pennod 28

"Marko?" sibrydodd Ana dan ei gwynt wrth syllu'n anghrediniol ar y dyn barfog a thenau a safai o'i blaen gyda'i wallt cyrliog tywyll yn disgyn yn gaglau blêr at goler ei gôt. "Marko!" llefodd eto, yn llawer uwch y tro hwn, gan redeg i'w freichiau agored. "Ro'n i'n ofni fod rwbeth 'di digwydd i ti!"

"Chei di ddim gwared o dy frawd mawr mor rhwydd â hynna," atebodd yntau gan ei gwasgu'n dynn. "Cofia di, mi ges i dipyn o fraw bore 'ma hefyd, pan welais i'r golwg oedd ar yr hen ysbyty; ac fe gymrodd hi dipyn o amser i mi ddod o hyd i chdi yn fan hyn," meddai gan edrych o'i amgylch ar gyntedd prysur yr ysbyty newydd.

"Mi fuo'n rhaid i ni symud yma ar drydydd diwrnod y gwarchae, a hynny ynghanol ymosodiad o'r awyr. Doedd dim dewis a deud y gwir, gan i'r hen le gael ei ddifrodi mor ddrwg fel nad oedd hi'n bosib trin pobl yno, yn enwedig ar ôl iddyn nhw atal y dŵr a'r trydan."

"Y diawlad diegwyddor, yn meiddio ymosod ar ysbyty! Does ganddyn nhw'm mymryn o gydwybod na pharch at ddim! Mae'r pethau welais i yn Vukovar yn..." torrodd ei lais wrth iddo sylweddoli na fedrai rannu ei brofiadau erchyll â hi.

"Ty'd, ti'n edrach fel dy fod ar lwgu. Mi laniodd 'na long ddyngarol o'r Eidal ddoe gyda chyflenwad o ddŵr yfed a bwyd i ni; felly, am unwaith, mae 'na ddigon o basta ar fwydlen y cantîn. A dwi 'di cael caniatâd i gael dwy awr i ffwrdd i fod hefo chdi."

Yn y cantîn, cafodd y ddau amser i sgwrsio.

"Dwi'm 'di gallu bod mewn cysylltiad â Mama a Tata ers dros fis bellach, gan fod y Serbiaid sy'n rheoli Cavtat wedi torri'r cysylltiadau ffôn a gosod blocâd fel na fedar neb fynd yno," eglurodd Ana.

"Tybed sut ma' nhw'n ymdopi hefo'r sefyllfa? Mae'n siŵr fod Mama bron â mynd o'i cho' yn poeni amdana ni."

"Dwi'n poeni mwy am Tata; mae Mama yn llawer cryfach na fo yn y bôn. Ond mi fysa'n dda gen i taswn i'n gallu cysylltu â nhw i adael iddyn nhw wybod am Modryb Jaka."

"Modryb Jaka? Be sy'n bod arni hi? Mi nes i drio galw hefo nhw ar y ffordd yma bore 'ma, a gweld fod y tŷ wedi'i ddifrodi'n llwyr. Ond mi ges i wybod gan un o'u cymdogion eu bod nhw i gyd yn ddiogel ac yn aros yng ngwesty'r Belvedere."

"Ti'n gwybod pa mor grefyddol oedd Modryb Jaka? Wel, ar ôl i'w thŷ gael ei ddinistrio roedd hi'n mynnu mynd yn ddyddiol yr holl ffordd o'r Belvedere, ar draws yr Hen Dref i'r offeren yn eglwys Sant Blaise yn y Stradun, hyd yn oed ynghanol yr ymosodiadau trymaf. Wythnos yn ôl, gollyngwyd bom ar yr eglwys ac fe'i lladdwyd hi wrth i dalp o'r nenfwd ei tharo tra roedd hi'n derbyn yr Ewcharist."

"Jaka druan. Sut mae Ewythr Ivo?"

Aeth Ana ymlaen i ddisgrifio sut roedd hi wedi digwydd taro ar Marina yn yr ysbyty y diwrnod cynt. Yn ôl y ferch yng nghyfraith roedd Ivo wedi cymryd marwolaeth ei wraig yn hynod o ddrwg.

"Mi ddylwn i alw i'w gweld nhw."

"Gei di neud hynny fory. Am heno, ti'n aros hefo fi! Ti'n edrach fel'sa ti heb gael cwsg iawn ers misoedd. Tydi fy 'stafell yng nghartref y nyrsys yn fawr o beth ond ma hi'n eitha' diogel rhag ymosodiadau, gan ei bod ar y llawr isa. Ty'd, mi a'i â chdi yno rŵan cyn i mi fynd yn ôl i orffen fy shifft."

Ar ôl i'w chwaer ei adael, edrychodd Marko'n llawn dyhead ar ei gwely cul. Doedd o ddim yn cofio pryd oedd y tro diwethaf iddo orwedd ar fatres iawn gyda gobennydd meddal dan ei ben. Cyn iddo lithro rhwng y cynfasau glân, fodd bynnag, sylweddolodd pa mor fudur oedd o mewn gwirionedd ac yntau heb gael cyfle i ymolchi'n iawn na newid o'i ffatîgs ers wythnosau. Felly, cyrliodd i fyny ar y llawr wrth draed y gwely gyda'i ben ar ei ysgrepan a'i gôt dros ei ysgwyddau fel ag y bu'n gwneud ers iddo adael Vukovar.

Pan ddychwelodd Ana ar ddiwedd ei shifft y noson honno, cariai fwcedaid o ddŵr a bag gyda dillad glân ac offer eillio iddo. "Er nad oes 'na gyflenwad trydan yma, 'da ni'n fwy lwcus na llawer gan fod 'na hen ffynnon gerllaw," meddai ar ôl cau'r llenni blacowt trymion yn ofalus ar draws ei ffenest a goleuo'r un gannwyll fechan a safai ar y bwrdd. "Mae'r rhan fwyaf o drigolion Dubrovnik yn gorfod ciwio am hydoedd i gael eu dogn dyddiol o chwe litr o ddŵr o injan dân yn y Stradun. Mi dywallta i beth i sosban er mwyn ei gynhesu ar y stôf baraffîn fel y gelli di gael trefn arnat dy hun yn y 'stafell molchi lawr y coridor. Dyma ti ddillad glân ges i afael ynddyn nhw yn yr ysbyty. Ella na fyddan nhw yn dy ffitio di'n iawn, ond mi fyddan nhw'n well na'r carpia 'na sydd amdanat ti ar hyn o bryd."

Ar ôl iddo ddychwelyd wedi ymolchi ac eillio, aeth Ana ati i drin y pothelli ar ei draed cyn cymryd siswrn a thorri ei wallt yn gwta.

"Dyna welliant," meddai gan gamu'n ôl i werthfawrogi ei gwaith "Ti'n edrach yn debycach i'r hen Marko erbyn hyn! Ty'd i eistedd wrth y bwrdd i ni gael paned o'r diod llwydaidd 'ma sy'n cymryd arno ei fod yn goffi, a darn o'r dorth *pogacha* 'ma ro'n i'n ddigon lwcus i allu ei phrynu yn y *slastičarna* bore 'ma. Fel rheol, mi fydda'i yn gorfod ciwio o flaen y gadeirlan, lle mae pobl yn tueddu i wthio'i gilydd er mwyn cael gafael mewn mymryn o lefrith sych, reis neu datws o gefn tryc."

"Mae 'na ambell i siop yn dal ar agor felly?"

"Oes, ambell un fel y *slastičarna*, sydd rywsut neu'i gilydd yn dal i allu pobi tra ma'u cyflenwad o flawd yn parhau. Sôn am *slastičarna*, tybed beth ydi hanes Petar a'i fam bellach? Dwi'm yn gwybod am neb a allai wneud *fritules* fel rhai Gđa Novak."

"Mae'r rhyfel 'ma wedi achosi rhwygiada mawr rhwng teuluoedd a ffrindiau. Er ein bod wedi bod yn ffrindiau mor agos ers i ni ddechrau'r ysgol, wyddwn i ddim ei fod o'n hanner Serbiad tan yn ddiweddar, 'sti."

"Roedd gen i dipyn o feddwl o Petar hefyd," cyfaddefodd Ana gan wrido wrth gofio sut yr oedd wedi penderfynu ers pan roedd hi'n blentyn mai fo fyddai ei gŵr rhyw ddydd. "Mi fyddwn i a Marina wrth ein boddau yn eich dilyn chi'll dau o gwmpas y lle pan oedden ni'n fengach."

"Tydi Marina druan ddim wedi cael dechrau hawdd i'w phriodas chwaith hefo'r tŷ'n cael ei ddinistrio, Modryb Jaka yn cael ei lladd ac Ewyrth Ivo wedi cymryd petha mor ddrwg."

"Na, roedd golwg straen arni pan welais i hi yn yr ysbyty ddoe ac roedd hi'n poeni yn arw am ei rhieni yn Cavtat hefyd."

"Oedd 'na reswm pam roedd hi yn yr ysbyty?"

"Dwi'n siŵr na fydd dim gwahaniaeth ganddi i mi ddeud – ma' hi'n disgwyl babi."

"Wel dyna'r newydd gorau i mi glywed ers tro byd – dwi'n siŵr bydd y babi yn gysur mawr iddyn nhw fel teulu."

"Sôn am fabis, dwi wedi meddwl llawer am be soniaist di noson priodas Marina a Stefan; am Perl, dy blentyn bach di. Ti'n siŵr nad wyt ti am i Mama a Tata wybod amdani?"

"'Dw inna 'di bod yn pendroni a ddylwn i ddeud ai peidio hefyd. Os digwyddith rwbath i mi yn ystod y rhyfel 'ma – mi gei di sôn wrthyn nhw."

Ar ôl iddynt orffen eu swper pitw, cododd Ana oddi wrth y bwrdd a dweud ei bod am gysgu yn ystafell un o'r nyrsys eraill oedd yn gweithio shifft nos y noson honno. "Felly fydd dim rhaid i ti gysgu ar y llawr caled 'na eto."

"Ti'n siŵr? Dwi'm isio creu trafferth."

"Mae popeth wedi'i drefnu," fe'i sicrhaodd gan daro cusan ysgafn ar ei foch cyn cychwyn am y drws. "Gyda llaw, os cei di dy ddeffro hefo sŵn y larymau, mae'n well i ti aros yma na mentro draw i'r lloches. Fel y soniais, mae fan hyn mor ddiogel ag unrhyw le arall yn Dubrovnik ar hyn o bryd."

Doedd dim rhaid i Ana fod wedi poeni y byddai Marko yn cael ei ddeffro gan sgrechfeydd y larymau na'r saethu fodd bynnag, oherwydd fe lithrodd i gwsg trwm unwaith y rhoddodd ei ben ar y gobennydd meddal; ac am y tro cyntaf ers iddo adael Vukovar, ni chafodd ei flino gan ddelweddau o'r erchyllra a welodd yn y ddinas honno.

Pennod 29

BORE TRANNOETH AR ôl bwyta gweddillion y dorth *pogacha*, gadawodd Marko ei chwaer, gan addo y byddai'n galw i'w gweld eto yn fuan. Wrth droedio'n ofalus i gyfeiriad yr hen dref, gwyddai ei fod yn ddyletswydd arno i roi gwybod i'r Cadfridog Nojko Marinović ym mhencadlys gwarchodwyr y dref ei fod yn ôl, fel y gallai dderbyn ei orchmynion newydd. Ond siawns na fuasai neb yn gwarafun iddo gael ychydig oriau'n ychwanegol i geisio cysylltu gyda'i deulu, rhesymodd wrth ddod i benderfyniad y buasai'n galw i weld ei Ewyrth Ivo, Stefan a Marina yn y Belvedere yn gyntaf.

Gwesty pum seren y Belvedere, gwenodd Marko wrth geisio dychmygu ei deulu yn aros yn y fath le moethus. Cofiai ymateb Bethan a Nia wrth iddynt hwylio heibio i'r adeilad mawreddog a safai ar drwyn o graig rhyw gilometr i lawr yr arfordir o borthladd Dubrovnik, y diwrnod nefolaidd hwnnw ddeunaw mis ynghynt. Ychydig feddyliodd o yr adeg hynny y byddai'n mynd yno i gwrdd â'i deulu. A fuasai'n cael mynediad yn ei hen gôt garpiog tybed?

Ond wrth agosáu, sylweddolodd fod y lle wedi dioddef cryn ddifrod yn ystod ymosodiadau gydag olion bwledi a sheliau wedi hagru arwynebedd llyfn yr adeilad. Roedd llawer iawn o'r ffenestri platwydr drud a arferai gynnig golygfa fendigedig o Arfordir Dalmatia wedi eu malu'n deilchion hefyd, gyda darnau o hardbord neu bolythen wedi eu gosod yn eu lle, gan wneud i'r adeilad edrych bellach fel petai'n syllu'n ddall i gyfeiriad yr Adriatig.

Roedd cyntedd moethus y gwesty yn llawn prysurdeb wrth i griwiau o ffoaduriaid gerdded nôl a blaen ar hyd y llawr marmor gyda bwcedi yn llawn dŵr môr ar gyfer fflyshio'r toiledau. Ar ganol y llawr o dan siandalïer crisial gwerthfawr, roedd dwy wraig yn dadlau yn hallt dros fymryn o lysiau oedd wedi gweld dyddiau gwell. Ciwiai rhai eraill yn fwy amyneddgar am eu dogn dyddiol o fwyd neu ddŵr yfed. Dros bopeth hofrai aroglau sylffirig bresych wedi eu gorferwi a chyrff dynol oedd angen ymolchi.

Allan ar deras y gwesty, gallai weld llond llaw o Warchodwyr Cenedlaethol yn ceisio ymateb i'r ymosodiadau achlysurol a ddaethai o gyfeiriad y môr gyda'u gynnau annigonol – roedd y sefyllfa mor amhosib o anghyfartal!

Gwthiodd ei ffordd heibio'r criwiau o ffoaduriaid at y dderbynfa ac ar ôl dod o hyd i un o'r swyddogion oedd â gofal o'r gwesty, cafodd Marko wybod fod ei deulu yn aros mewn ystafell ar un o'r lloriau uchaf.

Gwthiodd ei ffordd yn ôl drwy'r cyntedd nes cyrraedd at y grisiau marmor gwyn mawreddog a gordeddai eu ffordd fel neidr anferth i fyny i ben ucha'r gwesty. Gan afael yn y canllaw addurnedig, dringodd i fyny heibio sawl landin lle'r oedd criwiau o blant bach yn chwarae, gan redeg ar hyd y coridorau gyda'u chwerthiniad iach yn gwrthgyferbynnu gyda'r olwg hunllefus oedd ar wynebau eu mamau nad oedd am eu gadael o'u golwg am funud.

Pan gyrhaeddodd o'r diwedd, agorwyd y drws iddo gan Stefan ei gefnder, a'i cyfarchodd yn gynnes cyn ei arwain i mewn i'r ystafell oedd cyn oered â'r bedd, gan fod y ffenestr fawr a arweiniai i'r balconi wedi ei chwalu gan adael dim ond llen o fagiau plastig amryliw wedi eu glynu at ei gilydd gyda thâp parsel brown i gadw gwres annigonol eu gwresogydd paraffîn i mewn. Hyd yn oed yn ei gôt fawr, gallai Marko deimlo oerni'r ystafell yn treiddio i fêr ei esgyrn.

Yng nghanol yr ystafell, safai gwely dwbl mawr, lle eisteddai Marina gyda charthen dros ei hysgwyddau. Synnodd Marko wrth sylwi ar yr olwg hagr oedd ar ei hwyneb llawn gofid; roedd yn anodd credu mai'r un person oedd hon â'r briodferch hapus a thlws honno a arweiniodd drwy'r strydoedd tuag at yr eglwys yn Cavtat ychydig fisoedd ynghynt. Pan sylweddolodd mai Marko oedd yno, ceisiodd godi i'w gyfarch.

"Paid â chodi," meddai yntau, gan blygu drosti a tharo cusan ysgafn ar ei boch. "Mae hi mor dda'ch gweld chi er gwaethaf yr amgylchiadau. Roedd hi'n ddrwg iawn gen i glywed am Fodryb Jaka," ychwanegodd gan ostwng ei lais a thrawo cipolwg ar y ffurf a orweddai yn ei grwman ar wely cynfas yng nghornel bella'r ystafell.

"Ty'd, mi awn ni allan i'r coridor i gael sgwrs," cynigiodd Stefan gan edrych yn awgrymog i gyfeiriad Ivo. "Ma hi'n gynhesach yno na fa'ma."

Wrth gamu i'r coridor, gollyngodd Stefan ochenaid o ryddhad cyn estyn paced o, sigarennau o boced ei gôt, ac ar ôl tanio, llyncodd y mwg yn ddwfn i'w ysgyfaint cyn ei chwythu allan yn gylchoedd drwy ei ffroenau. "Lle ma' fy nghwrteisi i dŵad? Nes i'm cynnig un i ti," meddai toc, gan ddal y paced i Marko a gymerodd un yn ddiolchgar.

"Do'n i'm yn arfer smocio," eglurodd Marko gan danio. "Ond ers y gwarchae yn Vukovar, sylweddolais eu bod yn dod â rhywfaint o ollyngdod dros dro i mi o grampiau newyn."

"Roeddat ti yn Vukovar felly? Mi glywis i ei bod hi'n uffernol yno. Sut nest di lwyddo i ddŵad o'r lle yn fyw?"

"Mae'n stori anodd sy'n dal i frifo gormod i mi allu sôn

amdani ar hyn o bryd!" ochneidiodd Marko cyn llyncu llond ei ysgyfaint o fwg.

"Dallt yn iawn. Ty'd, mae'n well i ni gerdded nôl a blaen ar hyd y coridor 'ma i drio cadw'n gynnes. Sut doist di o hyd i ni yn fa'ma?"

Eglurodd Marko sut roedd wedi darganfod bod eu cartref wedi ei ddifrodi'n llwyr y diwrnod cynt a'i fod wedi cwrdd ag un o'u cymdogion a ddywedodd eu bod wedi cael lle yn y gwesty. "Mi nes i aros hefo Ana yng nghartref y nyrsys neithiwr – hi soniodd am dy fam. Mae'n rhaid ei fod o wedi bod yn sioc ofnadwy i chi ar ôl i chi golli'ch cartref a phob dim."

"Mae o wedi ffeithio'n ofnadwy ar Tata, fel y gwelist di!" ochneidiodd Stefan. "Un munud mae o ar dân isio mynd allan yn ei gwch i ymosod ar y Serbiaid; munud arall, mae o'n suddo i ryw bwll o anobaith ac yn aros yn ei wely heb yngan 'run gair wrth Marina na finna. Dw'n i ddim be ydi'r peth gorau i ni wneud hefo fo wir!"

"Mae o angen rhywbeth i symud ei feddwl. Dwi'n dallt fod Marina yn disgwyl – fydd gwybod ei fod am fod yn daid siŵr o godi'i galon o," cynigiodd Marko.

"Fydd hynny ddim am fisoedd eto, hyd yn oed os bydd Marina yn gallu cario i'r pen. Dwi'n poeni amdani hitha hefyd, gan nad ydi hi'n cael hanner digon o fwyd maethlon. Mae'r slops ma nhw yn ei gynnig i ni yn y lle 'ma yn ..."

Torrwyd ar ei draws gan sgrechfeydd larwm uchel. Roedd ymosodiad arall ar fin cychwyn.

"Ty'd! Mae'n rhaid i ni drio cael Marina a Tata i le mwy diogel," meddai gan redeg yn ôl ar hyd y coridor i gyfeiriad ei ystafell.

Gyda chryn drafferth, llwyddodd y tri i ddarbwyllo Ivo i adael ei wely a'u dilyn i lawr y grisiau troellog i ran isa'r gwesty lle'r oedd cannoedd wedi eu gwasgu at ei gilydd i geisio lloches rhag yr ymosodiad ffyrnig a ddeuai o gychod patrol y llynges Iwgoslafaidd a saethai eu taflegrau yn ddi-baid o gyfeiriad y môr, a'r bomiau mortar a ollyngwyd o'r mynydd yn union du cefn iddynt. Gyda'r fath ymosodiad deublyg, doedd gan y Belvedere ddim gobaith i oroesi, ac erbyn chwarter wedi deg y bore hwnnw, roedd y lle ar dân, a daeth gorchymyn i wacáu'r adeilad ar unwaith.

Am yr ail dro mewn llai na mis, roedd Ivo, Stefan a Marina yn ddigartref.

***

"Alla i ddim cymryd mwy o hyn!" cyhoeddodd Stefan ganol y prynhawn ar ôl bod yn holi mewn nifer o westai'r dref am le iddo ef, Marina a'i dad gael aros. "Mae pob ystafell ym mhob gwesty yn llawn dop gyda ffoaduriaid o bob rhan o'r wlad. Dwi'n meddwl y bysa'n well i ni aros ar y *Progutati*. O leia' mae 'na ddau gaban a gali ar honno ac mi fydd hi'n llawer cynhesach na'r gwestai oer 'na."

"Ond fedrwch chi ddim mentro ar y môr, hefo llongau'r llynges mor agos – mi gewch eich saethu'n chwilfriw!" meddai Marko a fethai'n lân â deall beth oedd wedi dod dros ben ei gefnder.

"Paid â phoeni Marko", atebodd Stefan gyda chysgod o'r hen wên yn dychwelyd i'w wyneb. "Pan glywodd Tata a finnau sibrydion fod y Serbiaid ar y ffordd, fe symudon ni'r *Progutati* a'r cwch pysgota i loches mewn cilfach rhwng y creigiau i'r de o Dubrovnik. Dwi mor falch ein bod wedi gneud hynny bellach, coelia di fi, achos mae'r rhan fwyaf o'r cychod a adawyd yn yr harbwr wedi eu difrodi."

Ddwy awr yn ddiweddarach ar ôl troedio'n ofalus dros yr arfordir caregog, gan guddio bob hyn a hyn rhag y llongau patrôl, daethant at y gilfach fach gysgodol, lle'r oedd ogof a chreigiau uchel yn gwarchod y cychod o'r môr agored.

"Fe ddylwn i fod wedi dod yma yn syth ar ôl i'r tŷ gael ei chwalu yn lle aros yn y Belvedere oer 'na!" meddai Ivo yn annisgwyl wrth iddynt ddringo i fyny ar fwrdd y cwch pleser. "Ond roedd Jaka druan yn mynnu aros cyn agosed ag y gallai i'r dref fel y gallai fynd i'r eglwys bob dydd."

Edrychodd y tri arall ar ei gilydd, heb ddweud gair. Roedd dychwelyd i'r môr wedi gwneud byd o les i Ivo yn barod.

"Mae'n well i mi ei throi hi'n ôl am y dref," meddai Marko toc ar ôl gorffen helpu ei deulu i ymgartrefu ar y cwch. Mi ddylwn i fynd i adrodd nôl i fy mhenaethiaid."

"Aros i gael mymryn o ginio hefo ni," erfyniodd Marina. "Mae Stefan wedi stocio cypyrddau'r *Progutati* gyda digon o reis a thuniau bwyd i'n cadw ni am fisoedd!" ychwanegodd, gan edrych yng nghypyrddau'r gali.

"Ia wir, arosa am sbel y machgan i," meddai Ivo gan wenu ar ei nai. "Ma 'na lawer o betha i'w trafod cyn i ti adael. Ti 'di derbyn unrhyw newydd am dy fam a dy dad?"

Eglurodd Marko mai dim ond newydd ddychwelyd i Dubrovnik y diwrnod cynt oedd o, a'i fod ar ddeall fod Cavtat o dan reolaeth y Serbiaid a'i bod yn amhosib dychwelyd yno.

Bu Ivo yn ddistaw am sbel yn cnoi ymylon ei fwstásh fel roedd hi'n arferiad ganddo wneud pan fyddai'n meddwl yn ddwys. Yna, goleuodd ei wyneb wrth i syniad ei daro. "Mi hwyliwn ni draw yno ar ôl iddi dywyllu heno. Be ti'n ddeud?" cynigiodd.

"Ond fedrwn ni'm gwneud hynny. Mae'r blocâd yn..."

"Twt! Fydd rheini ddim yn broblam. Os hwyliwn ni mor

agos i'r lan â phosib yn y cwch pysgota, mi fyddwn ni'n saff o dan eu radar nhw."

"Oes 'na ddim peryg i chi fynd ar y creigiau os newch chi aros yn rhy agos i'r lan?" holodd Marko'n bryderus.

"Dwi 'di treulio oes gyfan yn hwylio ar hyd yr hen arfordir 'ma. Fydd gan y Serbiaid 'na ddim gobaith o'n dal ni, gei di weld. A pheth bynnag, ma gen i awydd gweld fy mrawd, a does 'na 'run *Chetnik* yn mynd i fy rhwystro i rhag gneud hynny!"

"Ond Tata, fedra i ddim gadael Marina ar ei phen ei hun yma ar y *Progutati*. Be tasa ni'n cael ein dal? Be fysa'n dod ohoni hi wedyn?"

"Dim ond Marko a finna oedd gen i mewn golwg. Aros di hefo dy wraig."

Roedd yn rhaid i Marko gyfaddef fod cynnig Ivo yn apelio. Roedd meddwl am gael cyfle i weld ei fam a'i dad unwaith eto'n ddigon i wneud iddo gydsynio er ei fod yn ymwybodol y byddai'r siwrne ar y cwch yn llawn peryglon. Felly, ar ôl bwyta pryd o risotto a baratowyd gan Marina yn y gali, dechreuasant gynllunio eu mordaith yn fanwl.

Pennod 30

ROEDD YR AWYR yn serog a chlir y noson honno, a chwythai awel gref o'r gorllewin gan chwipio'r tonnau'n ewyn gwyn cyn iddynt dorri ar greigiau'r arfordir.

"Mae'r gwynt 'ma mor gry', 'dach chi'n siŵr nad oes 'na beryg i ni gael ein hyrddio ar y creigiau?" holodd Marko'n bryderus wrth i'w ewyrth hwylio mor agos i'r lan ag oedd bosib.

"Na, mae'r gwynt yn beth da. Mae o'n siŵr o foddi sŵn injan y cwch a'i gneud hi'n amhosib i'r cychod rhyfel felltith 'na ein clywed ni," atebodd Ivo gan wenu ar ei nai trwy'r tywyllwch. Roedd bod yn ôl ar y dŵr yn falm i'w enaid ac am y tro cyntaf ers iddo golli ei annwyl Jaka, teimlai yn debycach iddo'i hun unwaith eto. "Wrth hwylio'n agos i'r lan fel hyn, rydan ni'n ei gneud hi'n amhosib i'r diawlad fyny ar ochrau'r mynyddoedd 'cw ein gweld ni hefyd," meddai gan yrru'r cwch yn ei flaen. "Hanner awr arall ac mi fyddwn ni o fewn cyrraedd. Dwi'n bwriadu glanio ar un o'r cilfachau bach 'na ar ben pella'r penrhyn, lle mae'r coed pîn yn dŵad i lawr at y dŵr, fel bod llai o beryg i ni gael ein gweld o'r lan."

"Soniodd Ana ei bod hi wedi clywed fod 'na gyrffiw wedi ei osod ar Cavat, a gallai rhywun sydd yn ei dorri gael ei saethu yn y fan a'r lle. Felly, mi fydd yn rhaid i ni fod yn ofalus."

"Wel, chdi oedd y *barjaktar* ym mhriodas Stefan a Marina!" chwarddodd ei ewyrth. "O be dwi'n ei gofio, ti'n nabod strydoedd cefn Cavat cystal ag rydw i'n nabod yr arfordir yma!"

Fel yr addawodd Ivo, ymhen hanner awr, daeth y cwch

i olwg bae Cavtat. Yng ngolau gwan y lleuad chwarter, diffoddodd yr injan a dechreuodd rwyfo at un o'r glanfeydd bach caregog ym mhen pella'r penrhyn. Yna, ar ôl cyrraedd y dŵr bas, camodd y ddau'n ofalus allan o'r cwch a'i dynnu i'r lan gan geisio gwneud cyn lleied o sŵn â phosib.

"Mi glymwn ni o'n sownd i'r goeden 'ma sy'n tyfu wrth lan y dŵr," sibrydodd yr hen bysgotwr. "Fydd neb o'r lan yn gallu ei weld o yma."

"Iawn. Mi ddringwn ni i fyny trwy'r coed 'cw i ben y bryn. Fyswn i ddim yn disgwyl i neb fod i fyny fa'na yr adeg yma o'r nos," sibrydodd Marko wrth gymryd y cyfrifoldeb o arwain am weddill y daith.

Ar ôl crafangu eu ffordd drwy'r drain a'r mieri a dyfai'n doreth o dan y coed ar y llechwedd serth, cyraeddasant at adfail hen fila Rufeinig a safai ar gopa'r bryn. O'r fan honno, roedd ganddynt olygfa berffaith o'r dref a orweddai'n dawel islaw. Ar yr olwg gyntaf, edrychai popeth mor heddychlon fel ei bod hi'n anodd credu bod y lle yng ngafael y gelyn. Ond ofnai Marko ei bod yn llawer *rhy* lonydd a thywyll, wrth iddo ddychmygu'r peryglon allai fod yn llechu ar yr hen strydoedd cyfarwydd.

"Mi fydd yn rhaid i ni fod yn hynod o ofalus a chadw i'r cysgodion," sibrydodd yng nghlust ei ewyrth. "Mi ddylen ni gadw cyn belled â phosib o ardal yr harbwr hefyd achos 'swn i'n dychmygu eu bod nhw'n siŵr o fod yn cadw llygad barcud ar fan'no," ychwanegodd wrth sylwi ar silwét bygythiol llong rhyfel a warchodai'r bae.

Sleifiodd y ddau ar hyd y strydoedd cefn cul gan aros i guddio tu ôl i lwyni neu waliau gerddi bob hyn a hyn, wrth iddynt ddychmygu eu bod yn clywed sŵn rhywun yn nesáu; ond heb ddod ar draws dim byd gwaeth nag ambell i gi neu gath a browliai o gwmpas y lle yn chwilio am damaid o fwyd mewn biniau gweigion.

O'r diwedd cyraeddasant i olwg cartref Marko, ond fel yr oeddent ar fin croesi'r ffordd at y tŷ, ymddangosodd dau filwr arfog o gyfeiriad y grisiau cerrig a arweiniai i fyny o'r hen dref. Arhosodd y milwyr am funud ar ben y grisiau i danio sigarét cyn parhau â'u rownd yn anymwybodol o'r ddau a ddaliai eu gwynt wrth lechu yng nghysgod llwyn yr ochr arall i'r ffordd iddynt.

"Roedd honna'n agos!" meddai Ivo dan ei wynt wedi iddynt weld cefn y milwyr yn diflannu i'r tywyllwch.

"Awn ni rownd i'r drws cefn rhag ofn iddyn nhw ddŵad yn ôl," meddai Marko wedi iddynt groesi'r ffordd ac agor y giât a arweiniai at deras ei rieni.

★★★

Roedd Josip, Katia ac Elena ar fin noswylio pan ddaeth cnoc ar y drws cefn. Edrychodd y tri ar ei gilydd yn bryderus. Pwy allai fod yno'r adeg hynny o'r nos a hithau'n amser cyrffiw? Pan agorodd Josip gil y drws yn ofalus, ni allai gredu ei lygaid pan sylwodd ar ei fab a'i frawd yn sefyll yno.

"Wel, ti am ein croesawu i mewn 'ta be?" holodd Ivo, gan wthio heibio iddo i'r gegin lle safai Katia'n gegrwth yn syllu ar ei mab yr oed wedi ofni ei bod wedi ei golli am byth.

"Mama, Tata! Mae hi mor dda gen i'ch gweld chi!" llefodd Marko drwy ei ddagrau wrth wasgu ei rieni yn dynn tuag ato. "Dwi 'di dyheu am y funud yma ers misoedd!"

Wedi iddi ddod o hyd i'w thafod, camodd Katia'n ôl o'i freichiau er mwyn cael golwg iawn arno. "Ma 'na olwg fel dy fod di wedi hanner llwgu arnat ti," meddai gan sylwi ar ei wyneb main a'i gorff esgyrnog. "Ond lle mae fy nghwrteisi i? Dwi heb gyflwyno Elena i ti eto," meddai gan droi at y wraig ifanc a safai'n hunanymwybodol yng nghornel y gegin gan boeni am beth fyddai ymateb Marko i'r ffaith ei bod hi a'r plant wedi ymgartrefu gyda'i rieni ac wedi cymryd meddiant o'i ystafell wely.

Ond doedd dim rhaid iddi boeni oherwydd fe'i sicrhawyd gan Marko ei fod yn hynod o falch ei bod hi a'r plant yn aros yn gwmni i'w rieni a bod croeso iddi aros yn ei ystafell gan y byddai'n rhaid iddo ddychwelyd ar ei union y noson honno i Dubrovnik.

"Mi adawa'i chi i gael llonydd hefo'ch teulu," gwenodd hithau'n swil, cyn ymuno â'i phlant i fyny'r grisiau.

"Wel, dwyt ti ddim yn cael mynd heb i mi gael llenwi dy fol di hefo platiad o *frijatia*," meddai Katia'n bendant ar ôl i Elena adael. "Rŵan 'stedda wrth y bwrdd 'ma yn fan hyn; a tithau hefyd Ivo, er mwyn i ni gael eich hanesion i gyd, tra bydda i yn ei baratoi," meddai wrth estyn llond llaw o ferllys gwyllt y bu'n eu fforio ar y llechweddau uwchben y dref a'u hychwanegu at y bacwn a rhai o'r wyau roedd Pavao wedi eu gadael iddynt yn ystod ei ymweliad diweddaraf.

Tra bu Katia'n coginio'r omled mewn padell drom uwchben y stôf nwy, adroddodd Ivo a Marko hanes eu hantur y noson honno, a sut y bu bron iddynt ddod wyneb yn wyneb â'r milwyr y tu allan i'r tŷ.

"Mi fuoch chi yn hynod o lwcus i beidio cael eich dal gan eu bod nhw'n patrolio'r strydoedd drwy'r nos i sicrhau fod pawb yn cadw'r cyrffiw. Mae hi'n o ddrwg ar unrhyw un sydd yn cael ei ddal," eglurodd Josip cyn troi at ei frawd. "Roeddet ti'n mentro'n arw wrth hwylio drosodd yma dan drwyn yr holl longau rhyfel 'na sydd allan yn y bae hefyd, Ivo."

"Wel, ti'n gwybod amdana i, dwi'n 'nabod yr hen arfordir 'ma fel cefn fy llaw."

"Dwi'n synnu fod Jaka wedi gadael i ti fentro," meddai Katia, cyn sylwi ar y cysgod ddaeth dros wyneb ei brawd yng nghyfraith.

"Mae gen i ofn fod Modryb Jaka wedi ein gadael ni," eglurodd Marko gan geisio arbed rywfaint ar Ivo drwy adrodd am holl dreialon ei ewyrth a'i deulu drosto.

"O Ivo!" meddai Katia ar ôl clywed yr hanes trist. "Be fedra' i ddeud?"

"Mae gen i ofn mod i wedi cymryd pethau'n o ddrwg ac wedi ymddwyn yn hollol hunanol tan i mi ddod at fy nghoed heddiw 'ma. Dwi'n sylweddoli erbyn hyn fod rhaid i mi neud fy ngorau dros Stefan a Marina o hyn ymlaen, yn enwedig gan ein bod am gael ychwanegiad i'r teulu."

"Wel dyna'r newydd gorau i mi glywed ers tro byd," meddai Josip. "Cenhedlaeth arall o'r teulu Babić yn dod i'r hen fyd 'ma er gwaetha'r Serbiaid! Mae hyn yn gofyn am ddathliad bach," meddai gan estyn ei botel olaf o *rakija*, ac ar ôl tywallt gwydriad yr un iddynt, galwodd lwncdestun i'r babi newydd.

Wrth lyncu'r gwirod chwerw, daeth teimlad o chwithdod dros Marko a dechreuodd gwestiynu ei hun. A ddylai ddweud wrth ei rieni am fodolaeth Perl a bod yna aelod o'r genhedlaeth newydd yn bodoli'n barod?

Collodd y cyfle fodd bynnag oherwydd pan roedd ar fin estyn y llun o'i ferch fach o'i waled, trodd ei dad ato a'i holi. "Rŵan, Marko, gawn ni glywed dipyn o dy hanes di? Lle ti wedi bod ers misoedd? Roedden ni wedi dechrau ofni'r gwaethaf."

"Gad lonydd i'r hogyn, Josip, tydi o ddim eisiau cael ei atgoffa o'r pethau mae o wedi bod drwyddynt," meddai Katia gan synhwyro amharodrwydd Marko i drafod ei brofiadau. "Deud i mi, ti wedi cael cyfle i weld Ana?"

Gwenodd Marko'n ddiolchgar ar ei fam ac aeth ati i ddisgrifio sut y daeth o hyd i'w chwaer yn gweithio yn yr ysbyty newydd a sut y treuliodd o'r noson cynt yn ei hystafell yn y cartref nyrsio.

Yn llawer rhy fuan, daeth yn amser i'r ddau feddwl am adael. Doedd fiw iddynt aros yn hirach gan fod taith beryglus drwy strydoedd Cavtat a mordaith arall o'u blaenau'r noson honno.

"Mae'r ddau filwr 'na newydd fynd heibio ar eu rownd," meddai Josip a fu'n cadw golwg drwy'r ffenest ar y stryd tu allan. "Felly, mi ddyla' hi fod yn glir i chi fynd rŵan. Diolch i chi am fentro dwad draw; ma' hi wedi bod mor dda eich gweld chi. Ond da chi, cymrwch ofal wrth fynd yn ôl!"

"Duw a fo gyda nhw!" ochneidiodd Katia gan groesi ei hun wrth i'r ddau ddiflannu i'r nos.

Pennod 31

Dubrovnik – 6 Rhagfyr 1991

"**B**ABIĆ!"

Yn ofer, ceisiodd un o'i gyd-warchodwyr dynnu sylw Marko wrth iddo orwedd ar ei fol tu ôl i domen o fagiau tywod wrth droed y groes garreg anferth a safai ar ben Mynydd Srđ yn union uwchlaw tref Dubrovnik, gan anelu ei wn tuag at y gelyn. Uwch ei ben, hedfanai'r sheliau swnllyd a saethwyd yn ddi-baid o ynnau mortar y JNA gan lanio'n gawodydd marwol ychydig yn brin o'i loches.

"Babić!" galwodd y gwarchodwr yn uwch y tro hwn, gan ymlusgo tuag ato i'r guddfan annigonol o dan y groes. "Babić! Ti'n fy nghlywed i?" holodd gan bwnio Marko yn ei gefn.

"Be sy?" holodd Marko gan droi ei ben y mymryn lleiaf i weld pwy oedd yno. "Ti 'di bod yn galw ers meitin? Doedd 'na 'm gobaith i mi dy glywed di rhwng y sŵn byddarol ma a rhein," meddai gan dynnu peli o wadin o'i glustiau.

"Mae'r Bos isio gair hefo ti," amneidiodd y gwarchodwr i gyfeiriad adeilad yr hen gaer i'r chwith ohonynt. "Mae o am i mi gymryd dy le di yn fa'ma."

Heb oedi'n rhagor, newidiodd Marko le gyda'r dyn a chrafangodd ei ffordd yn ôl i ddiogelwch cymharol y gaer a adeiladwyd bron i ddau can mlynedd ynghynt yng nghyfnod Napoleon. Tybed beth oedd y Bos eisiau holodd ei hun wrth ddringo i lawr y grisiau carreg serth a arweiniai i'r hen adeilad cadarn gyda'i do crwm a'i furiau trwchus.

Mis ynghynt, derbyniodd orchymyn gan y Cadfridog

Nojko Marinović, pennaeth gwarchodlu Dubrovnik i wasanaethu gydag uned y Gwarchodwyr ar ben mynydd Srđ, o dan arweiniad yr Is-gapten Barba. Roedd ambell i seibiant achlysurol wedi bod yn ymosodiadau'r gelyn yn ystod y cyfnod hwnnw, gan fod nifer o arolygwyr o'r Undeb Ewropeaidd wedi cyrraedd y dref i geisio monitro'r sefyllfa a thrafod cytundeb am gadoediad, ynghyd â Cyrus Vance, cennad arbennig y Cenhedloedd Unedig.

Erbyn dydd Gwener y chweched o Ragfyr, fodd bynnag, ar ôl i Dubrovnik ddioddef naw wythnos dan warchae'r gelyn, daeth yn amlwg na fyddai unrhyw obaith am heddwch, ac am chwarter i chwech y bore hwnnw, dechreuodd y JNA luchio popeth oedd yn eu harsenal i gyfeiriad yr hen dref gyda'r bwriad o'i threchu unwaith ac am byth. Bum munud yn ddiweddarach, dechreuasant danio at yr hen gaer ar ben Mynydd Srđ hefyd, yn y gobaith o oresgyn y llond llaw o warchodwyr oedd yn eu rhwystro rhag gorchfygu'r dref islaw.

"A! Dyna ti Babić! Tyrd i mewn," amneidiodd yr Is-gapten wrth weld Marko'n ei saliwtio wrth ddrws yr ystafell reoli. "Ymlacia wir, ti wedi bod dan dipyn o straen allan yn fa'na dros yr oriau dwytha. Gymri di jochiad o hwn?" cynigiodd ei fflasg i Marko a lyncodd gegiad o'i frandi'n ddiolchgar. Yr agosatrwydd hwn a'r modd yr wfftiai unrhyw arwydd o ffurfioldeb a gynhesodd deimladau'r Gwarchodwyr at eu harweinydd. Yn y gorffennol, roedd Ivan Percŭsić Barba wedi creu gyrfa lwyddiannus iddo'i hun yn y lluoedd arfog ac wedi ei ddyrchafu'n Is-gapten yn rhengoedd byddin Iwgoslafia cyn ymddiswyddo ar ddechrau'r helyntion. Fel Croat cenedlaetholgar, gwyddai mai ei ddyletswydd oedd gwarchod ei famwlad rhag ymosodiadau ei gyn-gymrodorion yn y JNA. Gyda'i brofiad o dactegau milwrol a'i adnabyddiaeth o'r gelyn, roedd wedi llwyddo i warchod Dubrovnik am wythnosau o ben Mynydd Srđ a hynny gydag arfau annigonol a dim ond llond llaw o wirfoddolwyr dibrofiad.

"'Drycha ar hwn," meddai gan bwyntio at fap anferth a orchuddiai ran helaeth o un o waliau'r ystafell. "Mae'r JNA wedi ein hamgylchynu o'r mynyddoedd tu cefn i ni. Mae hi'n amlwg eu bod yn benderfynol o drio cael y gora arnom ni heddiw. Fel ti'n gwybod, mae'r unedau gwarchod eraill o leiaf dair i bedair cilometr i ffwrdd, sydd fwy neu lai yn ein gadael ni ar ben ein hunain i wynebu'r gelyn..."

Ar hynny tarfwyd ar ei araith gan ffrwydrad byddarol. Crynodd seiliau'r hen gaer gan beri i lwch y canrifoedd ddisgyn yn gawod o gromen y to dros Marko ac yntau.

"Roedd honna'n agos," meddai gan ysgubo'r llwch oddi ar ei ysgwyddau. "Mi fyswn i'n deud eu bod nhw wedi taro rhywbeth go fawr y tro yna."

"Syr!" galwodd rhywun o'r coridor tu allan i'r ystafell reoli. "Mae'r bastards wedi dechra ymosod o'r awyr ac wedi gollwng bom sydd wedi dinistrio'r groes. Doedd gan y c'radur oedd o'dani ddim gobaith!"

Teimlodd Marko ei goesau yn rhoi oddi tano a bu bron iddo gyfogi a dod â'r brandi roedd newydd ei lyncu yn ôl i fyny pan sylweddolodd y gallasai'r creadur hwnnw o dan y groes mor hawdd fod yn fo ei hun.

"Mae platŵn o filwyr traed a thancia T-55 yn agosáu'n gyflym hefyd," meddai Barba. "Rhaid i mi roi gorchymyn i'r Gwarchodwyr sydd y tu allan ddychwelyd i mewn i'r gaer cyn i ni gael rhagor o golledion."

Ar ôl iddo sicrhau bod pawb wedi dychwelyd i mewn gyda'u harfau a bod y gaer wedi ei gwneud mor ddiogel â phosib o dan yr amgylchiadau, gyda phentyrrau o fagiau tywod wrth pob agoriad, a'u harfau wedi eu hanelu i gyfeiriad y gelyn i geisio eu rhwystro am gyn hired â phosib, dychwelodd yr Is-gapten i'r ystafell reoli lle roedd Marko yn dal i aros.

"Reit Babić," meddai gan ddychwelyd at y map. "Mae beth dwi am ofyn i ti ei neud yn hynod o beryglus a fedra i ddim gwarantu dy ddiogelwch... Dwi'n deall dy fod yn gallu siarad nifer o ieithoedd. Pa ieithoedd ydi rheini?"

"Saesneg, Ffrangeg ac Almaeneg a chydig o Eidaleg; er mod i siŵr o fod chydig yn chwithig erbyn hyn, gan nad ydw i wedi eu defnyddio ers i mi adael y coleg flwyddyn yn ôl."

"Fel ti'n ymwybodol dwi'n siŵr, mae 'na nifer o Arolygwyr o'r Undeb Ewropeaidd yn aros yng ngwesty'r Argentina lawr yn y dre yn ceisio trafod amodau cadoediad. Mae'n hanfodol bwysig eu bod nhw'n cael gwybod beth ydi'r sefyllfa o lygad y ffynnon, cyn iddyn nhw ddod i unrhyw ddealltwriaeth gyda'r Serbiaid, oherwydd dydw i ddim yn credu eu bod yn deall pa mor annibynadwy ydi gair rheini mewn gwirionedd." Oedodd cyn mynd yn ei flaen gan edrych yn ddwys ar Marko a'i bwyso a'i fesur yn ofalus. "Fel un fu'n lygad-dyst i'r gyflafan yn Vukovar ar ôl i'r JNA dorri amodau'r cadoediad yno, fedra i ddim meddwl am neb gwell i'w goleuo, yn enwedig gan y medri wneud hynny heb orfod dibynnu ar gyfieithydd. Rwyt ti'n siŵr o fod yn ymwybodol fod hyn yn golygu dy roi di mewn peryg dychrynllyd, gan fod ochr y mynydd 'ma mor agored i ymosodiadau."

"Pryd ydach chi am i mi gychwyn, Syr?" holodd Marko ar ei union gan ymsythu o flaen yr Is-gapten. Dyma ei gyfle i wneud rhywbeth cadarnhaol dros ei wlad a doedd o ddim am osgoi ei ddyletswydd.

"Ma' gen i ofn y bydd yn rhaid i ti fynd cyn gynted â phosib yng ngolau dydd gan nad oes amser i'w golli. Dos i baratoi dy hun a chael rhywbeth i fwyta tra bydda i'n gorffen sgwennu'r adroddiad 'ma dwi am i ti ei gludo i'r Cadfridog Marinović i ofyn am gymorth a chyflenwad o arfau gan ein bod yn dechrau rhedeg yn brin. Yn anffodus, mae'r llinellau cyfathrebu rhyngom ni a'r pencadlys i lawr yn y dref wedi eu chwalu yn ystod yr ymosodiad bore 'ma. Mi wela i di'n ôl fan hyn ymhen hanner awr," meddai gan edrych ar ei watsh oedd yn dangos ei bod yn nesáu at wyth o'r gloch y bore.

Hanner awr yn ddiweddarach, safai Marko wrth agoriad cul ym mur y gaer yn aros am rywfaint o osteg yn y saethu cyn iddo gychwyn ar ei daith. Dros ei ysgwydd dde crogai hen wn reiffl Sofietaidd o gyfnod yr Ail Ryfel Byd, ac mewn bag dros ei ysgwydd chwith roedd adroddiad yr Is-gapten.

"Reit Babić, dos â'r adroddiad i Marinović ar dy union cyn mynd i weld yr Arolygwyr, a dweud wrtho pa mor ddifrifol ydi hi yma. Paid â dychwelyd tan y bydd hi wedi dechrau nosi – mae hynna'n orchymyn!" meddai'r Is-gapten gyda rhyw hanner gwên, cyn mentro codi ei ben dros barapet y bagiau tywod i geisio asesu'r sefyllfa y tu allan. "Mae'n eitha tawel ar y funud; mi dria ni dy amddiffyn di wrth saethu at unrhyw awyren neith feiddio dod yn rhy agos!" meddai gan ei helpu i ymwthio allan drwy'r agoriad. "Pob lwc!" ychwanegodd wrth i Marko sleifio at gysgod y llwyn agosaf y tu allan i furiau'r hen gaer.

O gysgod y llwyn, edrychodd i lawr ar beth a ddylai fod yn olygfa ysblennydd o'r Hen Dref, Ynys Lokrum a'r bae; golygfa a fyddai wedi bod wrth fodd y miloedd o dwristiaid a heidiai i fyny mynydd Srđ yn y ceir cebl a arferai redeg i fyny ac i lawr mor ddidrafferth yn y dyddiau dedwydd cyn y rhyfel. Golygfa a gâi ei difetha y diwrnod hwnnw fodd bynnag gan bresenoldeb fflyd o longau rhyfel a saethai eu sheliau'n ddidrugaredd tuag at Dubrovnik, lle codai colofnau o fwg du i'r awyr o sawl lleoliad wrth i'r gelyn dargedu ardaloedd hanesyddol y ddinas.

Trodd ei ben gan edrych dros ei ysgwydd i gyfeiriad safle'r groes a ddinistriwyd, gan sibrwd gweddi fer dros ei gyd-warchodwr a laddwyd yn ei le'r bore hwnnw.

"Reit ta' Marko, pa ffordd ti am fynd?" holodd ei hun dan ei wynt, gan bwyso a mesur ei opsiynau. Yn agos i'w guddfan y tu allan i'r hen gaer, cychwynnai llwybr troed a wnâi ei ffordd yn igam-ogam i lawr ochr y mynydd i'r dref ryw bedwar can metr islaw. Gwyddai nad oedd fiw iddo fentro camu ar y llwybr hwnnw, gan y byddai'n cael ei weld ar ei union gan y gelyn oedd yn barod i saethu at unrhyw un a fentrai ddringo tua'r gaer gyda chyflenwadau i'r Gwarchodwyr.

Cofiai Marko fod llawer mwy o goed yn arfer tyfu ar ochr y mynydd yn ystod ei blentyndod. Yn anffodus oherwydd cyfres o danau gwyllt a gynnwyd yn ystod rhai o'r hafau poethion y blynyddoedd a fu, yn ogystal â'r ymosodiadau diweddar, prin iawn oedd y coed a oroesodd. Petasai'r rheini yn dal i dyfu, buasent wedi cynnig cysgod iddo. Ond doedd waeth iddo heb â gresynu am hynny oherwydd doedd ganddo mewn gwirionedd ond un dewis sef gollwng ei hun mor gyflym â phosib i lawr yr ochr agored.

Wrth sgrialu ar gyflymder i lawr y llethr serth a charegog, codai llwch yn gwmwl drosto gan dynnu sylw sneipar a geisiodd yn aflwyddiannus i saethu tuag ato. Yna, pan roedd wedi mynd yn agos i dri chwarter ffordd i lawr y llechwedd, collodd ei gydbwysedd wrth faglu dros wreiddyn hen goeden bîn, a disgynnodd yn bendramwnwgl nes taro yn egr yn erbyn craig a ymwthiai o'r ddaear sawl metr islaw. Heblaw am ei gôt fawr lwyd, byddai wedi rhwygo ei gefn yn ddarnau, cysidrodd gan godi ei hun yn ôl ar ei draed gyda chymorth ei reiffl.

Ymhen fawr o dro wedi hynny, cyrhaeddodd waelod y llethr heb unrhyw anffawd arall a chamodd yn ofalus i lawr cyfres o risiau cerrig a arweiniai at un o strydoedd cefn y dref.

Gan ymlwybro'n ofalus trwy'r strydoedd gweigion, llawn dinistr, anelodd at bencadlys y Cadfridog Marinović, lle gadawodd adroddiad yr Is-gapten. Yna, ar ôl cael sicrhad y byddai nifer o aelodau o'r Heddlu Arbennig yn cael eu hanfon ar eu hunion i roi cymorth i'r Gwarchodwyr yn yr hen gaer, cychwynnodd am westy'r Argentina lle roedd i gyfarfod yr arolygwyr o'r Gymuned Ewropeaidd.

Parhâi'r gelyn i ymosod yn hynod o ffyrnig gan danio sheliau mortar ar raddfa o hyd at hanner cant o sheliau'r funud. I gyrraedd y gwesty a safai ar yr arfordir rhyw ddau can metr o'r harbwr a hen waliau'r dref, byddai'n rhaid iddo fod yn hynod o ofalus.

Wrth agosáu at y môr, sylwodd fod mantell drwchus o fwg du yn gorwedd dros yr harbwr gan guddio golau haul gwan y bore. Roedd aroglau deifiol tanwydd yn llosgi yn ddigon i'w fygu a cheisiodd orchuddio ei drwyn a'i geg gyda llawes ei gôt wrth ymlwybro ymlaen. Pan gyrhaeddodd i olwg yr harbwr, arhosodd mewn braw wrth weld yr olygfa o ddinistr llwyr a ymdebygai i olygfa allan o Uffern Dante a'i wynebai.

O'i flaen nofiai sgerbydau duon gweddillion yr holl gychod a arferai angori yn yr harbwr, wedi iddynt gael eu taro gan daflegrau o'r llongau rhyfel. Cychod pysgota syml, cychod hwylio a chychod pleser drudfawr, i gyd wedi eu llosgi yn ulw. Llyfai fflamau melyn ambell i gwch yn chwantus wrth i'r diesel ar eu bwrdd losgi. Roedd Stefan a'i ewyrth Ivo wedi gwneud penderfyniad doeth wrth symud y *Progutati* a'r cwch pysgota i le mwy diogel, meddyliodd Marko wrth droi ei gefn ar yr olygfa erchyll a pharhau ar ei daith tuag at y gwesty.

Pan gamodd i gyntedd gorlawn yr Argentina, sylwodd fod y lle fel Tŵr Babel gyda chlystyrau o ohebwyr a chriwiau camerâu yn cystadlu i ddarlledu eu hargraffiadau hwy o'r sefyllfa ar gyfer eitemau newyddion sawl gwlad. Yn eu mysg gallai Marko ddirnad acen ddiog Americanaidd criw CNN; acen Seisnig crisialog gohebwyr y BBC; Ffrangeg trwynol criw'r Radiodiffusion – Télévision Française, ac Almaeneg gyddfol gohebwyr Das Erste. Allan ar deras y gwesty, gallai weld ambell i griw camera mwy mentrus yn ffilmio'r dinistr yn yr harbwr a'r Hen Dref. Roedd y byd yn dechrau dangos diddordeb yn eu trallod o'r diwedd!

Gwthiodd ei ffordd heibio'r criwiau darlledu at y dderbynfa lle'r oedd clwstwr arall o ddynion mewn crysau a throwsusau gwynion wedi ymgynnull gan edrych yn bryderus o'u hamgylch. Rhain oedd y swyddogion milwrol o saith gwlad a anfonwyd gan Frwsel i fonitro'r sefyllfa – y dynion hufen iâ fel y'u bedyddiwyd gan y trigolion lleol oherwydd eu dillad gwynion.

Ar ôl iddo gyflwyno ei hun iddynt, aethant ag o i ystafell dawelach ar lawr isa'r gwesty, lle cawsant gyfle i'w holi am yr amodau byw i fyny yn y gaer yn ogystal â gwrando arno'n adrodd am ei brofiadau yn Vukovar.

Pennod 32

A R ÔL CYFNOD o chwe awr, daeth gosteg yn yr ymosodiad ar Dubrovnik a chafodd y trigolion gyfle i ddod o'u cuddfannau i weld y difrod difrifol a wnaed yn ystod yr oriau cynt. Yr hen ran o'r ddinas ddioddefodd waethaf gyda bron i bob adeilad hanesyddol wedi ei ddifrodi i ryw raddau.

Wrth sefyll yng nghysgod hen dŵr y cloc a safai'n fud am y tro cyntaf ers canrifoedd, edrychodd Marko ar ei oriawr a gweld ei bod yn agosáu at hanner dydd. Ymlwybrodd yn ofalus o amgylch y tomenni rwbel a orchuddiai wyneb y Stradun, gan sylwi'n ddigalon ar yr holl ddinistr o'i gwmpas; o gartrefi cyffredin i Balas y Rheithor a'r Gadeirlan; o'r siopau, bwytai a'r bariau i'r Mynachdy Ffransisgaidd a Ffynnon Onofrio. Perl yr Adriatig, un o ddinasoedd harddaf y byd wedi ei rheibio a'i chwalu!

Yna, cododd ei olygon a syllu i fyny ar Fynydd Srđ a llifodd rhywfaint o obaith a balchder drwy ei wythiennau wrth iddo sylwi fod baner Croatia yn parhau i chwifio'n falch ar do yr hen gaer; arwydd sicr nad oedd y gelyn wedi trechu'r Is-gapten Barba a'i gymrodyr y bore hwnnw, er gwaethaf popeth.

Teimlai falchder hefyd yn y ffaith ei fod yntau wedi cael cyfle i wneud ei ran, drwy oleuo Arolygwyr yr Undeb Ewropeaidd am wir gymhelliad y Serbiaid a oedd wedi ceisio taflu llwch i'w llygaid hwy a'r Cenhedloedd Unedig ers misoedd, gan honni mai dim ond ceisio gwarchod buddiannau'r Serbiaid oedd yn byw yn yr ardal yr oeddent. Roedd ymosodiad ffiaidd y JNA'r bore hwnnw yn ogystal â'i dystiolaeth yntau wedi agor llygaid yr Arolygwyr ac roedd hi'n amlwg i bawb bellach mai'r unig beth oedd ar feddwl y Serbiaid oedd meddiannu'r wlad i gyd.

Llifodd atgofion melys i'w gof wrth iddo fynd heibio'r hen gargoil y bu Petar ac yntau'n ceisio ei ddringo er mwyn dangos eu hunain i Bethan a Nia. Roedd ei agwedd at Nia wedi meddalu yn ystod y misoedd a aeth heibio oherwydd erbyn hynny gwyddai fod bywyd yn rhy fyr i goleddu casineb tuag ati. Roedd hi'n fam i'w blentyn wedi'r cwbl, ac am hynny byddai'n ddiolchgar iddi am byth.

Yn sydyn, tarfwyd ar ei feddyliau, wrth iddo glywed llais gwan yn galw am help o weddillion siop dlysau gerllaw. Arhosodd yn ei unfan i glustfeinio.

"Help!" galwodd y llais eto.

Heb oedi rhagor, aeth Marko ati i geisio clirio'r rwbel gyda'i ddwylo, a chyn hir daeth dau neu dri arall i'w helpu ac ar ôl ymlafnio am gryn amser, daethant o hyd i wraig ganol oed wedi ei gorchuddio mewn llwch a phlaster yn gorwedd dan gownter y siop.

Wedi iddi gael llymaid o ddŵr gan un o'r dynion, ceisiodd ddiolch i'w hachubwyr. "Dwi ddim yn gwybod be fysa wedi dod ohonof heblaw amdanoch chi. Faswn i ddim wedi gallu goroesi'n hir hefo'r holl lwch 'na oedd yn fy mygu i. Bob tro ro'n i'n ceisio symud, roedd mwy o blaster a mortar yn disgyn o'm cwmpas a dwi ddim yn siŵr faint fwy o bwysau fyddai'r cownter wedi ei ddal cyn dymchwel ar fy mhen i."

"Rydach chi'n lwcus i fod yn fyw," meddai Marko gan ei helpu i godi ar ei thraed. "Ond dwi'n meddwl y bysa'n well i mi fynd â chi i'r ysbyty i wneud yn siŵr nad ydych wedi dioddef niwed difrifol."

Gyda'r wraig yn pwyso'n drwm ar ei fraich, ymlwybrodd

Marko yn araf i gyfeiriad yr ysbyty. "Be oeddech chi'n dda yn y siop yn ystod yr ymosodiad?"

Dywedodd y wraig, rhwng ysbeidiau o grio, mai ei gŵr a hithau oedd berchen y siop. "Fel gallwch ddychmygu," ychwanegodd gan dagu ar ei geiriau, "roedd busnes yn dawel iawn 'leni, gan na ddaeth 'na fawr o ymwelwyr draw. Ond roedd y gŵr a finna'n benderfynol o beidio gadael i'r hwch fynd drwy'r siop, gan ein bod yn sicr y byddai pethau'n gwella cyn bo hir."

Eglurodd sut yr ymunodd ei gŵr gyda'r gwirfoddolwyr i geisio amddiffyn y ddinas pan ddechreuodd y gwarchae, gan ei gadael hi'n gyfrifol am y busnes. Yna, yn ystod ymosodiad cynharach, tra roedd hi'n cysgodi mewn lloches yn y catacwmau dan furiau'r dref, torrodd rhywun i mewn i'r siop a dwyn llawer o'r tlysau. Ers hynny, roedd hi wedi cadw gwyliadwriaeth yn ystod pob ymosodiad er mwyn rhwystro eraill rhag dod i ysbeilio rhagor o'u heiddo.

"Ond rŵan, does gennym ni ddim byd ar ôl, ers i'r shel 'na ddisgyn drwy'r to a malurio'n fflat ar y llawr uchaf yn ogystal â'r siop."

Hanner awr yn ddiweddarach, cyrhaeddodd y ddau'r ysbyty a chyn i Marko ei gadael yng ngofal un o'r nyrsys, estynnodd y wraig flwch bychan o'i phoced. "Cyn i'r siop gael ei dinistrio, mi nes i bocedu rhai o'r tlysau mwya' gwerthfawr," meddai gan osod y blwch yn ei law.

"Ond does dim rhaid i chi..." ceisiodd Marko ei darbwyllo.

"Dwi am i chi dderbyn hwn fel arwydd o fy ngwerthfawrogiad."

Cyn gadael yr ysbyty, penderfynodd alw i weld ei chwaer. Pan gyrhaeddodd y ward brysur lle gweithiai Ana, sylwodd fod dwsinau o bobl yn aros yno i gael eu trin; rhai gyda mân anafiadau ond llawer mwy gyda chlwyfau difrifol. Ceisiai'r staff weithredu hefo'r adnoddau prin oedd ganddynt. Teimlodd Marko falchder wrth wylio'i chwaer fach yn ymdopi gyda'r sefyllfa mewn ffordd mor ddeheuig a phroffesiynol gan gynnig cysur i'w chleifion.

"Marko! Dwi mor falch o dy weld di! Ro'n i'n poeni yn ofnadwy amdanat ers i mi glywed am yr ymosodiad ar yr hen gaer bora 'ma," meddai pan sylwodd arno'n edrych arni.

"Ti'n fy 'nabod i. Mae gen i naw bywyd cath ac mi gymrith mwy na'r JNA i gael gwarad arna i... Ond o ddifri, roedd ymosodiad bora 'ma yn ddychrynllyd ac mae 'na ddifrod ofnadwy wedi ei wneud i'r Hen Dref."

"Oes, dwi'n gwybod," atebodd hithau gan edrych o'i chwmpas ar y ward orlawn. "Fel y gweli di, ma' hi 'di bod yn hynod o brysur yma hefo'r holl bobl sydd wedi eu hanafu. Yn ôl be dwi'n ddeall, mae tri ar ddeg o bobl gyffredin y ddinas wedi eu lladd bore 'ma – dau ohonyn nhw'n blant bach; a hynny ar ddydd Sant Nicolas o bob diwrnod! O'r hyn dwi'n ddeall, roedd rhai o arweinwyr y ddinas wedi cynllunio i gynnal parti i'r plant heddiw er mwyn ceisio codi'r hwyliau, ond mi roddodd y Serbiaid stop ar hynny... Glywist di am sut roedd y diawlad diegwyddor yn saethu at y dynion tân wrth i rheini drio diffodd y tanau mewn rhai o'r gwestai oedd yn llawn ffoaduriaid?" holodd Ana gan amneidio i gyfeiriad dyn oedd wedi ei orchuddio mewn rhwymau ac a orweddai ar ei stumog ar un o'r gwelyau. "Saethwyd y creadur acw yn ei gefn gan sneipar wrth iddo geisio dringo ysgol i achub pobl oedd yn gaeth. Mae'r c'radur wedi dioddef anafiadau difrifol a tydi'r doctoriaid ddim yn ffyddiog y bydd o'n goroesi.... Pam wyt ti i lawr yma beth bynnag? Ro'n i'n meddwl dy fod ti i fyny ar ben Mynydd Srđ."

Eglurodd yntau sut roedd wedi ei anfon i westy'r Argentina i siarad gyda'r Arolygwyr Ewropeaidd, a sut y daeth o hyd i'r wraig yng ngweddillion y siop emau. "Mi fynnodd y ddynas fy mod yn derbyn hwn," meddai gan dynnu'r blwch o'i boced.

Agorodd Marko'r clawr i ddatgelu cadwyn aur ffein gyda pherl werthfawr yr olwg yn crogi oddi arni.

"Waw! Drycha ar faint y berl. Ma' hon werth dipyn go lew ddudwn i! Be ti am neud hefo hi?"

"Mae hynny yn amlwg, tydi? Perl i Perl fydd hon. Nei di ei chadw hi'n ddiogel i mi tan y galla i ei rhoi hi iddi rhyw bryd pan fydd yr helyntion yma i gyd drosodd?"

"Nyrs Babić, rhowch y gorau i loetran yn fa'na a dewch i helpu'r claf 'ma!" torrodd llais awdurdodol y nyrs mewn gofal ar draws eu sgwrs.

Pocedodd Ana'r blwch yn gyflym. "Edrycha ar ôl dy hun," meddai gan daro cusan ar foch Marko cyn iddo'i gadael.

Erbyn iddo gefnu ar yr ysbyty, roedd hi'n nesáu at hanner awr wedi tri; ac i basio'r amser tan y byddai'n ddigon tywyll iddo gychwyn dringo yn ôl i'r gaer, aeth i helpu criw o wirfoddolwyr oedd wedi ffurfio cadwyn ddynol er mwyn cludo dŵr o'r môr i geisio diffodd y tanau oedd yn dal i fudlosgi mewn gwahanol rannau o'r dref. Wrth wneud y gwaith undonog o basio'r bwcedi trymion o law i law, dechreuodd feddwl am holl erchyllterau'r diwrnod. Doedd o ddim wedi sylweddoli ei bod yn ddydd Sant Nicolas nes i Ana ddweud. Blwyddyn union i'r diwrnod ers iddo adael y coleg ar ôl derbyn y llythyr hwnnw gan Bethan yn dweud fod Nia wedi priodi rhywun arall. Blwyddyn hefyd ers pan gyfarfu â Tomislav a Marta, yr hen gwpwl annwyl a'i croesawodd i'w cartref. Gobeithiai i'r drefn eu bod yn ddiogel yn ogystal â'i rieni yn Cavtat nad oedd wedi gallu cysylltu â hwy ers y noson honno rhyw fis ynghynt pan hwyliodd yno gyda'i Ewyrth Ivo.

Wedi iddi ddechrau tywyllu, gadawodd y gadwyn ddynol a chychwyn ar ei daith yn ôl i ben Mynydd Srđ. Wrth gefnu ar y dref, rhyfeddodd ato'i hun wrth sylweddoli cymaint yr edrychai ymlaen at gyrraedd yn ôl i'r hen gaer ac i fod yng nghwmni ei gymrodyr unwaith eto. Roedd y profiadau a gawsant wrth ymladd ochr yn ochr gan wynebu peryglon yn ddyddiol wedi dod â'r criw mor agos at ei gilydd.

Dan fantell y nos, rhesymodd y byddai'n ddigon diogel iddo gerdded i fyny'r hen lwybr igam-ogam heb gael ei weld gan y Serbiaid. Felly ar ôl dringo i fyny'r grisiau cerrig a arweiniai o un o'r strydoedd cefn, dechreuodd droedio'r llwybr caregog yng ngolau gwan y lleuad.

Pan ddaeth at y tro siarp cyntaf yn y llwybr, gwelsai gysgod rhywbeth soled o'i flaen, a phan ddaeth yn nes sylweddolodd mai'r plac cyntaf ar Ffordd y Groes oedd yno a ddarluniai Crist yn cael ei gondemnio i farwolaeth. Dyna pryd y cofiodd fel y byddai ei Fodryb Jaka a Chatholigion pybyr eraill yn dod ar bererindod i fyny'r llwybr bob Pasg, gan aros wrth bob un o'r placiau oedd yn portreadu taith Crist i Galfaria. Tybed beth fuasai ymateb Jaka druan petasai hi'n fyw, o wybod fod y groes fawr ar ben y mynydd wedi ei dinistrio y bore hwnnw? meddyliodd wrth barhau â'i daith.

Rhyw ddeugain munud yn ddiweddarach, teimlodd ryddhad wrth weld cysgod du'r gaer yn erbyn yr awyr dywyll yn union o'i flaen. Petasai heb wybod yn well, byddai'n hawdd credu nad oedd unrhyw arwydd o fywyd y tu mewn i'r hen furiau cadarn, gan na allai glywed smic na gweld mymryn o olau yn treiddio drwy'r ffenestri cul. Gwyddai i sicrwydd fodd bynnag fod llygaid barcud rhai o'r

Gwarchodwyr yn ei wylio'r funud honno a bod eu gynnau wedi eu hanelu ato.

Rhoddodd ei fysedd yn ei geg a chwibanodd chwibaniad cyfarwydd, fel arwydd i adael i'w gymrodyr wybod mai un ohonynt hwy oedd yn nesáu.

"Babić? Ti sydd yna?" daeth llais o'r tywyllwch.

Yna, ar ôl iddo ateb yn gadarnhaol, dywedwyd wrtho ei bod yn ddiogel iddo ddefnyddio'r brif fynedfa yng nghefn y gaer, gan fod y gelyn wedi cilio'n ôl ers canol y bore.

Ymlwybrodd Marko yn ei flaen heibio ochr yr adeilad. Edrychodd i'r cyfeiriad ble yr arferai'r groes sefyll. Gan ddiystyru ei ddiogelwch ei hun, camodd o gysgod y gaer a cherdded ar draws y llwyfandir moel oedd yn arwain at weddillion y groes. Daeth awydd drosto i dalu gwrogaeth i'w gyd-warchodwr a laddwyd yn ei le'r bore hwnnw cyn ymuno â'r gweddill.

**

O'i guddfan tu ôl i lwyn rhyw gilometr i ffwrdd o'r gaer, gorweddai Goran Stanković, sneipar Serbaidd, yn mwytho'i reiffl Zastava M76. Roedd hi wedi bod yn ddiwrnod hir a rhwystredig iawn gan iddynt ddod mor agos i orchfygu'r gelyn. Un ymdrech arall a byddent wedi cael y gorau ar y llond llaw o Groatiaid oedd yn gwarchod yr hen gaer ar y llwyfandir ar ben mynydd Srđ. Ar ôl hynny, mater bach fuasai gorchfygu dinas Dubrovnik ei hun a dod â'r gwarchae hir i ben. Am ryw reswm na allai Goran yn ei fyw ei ddirnad, daeth y gorchymyn gan benaethiaid y fyddin iddynt encilio ganol dydd; a hynny er i danciau'r JNA gyrraedd bron at ddrysau'r gaer gan adael dim ond ychydig o'r hogiau eraill ac yntau i gadw llygad ar y lle. Yn ei farn o, petasai rhywun gyda synnwyr cyffredin fel Goran ei hun wedi cael cyfle i arwain y fyddin, byddent wedi trechu'r Croatiaid ers tro byd, ac mi fuasai o adref gyda'i deulu yn Serbia ers wythnosau.

Tarodd olwg ar fysedd goliwiedig ei watsh – roedd hi'n tynnu at chwarter i chwech. Pymtheg munud eto cyn y byddai'n cael gorffen ei wyliadwriaeth; yna, câi rhywun arall gymryd drosodd y dasg ddiflas o gadw golwg ar y gaer. Roedd o'n dyheu am smôc ond gwyddai nad oedd fiw iddo danio cyn iddo gyrraedd yn ôl i ddiogelwch y gwersyll.

Am y canfed tro'r diwrnod hwnnw, gosododd ei lygaid dde wrth y lens delesgopaidd gyda'i offer gweld yn y nos. Doedd o ddim yn disgwyl gweld fawr ddim mewn gwirionedd, gan mai'r unig beth a welsai yn ystod ei wyliadwriaeth hir oedd hen lwynog llwglyd yn ymlwybro'n ofalus rhwng y llwyni gan chwilio am rywbeth i'w fwyta.

Pan roedd o ar fin gostwng ei olygon, ymddangosodd ffurf dynol drwy olau gwyrdd y lens. Roedd rhywun yn sefyll wrth weddillion yr hen groes a ddinistriwyd y bore hwnnw. Syllodd yn hir ar y silwét tywyll a safai'n llonydd yn erbyn yr awyr werdd. Roedd y ffŵl hurt yn gofyn amdani. Anelodd ei reiffl nes roedd y groes fach ar y lens yn marcio'r targed yn glir.

Mewn un symudiad llyfn, gwasgodd Goran gliced y gwn.

Pennod 33

Eifionydd – 6 Rhagfyr 1991

"AR Y TRÊN i Afonwen, mi gollais i fy mhen..." canodd Nia'r gân a arferai fod mor boblogaidd ganddi hi a Bethan wrth iddi siglo Perl yn ei chesail un gyda'r nos rewllyd yn nechrau Rhagfyr. "Mae Mam wedi colli ei phen amdanat ti hefyd 'sti, fy nghariad gwyn i," meddai gan roi cusan ysgafn ar ben cyrliog y fechan wrth ei rhoi i orwedd yn ei chot. "Fe ddaw Dad ato'i hun cyn hir hefyd; fedrith o ddim dal pethau yn dy erbyn di am byth."

Er bod y berthynas rhyngddi hi a Huw wedi gwella rhywfaint ers iddo gael ar ddeall ei bod yn feichiog unwaith eto, roedd hi'n amlwg na fedrai o gymryd at Perl a oedd, mae'n debyg yn ei atgoffa'n barhaus o dwyll ei mam. Gobeithiai Nia y byddai pethau'n haws unwaith byddai'r efeilliaid wedi eu geni, gan y byddai ganddo ddau fach arall i ganolbwyntio arnynt wedyn.

Ond roedd ganddi dri mis hir i fynd cyn y byddai hynny yn digwydd. Tri mis arall o deimlo'n sâl yn barhaus, meddyliodd gan rwbio'i bol estynedig. Roedd y beichiogrwydd yma'n llawer mwy anghyfforddus na phan roedd hi'n cario Perl.

"Mae hynny i'w ddisgwyl," oedd ymateb y fydwraig yn y clinig un tro, pan fentrodd gwyno am ei blinder a'i choesau chwyddedig. "Chafodd eich corff druan ddim amser i ddod ato'i hun ar ôl genedigaeth eich merch. Mi fuasai wedi bod yn llawer doethach i chi fod wedi aros am ychydig fisoedd!"

Teimlodd Nia'r dagrau yn llenwi ei llygaid pan glywodd hyn. Tybed beth fuasai ymateb y nyrs petasai hi'n gwybod yr amgylchiadau? Roedd hi'n anodd anghofio ymosodiad treisgar Huw a hithau'n cario ffrwyth y weithred honno yn ei chroth. Dim ond gobeithio na fyddai hi'n cario dig ac yn beio'r ddau fach diniwed, oherwydd roeddent hwy, fel Perl yn gwbl ddieuog.

"Ma' dy fam 'di gneud llanast llwyr o'i bywyd, Perl bach!" ochneidiodd yn dawel wrth daenu planced ychwanegol dros y corff bychan, gan y gallai deimlo blas barrug yn treiddio drwy ffenestri'r hen dŷ'r noson honno.

Ar ôl dychwelyd i lawr i'r gegin, estynnodd baced o fisgedi siocled o'r cwpwrdd a gwnaeth baned o de cyn gollwng ei hun yn ddiolchgar ar y soffa feddal. Trochodd un o'r bisgedi yn y te poeth cyn blasu'r siocled ar ei thafod.

Roedd hi'n braf cael rhoi ei thraed blinedig i fyny ac anghofio am ei phroblemau dros dro wrth wylio'r teledu, meddyliodd gan anelu'r teclyn newid sianeli at y sgrin a dewis un o'i hoff raglenni, *The Trials of Rose O'Neill* a oedd ar fin cychwyn. Gyda Huw yn siŵr o aros yn y dafarn tan amser cau, doedd dim peryg i neb darfu arni. Yn sicr, ni fyddai'n gorfod dioddef ymweliad gan ei mam yng nghyfraith, gan fod honno wedi ceisio ei gorau i'w hosgoi ers y tro hwnnw ychydig fisoedd ynghynt pan ddaeth draw gyda'i llyfr siec yn ei llaw a chynnig talu i Nia adael. Ymddangosodd cysgod o wên dros ei hwyneb wrth iddi gofio sut y torrodd grib Margaret Pritchard y noson honno.

Trochodd fisgeden arall yn ei the cyn gwneud ei hun yn gyfforddus wrth i lais benywaidd hyfryd ganu'r gân agoriadol ar ddechrau'r rhaglen. Ond ymhen llai na phum munud, roedd Nia wedi syrthio i gysgu'n drwm o flaen y bocs gan adael Rosie O'Neill druan i wynebu ei threialon hebddi.

Rhyw awr yn ddiweddarach deffrodd i sŵn trawiadau

treiddgar Big Ben a gyhoeddai ddechrau *News at Ten* –
rhaglen newyddion ITV. Gydag ochenaid, ceisiodd ymestyn
ei choesau a'i breichiau anystwyth cyn codi'n drwsgl oddi
ar y soffa. Roedd ôl siocled yn rhimyn brown o amgylch ei
cheg, briwsion bisgedi yn frech drosti, a'i phaned wedi hen
oeri yn y mwg ar lawr wrth droed y soffa. Doedd waeth iddi
noswylio ddim gan nad oedd ganddi'r awydd lleiaf i wrando
ar hynt a helynt y byd ar y rhaglen newyddion. Ni fyddai
Huw yn cyrraedd adref o'r dafarn am awr dda arall a doedd
hi ddim am fod ar ei thraed pan gyrhaeddai gydag oglau
diod sur ar ei wynt. Er eu bod yn parhau i gysgu ar wahân
ers noson y trais, roedd o wedi dechrau rhyw led awgrymu
y buasai'n hoffi dychwelyd i'w gwely yn ddiweddar. Doedd
Nia ddim yn barod am hynny fodd bynnag, gan na allai
oddef meddwl amdano yn cyffwrdd ei chorff beichiog.
Efallai, ar ôl yr enedigaeth byddai'n gallu maddau iddo a
gwneud ymdrech i roi pethau tu cefn iddi er mwyn lles eu
plant.

Plygodd i estyn am y teclyn newid sianeli a oedd wedi
llithro o dan un o'r clustogau gan fwriadu diffodd y teledu.
Wrth anelu'r teclyn at y bocs fodd bynnag, arhosodd yn ei
hunfan â'i bys yn hofran uwchben y botwm wrth iddi glywed
yr enw Dubrovnik yn cael ei grybwyll gan y cyflwynydd,
cyn i ddelweddau dychrynllyd o ymosodiadau ar hen waliau
gwynion y dref ymddangos ar y sgrin.

Cododd y sain i fyny i glywed llais y gohebydd Paul Davies:
*"It was early morning when the battle intensified... tanks and heavy
guns of the Serbian dominated federal Army attacked the city..."*
Boddwyd llais y gohebydd gan sŵn ffrwydriad uchel cyn
iddo allu parhau gyda'i ddarl+lediad. *"The majority of the city's
population took to the underground shelters, but those who ventured*

out witnessed the co-ordinated land, sea and air attack on their city."

Syllodd Nia'n gegagored ar luniau o'r ymosodiad ciaidd ar y porthladd a hen adeiladau hardd y Stradun, lle bu hi a Marko yn crwydro law yn llaw, heb ddim gofal yn y byd rhyw ddeunaw mis ynghynt.

"Down the centuries, Dubrovnik citizens have defied would-be invaders. Now their old ramparts face twentieth century war machines..."

Cofiodd am sylwadau chwyrn Marko am y Serbiaid ac fel yr ofnai y byddai ei wlad yn cael ei thynnu i mewn i ryfel. Doedd hi ddim wedi talu llawer o sylw ar y pryd, gan feddwl ei fod yn gorliwio'r sefyllfa. Gwyddai mai anghydfod yn y wlad a barodd i'w lythyrau fynd ar goll ond doedd hi ddim wedi dychmygu am funud fod pethau wedi dirywio i'r fath raddau.

Lle oedd Marko erbyn hyn tybed? Oedd o a'i deulu yn ddiogel? Wrth syllu ar y lluniau o'r ymosodiad ar y cychod yn yr harbwr, daeth atgofion am Stefan, ei gefnder â'i wên gellweirus i'w cho'. Doedd pethau fel hyn ddim i fod i ddigwydd i bobl roedd hi yn eu hadnabod – perthnasau gwaed i'w merch fach!

Ar ddiwedd y darllediad, gwasgodd y botwm i ddiffodd y teledu a gyda chalon drom aeth i fyny'r grisiau at Perl. Treiglodd dagrau i lawr ei gruddiau wrth syllu ar y fechan yn cysgu'n braf heb unrhyw bryder yn y byd.

Yna, tyrchodd dan leining y drôr wrth ochr ei gwely am y llun hwnnw ohoni hi a Marko a dynnwyd gan Bethan pan roeddent ar y cwch fferi ar eu ffordd i Dubrovnik. Syllodd yn hiraethus ar y llun yr oedd wedi gorfodi ei hun i beidio edrych arno ers misoedd, ond na fedrai yn ei byw gael gwared ohono gan fod ei bresenoldeb wrth ochr ei gwely yn dod â chysur iddi pan fyddai pethau bron â mynd yn drech na hi.

Wedi'r noson honno, gwrandawodd Nia'n ddeddfol ar bob bwletin newyddion gan ddilyn hynt a helynt y rhyfel fel yr ymledodd i Kosovo a Bosnia wrth i'r hen Iwgoslafia gael ei rhwygo'n ddarnau gwaedlyd.

Rhan 2 – Awst 2019

Pennod 34

Ceisiodd Perl ymestyn ychydig ar ei choesau yn y sedd gyfyng. Doedd hi ddim yn rhy hoff o hedfan ar y gorau, ond ar yr achlysuron prin hynny pan fu'n teithio mewn awyren o'r blaen, roedd ganddi gwmni ffrindiau hwyliog, jin a thonic neu ddau yn ei stumog a phythefnos o orwedd ar draethau euraidd un o'r Costas i edrych ymlaen tuag ato. Ond y tro hwn, roedd hi ar ei phen ei hun a theimlai'n ymwybodol iawn o hynny yng nghanol ei chyd-deithwyr, y mwyafrif ohonynt yn barau canol oed a hŷn, oedd â'u bryd ar ymlacio yng ngwestai moethus Croatia, yn ddigon pell o stŵr criwiau *18 to 30s* a phartïon plu.

Oedd hi wedi bod yn fyrbwyll yn dod ar y daith hon holodd ei hun wrth i bwl o hunanamheuaeth ddechrau ei phoeni. A fuasai wedi bod yn well iddi adael llonydd i bethau fod a pheidio cynhyrfu'r dyfroedd? Ond na, rhesymodd, doedd ganddi ddim dewis mewn gwirionedd gan fod gymaint o gwestiynau angen eu hateb; cwestiynau a fyddai yn taflu golau ar ei gorffennol.

Anadlodd yn ddwfn a gorfododd ei hun i ymlacio gan adael i'w meddwl grwydro'n ôl i gyfnod ei phlentyndod. Un o'i hatgofion cyntaf pan oedd yn blentyn ifanc iawn oedd gwneud cacen fwd mewn hen gaead sosban gyda Dylan a Ffion ar fuarth cefn y fferm. Tra roedd hi a Ffion wrthi'n ceisio addurno'r gacen gyda llygaid y dydd a dail prifet o lwyn a wahanai gardd Plas Dunod a'r buarth, dechreuodd Dylan, a oedd wedi hen alaru, beledu ei chwiorydd gyda dyrnaid o'r llaid. Ceisiodd Ffion a Perl dalu'r pwyth yn ôl a'i beledu yntau gan chwerthin a sgrechian ar dop ei lleisiau, a chyn hir roedd y tri ohonynt wedi eu gorchuddio â mwd o'u corun i'w traed. Cymaint oedd yr hwyl fel na chlywsent mo Margaret Pritchard, eu nain yn brasgamu gyda'i gwynt yn ei dwrn allan o'r tŷ. Pan sylwodd ar y llanast oedd arnynt, gafaelodd yn Perl gerfydd ei sgrepan a'i dwrdio'n hallt am fod yn gyfrifol am faeddu'r efeilliaid. Yna, trodd yn wên i gyd at Ffion a Dylan ac ar ôl ffysian a cheisio twtio rhywfaint arnynt, arweiniodd y ddau i'r tŷ i gael eu gwobrwyo gyda phaced o'u hoff fferins, gan adael Perl yn ei dagrau ar ei phen ei hun yng nghanol y baw. Er nad oedd hi ond rhyw bedair oed ar y pryd, gallai gofio'n glir y teimlad o gam a gawsai'r diwrnod hwnnw.

"Mae dy nain yn disgwyl i ti ymddwyn yn gallach am dy fod yn hŷn na dy frawd a dy chwaer," ceisiodd ei mam ei chysuro. Ond wrth i'r blynyddoedd fynd heibio, daeth Perl i sylweddoli na fuasai hi byth yn cael chwarae teg gan ei nain a'i thaid Plas Dunod. Yn eu golwg hwy, ni allai Ffion a Dylan wneud dim o'i le, ond am ryw reswm, doedd dim a wnâi hi byth yn eu plesio, er iddi geisio'i gorau glas drwy ei phlentyndod i wneud hynny.

Synhwyrai hefyd fod Huw ei thad yn ffafrio'r efeilliaid, er mai ychydig iawn o sylw a gymerai o'r tri mewn gwirionedd, gan fod gwell ganddo ymgolli yng ngweithgareddau'r fferm a'r dafarn na mwynhau ei hun yng nghwmni ei deulu.

Yr unig un a'i carai'n gwbl ddiamod, heblaw ei mam oedd ei thaid arall, a thros y blynyddoedd bu'n mynd i aros ato yn aml yn ei gartref yn y Ffôr, gan fwynhau ei gwmni a'i anogaeth iddi wneud ei gorau yn yr ysgol. Wrth iddi fynd yn hŷn, byddai'r ddau yn trafod gwleidyddiaeth am oriau, ac o dan ei ddylanwad datblygodd Perl yn berson gyda daliadau cenedlaetholgar cryf.

Cofiai mor falch yr ydoedd ar ddiwrnod ei graddio pan

ddaeth o a'i mam i'r seremoni ym mhrifysgol Bangor. "Ti 'di gwneud hen ddyn yn hapus iawn ar ddiwedd ei oes," meddai gan ei gwasgu i'w gesail y diwrnod hwnnw.

"Diwedd eich oes wir! Peidiwch â rwdlan, Taid, mae 'na flynyddoedd o'ch blaen chi eto!"

Ond John Roberts oedd yn iawn, gan mai cwta chwe mis yn ddiweddarach, dioddefodd strôc angheuol. Daeth rhyw bwl o hiraeth drosti wrth gofio am ei thaid annwyl a'r modd y sicrhaodd ei dyfodol wrth adael ei gynilion iddi hi yn ei ewyllys; digon iddi allu rhoi blaendal ar dŷ bychan iddi ei hun yn agos i'r ysgol lle cafodd swydd ar ôl iddi gymhwyso fel athrawes.

Teimlodd ryddhad wrth adael cartref ei phlentyndod tu cefn iddi pan aeth i'r coleg ac yna wrth ymgartrefu yn ei thŷ newydd, lle adeiladodd fywyd annibynnol iddi ei hun. Am ryw reswm na allai ei ddirnad ar y pryd, doedd hi erioed wedi teimlo ei bod yn perthyn i Blas Dunod; yn wahanol i Ffion a Dylan a oedd wrth eu boddau ar y fferm ac a adawsant yr ysgol i fynychu coleg amaethyddol cyn dod adref i weithio yno, gan gymryd drosodd ddyletswyddau eu nain a'u taid a oedd bellach mewn gwth o oedran ac wedi symud i fyngalo a adeiladwyd ar eu cyfer ar y tir.

Yna, un noson ychydig fisoedd ynghynt, cafodd alwad ffôn gan Ffion, yn rhoi gwybod iddi fod eu mam wedi derbyn diagnosis ei bod yn dioddef o gancr ac nad oedd ganddi ond ychydig amser ar ôl. Penderfynodd Perl gymryd amser i ffwrdd o'r ysgol a dychwelyd i Blas Dunod i'w nyrsio drwy ei hwythnosau olaf.

Wrth eistedd ger erchwyn ei gwely drwy'r nosweithiau hir, synhwyrai fod Nia bron â thorri ei bol eisiau datgelu rhywbeth wrthi, ond am ryw reswm, yn methu'n lân â gwneud hynny.

"Be sy, Mam bach?" holai'n dyner. Ond ysgwyd ei phen ac ochneidio wnâi ei mam bob tro.

Ychydig ddyddiau cyn y diwedd, daeth Bethan, ei hen ffrind i'w gweld ac achubodd Perl ar y cyfle i gael rhyw awr iddi ei hun, gan adael y ddwy yng nghwmni ei gilydd. Pan ddychwelodd, roedd fel petai'r pwysau wedi ei godi oddi ar ysgwyddau ei mam a lithrodd i stad anymwybodol yn fuan wedi hynny.

"Mi ofynnodd Nia druan i mi egluro popeth i ti," sibrydodd Bethan yn ddagreuol yng nghlust Perl wrth iddynt ymlwybro o'r fynwent ym mreichiau ei gilydd ar ddiwedd y gwasanaeth angladdol. "Ty'd draw acw cyn gynted ag y cei di gyfla."

Felly, rai dyddiau yn ddiweddarach, cawsai Perl ei hun yn eistedd yng nghegin Bethan, yn hanner gwrando ar hanes rhyw wyliau y bu Nia a hithau arno yn ystod haf 1990.

"Fi roddodd bwysa arni i fynd hefo fi i Iwgoslafia yr ha' hwnnw 'sti, tra roedd Huw i ffwrdd yn New Zealand. Ro'n i wrth fy modd pan gytunodd hi. Mi gawson ni'n dwy ffling bach efo cwpwl o hogia lleol tra roeddan ni draw yno; dim ond laff oedd yr holl beth i fod. Ond ti'n gwybod sut un oedd dy fam, doedd dim *half measures* hefo hi, ac mi gollodd ei phen yn lân am Marko..."

Tra roedd Bethan yn traethu, ceisiodd Perl ddychmygu i ble roedd y stori am arwain. Wedi'r cwbl, doedd gan beth wnaeth ei mam a Bethan ar ei gwyliau flynyddoedd ynghynt ddim oll i'w wneud â hi. Os rhywbeth, teimlai'n falch fod Nia wedi cael rhywfaint o hwyl yn ystod ei hieuenctid gan na chafodd hi lawer o gyfle i fwynhau ei hun wedi hynny.

"Ac yn fuan ar ôl i ni ddŵad adra... wel, mi sylweddolodd dy fam ei bod yn disgwyl babi!" Torrodd llais Bethan fel cyllell ar draws ei myfyrdod.

Aeth Perl yn gandryll pan glywodd hyn. Beth oedd y mater ar Bethan yn adrodd y fath stori? Roedd hi wedi disgwyl gwell gan un a oedd i fod yn ffrind da i'w mam. Doedd bosib nad oedd hi'n sylweddoli fod Perl yn parhau mewn galar a bod ei cholled yn dal i frifo i'r byw? Sut y gallai hi faeddu ei henw da gyda hen sgandal ddi-sail pan nad oedd hi yno mwyach i achub ei cham ei hun?

"Mi nes i addo i dy fam y byswn i'n deud wrthat ti cyn gyntad â..."

Ond doedd Perl ddim yn fodlon aros i wrando ar eglurhad Bethan. Felly, gadawodd ar ei hunion cyn iddi ddweud rhywbeth y byddai yn ei ddifaru.

Yn ôl yn nedwyddwch ei chartref ei hun, cafodd amser i bwyllo ac i ystyried. Oedd yna unrhyw sail i beth ddywedodd Bethan? Oedd ei mam wedi cael babi arall hefo'r Marko hwnnw cyn iddi hi a'r efeilliaid gael eu geni? Os hynny, pam na fuasai hi wedi sôn? Oedd hi wedi cael erthyliad, neu oedd hi wedi ei roi o neu hi i ffwrdd?

Ac yna, tarodd y gwir hi fel taranfollt. Yn ôl Bethan roeddent wedi mynd ar eu gwyliau i Iwgoslafia yn Awst 1990, naw mis cyn iddi hi gael ei geni!

Na! Doedd hynny ddim yn bosib! Dechreuodd grynu wrth i'r llen godi ac iddi sylweddoli bod ei byd ar fin troi ar ei ben i waered.

Eisteddodd yn fud am beth amser yn ceisio cael trefn ar ei meddyliau. Ond oedd y peth mor syfrdanol ac annisgwyl â hynny mewn gwirionedd, holodd ei hun. Wedi'r cwbl roedd hi'n hen gyfarwydd â'r teimlad hwnnw wrth iddi dyfu i fyny ei bod yn wahanol ac nad oedd yn perthyn i'w theulu; teimlad a gâi ei amlygu drwy'r ffafriaeth amlwg a dderbyniai'r efeilliaid gan eu nain a thaid a'r diffyg perthynas oedd rhyngddi hi a Huw, ei thad nad oedd, o bosib, yn dad iddi wedi'r cwbl.

Yna, cofiodd am anniddigrwydd Nia yn ystod ei dyddiau olaf cyn iddi farw a sut y daeth tawelwch meddwl ar ôl ymweliad olaf Bethan. Roedd hi wedi bod mor annheg yn beio Bethan druan am geisio torri'r newydd y methodd Nia wneud drosti ei hun. Dylai ddychwelyd ati ar ei hunion i ymddiheuro ac i gael atebion i'r myrdd o gwestiynau oedd dal heb eu hateb.

Wedi i Perl ymddiheuro am ei hymddygiad blaenorol, cafodd sicrhad gan Bethan ei bod yn deall yn iawn fod y newyddion annisgwyl yn siŵr o fod wedi peri sioc a gofid ofnadwy iddi. Yna, gydag anogaeth Perl parhaodd â hanes y gwyliau a beth a ddigwyddodd ar ôl i Nia a hithau ddychwelyd adref o Iwgoslafia.

"Rhaid i mi gyfadda' fod llawar iawn o'r bai arna'i am ei chynghori i briodi Huw pan ddaeth hwnnw adra o New Zealand. Ti'n gweld do'n i'm yn meddwl fod 'na unrhyw bwrpas iddi aros am Marko, gan nad oedd hi 'di derbyn gair ganddo fo ers iddi ddŵad adra. Ro'n i'n tybio mai ryw *fling* gwylia dros dro'n unig oedd eu perthynas nhw. Tasa Nia druan heb wrando arna i, mi fysa petha 'di bod yn dra gwahanol... 'Chydig wsnosa ar ôl iddi briodi, mi dderbyniodd hi'r llythyr 'ma," meddai gan estyn amlen dreuliedig a'i rhoi yn llaw Perl.

Syllodd Perl yn hir ar yr amlen cyn ei hagor. Yna, gyda dwylo crynedig, tynnodd y llythyr allan gan sylwi ar y llawysgrifen italig gadarn. Darllenodd y llythyr a ysgrifennwyd mewn Saesneg graenus, lle'r oedd Marko yn datgan ei gariad tuag at Nia ac yn sôn am ei fwriad i ddod drosodd i Gymru i fod yn gefn iddi hi a'u plentyn. Ar ôl ei ddarllen am yr eildro, llyncodd Perl ei phoer i geisio cael gwared â'r lwmp caled oedd yn llechu yn ei gwddw gan fygwth ei thagu. Y dyn dieithr hwn a ysgrifennodd mor annwyl at ei mam oedd ei thad biolegol!

"Roedd 'na ryw helyntion ofnadwy yn Iwgoslafia ar y pryd a dyna pam nad oedd 'i lythyra fo 'di cyrraedd ynghynt," eglurodd Bethan cyn ailgydio yn yr hanes.

Pan anwyd Perl ym Mai'r flwyddyn ganlynol, yn fabi llawn amser, doedd dim rhaid bod yn fathemategydd i sylwi fod Huw yr ochr arall i'r byd yn Seland Newydd naw mis cyn hynny.

"Pam na ddudodd o ddim byd ar y pryd?"

"Ei falchder nath ei atal o am wn i. Hynny a'r ffaith ei fod yn caru dy fam drwy'r cwbl."

"Roedd ganddo fo ffordd ryfadd iawn o ddangos hynny! 'Chydig iawn o gariad ddangosodd o tuag at Mam a fi dros y blynyddoedd."

"Paid â bod yn rhy galad arno fo. Doedd hi ddim yn hawdd iddo fo fagu plentyn rhywun arall, cofia. Mae dy bryd a gwedd di yn ogystal â'r enw fynnodd dy fam roi arnat ti yn ei atgoffa o'n feunyddiol o'i thwyll."

"Be sgen fy enw i i neud â'r peth?"

"Mi gest di dy enwi ar ôl dinas Dubrovnik yn Iwgoslafia sy'n cael ei hadnabod fel *Perl yr Adriatig.*"

"Ydi'r Marko 'ma yn gwbod amdana i?"

"Yndi. Ar gais dy fam, mi nes i anfon llythyr a llun ohonat ti ato fo yn fuan ar ôl i ti gael dy eni hefo rhybudd iddo fo gadw draw a pheidio cysylltu gan fod Nia wedi priodi. Chlywsom ni'r un gair ganddo fo byth ers hynny."

Ar ôl eistedd yn fud am rai munudau yn treulio'r holl wybodaeth syfrdanol yr oedd newydd ei dderbyn, daeth Perl i benderfyniad annisgwyl. Roedd colli ei mam wedi gadael gofod mawr gwag yn ei bywyd ac roedd hi angen rhywbeth neu rywun i'w lenwi.

"Dwi am fynd i chwilio amdano fo!"

"Ti'n meddwl fod hynny'n beth doeth? Y peth tebyga ydi 'i fod o 'di priodi ers blynyddoedd ac hefo teulu ei hun," ceisiodd Bethan ei darbwyllo. "Mae llawar o betha 'di newid ers dechra'r nawdega, cofia. Does 'na ddim y fath le ag Iwgoslafia hyd yn oed erbyn hyn; ma' nhw'n deud wrtha'i mai Croatia ydi'r enw ar y wlad rŵan."

Ond roedd Perl yn benderfynol. Pwy a ŵyr, efallai y câi groeso gan Marko, y dieithryn a oedd yn dad biolegol iddi. Mae'n amlwg fod ei mam yn credu hynny, neu pam fuasai hi wedi bod mor awyddus i Bethan ddatgelu popeth wrthi.

Cyn iddi adael, rhoddodd Bethan rywbeth arall yn ei llaw. "Dwi'n meddwl y dylat ti gael hwn hefyd – llun nes i dynnu o Marko a Nia yn ystod y gwylia. Mi fuo dy fam yn ei gadw yn y drôr wrth ochr ei gwely ar hyd y blynyddoedd nes iddi ofyn i mi gymryd gofal ohono fo y tro dwytha es i i'w gweld."

Syllodd Perl yn hir ar y llun o'r ddau a edrychai mor hapus yng nghwmni ei gilydd. Ei mam yn ifanc a thlws heb gysgod o boen ar ei hwyneb, a Marko a edrychai yn hynod o gyfarwydd am ryw reswm. Yna, gyda braw, sylweddolodd ei fod gyda'i lygaid tywyll, croen euraidd a gwallt brown cyrliog yn rhyfeddol o debyg iddi hi. Roedd yn rhaid iddi geisio dod o hyd iddo, doed a ddelo.

Wrth i'r awyren ei chludo yn nes at ben ei thaith, tynnodd ei ffôn o'i phoced a syllu ar y llun yr oedd bellach wedi'i osod fel llun clawr arno. Tybed sut un oedd Marko erbyn hyn? Oedd o'n cofio ei mam? Beth os mai dim ond un ymhlith llawer o gariadon dros dro oedd hi wedi bod iddo fo wedi'r cwbl? Beth os byddai'n gwadu popeth?

Ochneidiodd yn drwm gan geisio rhoi taw ar y cwestiynau

oedd yn corddi yn ei phen. Doedd dim diben mynd o flaen gofid.

Ychydig llai na thair awr i mewn i'r daith, dechreuodd ei chlustiau glecian. Edrychodd drwy'r ffenest gan sylwi eu bod bellach allan o'r cymylau. Islaw, gorweddai Môr yr Adriatig yn wyrddlas llachar a'i donnau yn torri'n wyn ar greigiau'r arfordir; arfordir a oedd mor wahanol i 'run a welsai erioed o'r blaen. Doedd dim traethau tywodlyd fel y Costas fan hyn, ond yn hytrach creigiau danheddog fel petasai rhyw gawr wedi eu chwalu gyda'i ordd, gan wasgaru cannoedd o dameidiau ar ffurf ynysoedd o bob maint yn friwsion ar hyd y glannau. Doedd ambell ynys yn fawr mwy na chraig unig yn y dŵr, tra roedd eraill yn ddigon o faint i gynnal treflannau bychain. Codai cadwyn o fynyddoedd llwydion serth yn union o'r arfordir, fel asgwrn cefn soled i'r wlad, a thu ôl iddynt, rhagor o fynyddoedd garw cyn belled ag y gallai weld.

"Hen Wlad fy Nhadau!" ebychodd dan ei gwynt gan gofio'r amseroedd y bu'n canu'r anthem gydag arddeliad fel pob Cymraes gwerth ei halen. Erbyn hyn, fodd bynnag, gwyddai nad gwaed coch Cymreig yn unig a lifai drwy ei gwythiennau ac mai'r wlad ddieithr islaw oedd gwir wlad ei thadau.

Ers iddi dderbyn y newyddion gan Bethan, bu'n pori ar y we, gan ymchwilio i bopeth a allai am hanes diweddar Croatia a'i datblygiad o fod yn rhan o Weriniaeth Iwgoslafia i'w statws presennol fel gwladwriaeth sofran annibynnol ac aelod o'r Undeb Ewropeaidd. Cyn hynny, yr unig beth a wyddai hi am y wlad oedd fod ganddynt dîm pêl droed llwyddiannus iawn a lwyddodd i drechu Lloegr yn rownd gyn-derfynol Cwpan y Byd y flwyddyn flaenorol.

Ychydig funudau'n ddiweddarach, daeth llais dros yr uchelseinydd yn gorchymyn i'r teithwyr oedd ar eu traed i ddychwelyd i'w seddi ac i bawb glymu eu gwregysau yn barod ar gyfer glanio.

Ar hynny, gogwyddodd yr awyren i'r chwith nes peri i'r tir edrych fel petai'n codi i'w cyfarch. Diolchodd Perl ei bod wedi dewis y sedd wrth ochr y ffenest wrth iddi syllu mewn rhyfeddod ar y ddinas hudolus a ymdebygai i goron arian, gyda'i chylch o furiau gwynion a amgylchynai ei chlytwaith o dyrau ifori a thoeau melyngoch a ddisgleiriai fel gemau gwerthfawr yng ngolau'r haul. Doedd hi erioed wedi gweld unrhyw le tebyg o'r blaen. Dubrovnik – Perl yr Adriatig, y ddinas a roddodd ei henw iddi hithau.

Pennod 35

Cavtat – Awst 2019

TEIMLAI PERL RYWFAINT yn siomedig wrth deithio heibio i lwyfandir digon llwm a llychlyd yr olwg, gyda dim ond ambell goeden gypres bigfain i dorri ar undonedd yr olygfa ar y daith fws fer o faes awyr Čilipi tuag at dref Cavtat. Roedd yn anodd cymhathu'r tirwedd anghroesawgar ac anial hwn gyda disgrifiadau Bethan, oedd wedi canmol harddwch y wlad i'r entrychion.

Teimlodd ragor o siom wrth gyrraedd cyrion Cavtat hefyd, wrth sylwi ar y blociau o adeiladau concrit unffurf a digymeriad a frithai'r lle; rhai ar ganol eu hadeiladu gyda rodiau o ddur yn gwthio i fyny drwy eu lloriau uchaf yn barod i dderbyn lloriau ychwanegol; eraill â'u placardau lliwgar yn hysbysebu eu bod ar werth neu i'w gosod fel fflatiau gwyliau. A dweud y gwir, roedd y lle yn atgoffa Perl o sut yr arferai Bangor edrych ar gychwyn tymor academaidd, gyda'i myrdd o arwyddion *To Let* yn britho pob twll a chornel. Tybed oedd y dref fechan hardd y canodd Bethan ei chlodydd, wedi ei dinistrio'n llwyr yn ystod y rhyfel cartref ar ddechrau'r nawdegau, ac erbyn hyn yn cael ei hailadeiladu fel pentref gwyliau digymeriad? Os felly, oedd Marko neu unrhyw un o'i deulu yn parhau i fyw yno?

Trodd y bws gornel dynn yn y ffordd cyn ymlwybro yn araf i lawr allt serth. Dyna pryd daeth golygfa a oedd yn wledd i'w llygaid i'r golwg gan adfywio'i hysbryd.

Ymhell islaw, safai'r hen dref gyda'i hadeiladau hynafol yn glwstwr twt ger harbwr bychan cysgodol, gyda'u muriau o feini gwynion a'u toeau melyngoch yn tywynnu yng ngolau haul crasboeth y prynhawn. Naill ochr i'r adeiladau ymestynnai dau benrhyn coediog eu crafangau i'r môr fel cimwch anferth a geisiai gipio un o'r ynysoedd bychan a warchodai'r mynediad i'r bae. Roedd Bethan yn iawn wedi'r cwbl, roedd hen dref Cavtat yn rhyfeddol o dlws.

★★★

Deffrodd yn gynnar cyn iddi wawrio'r bore trannoeth, a chan nad oedd awydd rhagor o gwsg arni, aeth allan ar falconi ei hystafell yn y gwesty a safai yn union wrth lan yr harbwr. Roedd hi'n noson gynnes a chlir a gallai weld adlewyrchiad y lleuad llawn yn nofio ar wyneb y dŵr, rhwng silwetau tywyll y cychod a siglai'n ddiog wrth eu hangorau. Roedd pobman mor dawel, heb ddim i darfu ar y llonyddwch heblaw am sŵn lapian ysgafn y tonnau'n taro yn erbyn waliau'r harbwr islaw. Doedd dim clybiau nos swnllyd na chriwiau anystywallt o amgylch y lle fel ag a geir mewn llawer o gyrchfannau gwyliau poblogaidd, ac roedd Perl yn ddiolchgar am hynny.

Cyn hir sylwodd fod cymylau pinc yn dechrau ymgasglu uwch y mynyddoedd i'r dwyrain, arwydd clir fod y wawr ar fin torri. Yn araf, dechreuodd tref Cavtat ddeffro o'i thrwmgwsg wrth i gychod pysgota a fu allan drwy'r nos ddychwelyd i'r lan gyda'u helfa yn barod i'w gwerthu i'r bwytai lleol.

Roedd ganddi ddiwrnod mawr o'i blaen, a gwell oedd iddi ddechrau cael trefn arni ei hun meddyliodd wrth ddychwelyd i mewn i'w hystafell.

Ar ôl bwyta brecwast yn y gwesty, penderfynodd fynd am dro o amgylch y dref er mwyn cael ymdeimlad o'r lle cyn dechrau ar y gorchwyl. Er ei bod yn parhau i fod yn gynnar, roedd y dref fechan yn dechrau prysuro wrth i weinyddwyr y tai bwyta a'r bariau osod eu byrddau o dan eu hadlenni lliwgar ar gyfer diwrnod arall o borthi'r ymwelwyr sychedig a llwglyd.

Cerddodd yn ei blaen at ardal y promenâd bychan lle roedd cychod hwylio drudfawr wedi angori; pob un ohonynt fel eu bod yn cystadlu â'i gilydd o ran maint a moethusrwydd. Ymdebygai rhai i gacennau priodas anferth gyda'u haenau o ddeciau claerwyn yn sgleinio fel eising yng ngolau haul y bore. Rhai eraill â'u mastiau tal yn ymestyn i'r awyr gan beri i'r coed palmwydd a warchodai'r promenâd edrych fel llwyni bychain mewn cymhariaeth. Ysgydwodd Perl ei phen mewn anghrediniaeth wrth geisio dirnad y fath olud oedd ar sioe; mor anghymharol â'r cychod pysgota syml a'r tacsis dŵr a rannai'r harbwr gyda hwy! Rhaid eu bod yn talu crocbris am gael angori yno, tybiodd, wrth ystyried mai diwedd y gân oedd y geiniog hyd yn oed yn y lle bach hyfryd hwn.

Tu cefn i'r promenâd roedd stribed o dai bwyta, bariau a siopau bychain wedi eu gwasgu rhwng dwy eglwys hynafol a safai fel bwtresi llyfrau soled y naill ben iddynt. Erbyn hynny roedd yr ardal yn dechrau llenwi, gyda'r gwerthwyr tocynnau'n sefyll yn rhes wrth eu stondinau gan geisio denu'r ymwelwyr oedd yn troedio'r promenâd i logi eu cychod i fynd ar fordeithiau i Dubrovnik neu o amgylch rhai o'r ynysoedd cyfagos. Treiddiai arogleuon hudolus coffi a *croissant* ffresh o'r tai bwyta a bu ond y dim i Perl ystyried archebu ail frecwast iddi ei hun. Gan fod eu byrddau yn prysur lenwi fodd bynnag, penderfynodd dreulio amser ar ei phen ei hun i lunio cynllun pendant. Felly, gan adael y prysurdeb ar ei hôl, dilynodd y ffordd gul a arweiniai o ben pellaf yr harbwr ac ymlaen o amgylch un o'r ddau benrhyn coediog a wthiai eu breichiau allan i'r môr.

Ar ôl cerdded am ryw ddau ganllath ar hyd y llwybr, eisteddodd ar fainc yng nghysgod y coed pîn trwchus oedd â'u canghennau'n gwegian dan bwysau'r moch coed a dyfai'n doreth arnynt. Doedd dim i amharu ar y tawelwch, ar wahân i gôd Morse diddiwedd y sicadau a gleciai eu negeseuon serch o'r naill goeden i'r llall. Cofiodd Perl iddi ddarllen yn rhywle fod y trychfilod bychain swnllyd yn treulio dwy flynedd ar bymtheg gyntaf eu hoes dan y ddaear cyn dod allan i olau'r dydd i chwilio am gymar, dodwy eu wyau ac yna, marw. Wel, os oedd hynny'n wir, pwy oedd hi i warafun eu sŵn iddynt ystyriodd wrth geisio'n ofer gael cip arnynt ymysg y brigau uwch ei phen.

Gostyngodd ei golygon gan edrych allan rhwng canghennau'r coed ar y môr gwyrddlas a orweddai'n llonydd fel llyn y bore hwnnw, a'r arfordir caregog gyda'i gefnlen o fynyddoedd uchel llwyd. Drwy'r tawch boreol, credai y gallai weld waliau gwynion Dubrovnik yn y pellter, ac addawodd iddi ei hun y byddai'n rhaid iddi ymweld â'r ddinas honno yn ystod ei hymweliad.

Cerddodd ymlaen gan sylwi ar y cilfachau bychain lle roedd gwelyau haul wedi eu gosod ar y creigiau llyfnion wrth lan y dŵr. Doedd dim traethau o dywod euraidd yn agos i'r lle, ond wnâi hynny ddim atal pobl rhag dringo dros y cerrig gwynion ac ymdrochi yn y môr. Er ei bod yn parhau i fod yn gynnar, roedd Perl yn dechrau teimlo effaith gwres yr haul ac roedd pob gewyn o'i chorff yn dyheu am gael plymio i'r dŵr. Ni allai ganiatáu iddi ei hun wneud hynny fodd bynnag; roedd hi wedi dod i Groatia am reswm ac roedd yn rhaid iddi ddechrau cael trefn arni ei hun.

Yn ôl yn ei hystafell, estynnodd yr amlen gyda'r llythyr a ysgrifennodd Marko at ei mam, ac ar ôl darllen y geiriau cariadus ar y papur brau a oedd bellach mor gyfarwydd iddi, tynnodd lun gyda'i ffôn o'r cyfeiriad. Ar ei ffordd at yr harbwr ynghynt y bore hwnnw, cofiai iddi fynd heibio i swyddfa bost y dref, a phenderfynodd mai yno oedd y lle y dylai fynd i wneud ymholiadau.

Gollyngodd ebychiad o ryddhad wrth ddarganfod fod y swyddfa'n agored ar fore Sadwrn. Camodd i mewn i'r adeilad a cherddodd at y cownter lle roedd gŵr canol oed, digon rhadlon yr olwg wrthi'n stampio llythyrau'n egnïol.

"Molim, vas možete li mi pomoći?" gofynnodd gan obeithio fod ei hynganiad yn gywir a bod Google wedi gwneud gwell gwaith o gyfieithu i iaith Croatia nag a wnâi'n aml i'r Gymraeg. Cododd y gŵr ei ben gan edrych arni dros ei sbectol hanner lleuad, cyn ateb mewn Saesneg rhugl y buasai'n falch o'i helpu os y gallai. Gwenodd hithau arno, gan fod yn ddiolchgar am boblogrwydd yr iaith fain am unwaith yn ei bywyd. Yna, estynnodd ei ffôn a dangos y cyfeiriad iddo.

"Dwi'n gwybod yn iawn ble mae'r tŷ yna," meddai yntau, gan ddod ymlaen o gefn y cownter. "Dewch, mi ddangosa' i chi," ychwanegodd gan afael yn ei braich a'i thywys at ddrws y swyddfa. "Welwch chi'r stepiau 'na?" meddai wrth bwyntio tuag at risiau cul a gychwynnai rhwng talcen dau adeilad a safai'n union dros ffordd i'r swyddfa bost. "Dringwch i fyny'r ffordd yna, ac fe ddewch o hyd i dŷ Gospođa Babić gyda'i dri teras hyfryd reit ar y top."

Diolchodd Perl i'r postfeistr clên cyn croesi'r ffordd a dechrau dringo'r grisiau serth. Roedd y rhan gyntaf o'i gorchwyl wedi bod yn llawer haws nag a dybiodd. Yna, arhosodd ar ganol cam – roedd y dyn wedi crybwyll yr enw

Gospođa Babić! Babić oedd cyfenw Marko! Oedd hyn yn golygu fod y teulu yn parhau i fyw yno? Ond pwy oedd Gospođa? Oedd o'n enw dyn yntau menyw? Llwythodd lythrennau'r enw anghyfarwydd i'w ffôn i weld os y gallai Google ei goleuo a phlymiodd ei chalon wrth iddi ddarllen mai'r teitl Croatiaidd am wraig briod oedd Gospođa neu Gđa.

Beth os mai gwraig Marko oedd y ddynes hon? Sut oedd hi am egluro pam ei bod wedi dod i chwilio amdano? Eisteddodd ar un o'r grisiau i feddwl. Roedd hi wedi ystyried y posibilrwydd ei fod wedi priodi a bod ganddo deulu arall cyn hynny, ond roedd geiriau'r postfeistr wedi gwneud y peth yn llawer mwy real rywsut.

Pan roedd hi ar fin cael traed oer a'i heglu hi'n ôl am y gwesty, ailystyriodd; roedd hi wedi dod mor agos, ni allai roi popeth i fyny ar y funud olaf. Os byddai Gđa Babić yn ateb y drws, gallai gymryd arni ei bod wedi dod i weld Marko ar ran rhyw hen ffrind – byddai'r geiriau yn siŵr o ddod iddi o rywle.

Cododd yn ôl ar ei thraed ac ailgychwyn dringo heibio i dai sylweddol oedd bron i gyd wedi eu haddasu i fod yn fflatiau gwyliau. Wedi iddi gyrraedd y top, arhosodd i gael ei gwynt ati ac i edrych ar y tŷ gyda'i derasau'n cynnig golygfa ardderchog o'r bae islaw.

Gwasgodd y gloch yn llawn anesmwythyd a gallai deimlo ei chalon yn curo fel gordd yn erbyn ei hasennau wrth i sŵn traed nesáu ac i'r drws gael ei agor gan wraig fer, gymharol oedrannus a safai yno'n sychu ôl blawd oddi ar ei dwylo yng ngodrau ei ffedog, cyn tynnu ei bysedd drwy ei gwallt claerwyn. O leiaf, roedd hon yn llawer rhy hen i fod yn wraig i Marko, rhesymodd Perl wrth gribinio drwy'i chof am y cyfarchiad Croatiaidd roedd hi wedi bod yn ei ymarfer.

Gwenodd y wraig yn ddisgwylgar arni, gan beri i'w llygaid tywyll befrio'n glên yn ei hwyneb crwn, cyn ei chyfarch gyda bore da.

"*Dobro jutro*," atebodd Perl pan ddaeth o hyd i'w thafod. "Gđa Babić?"

"*Da*," atebodd y wraig yn gadarnhaol.

"Perl – Perl Pritchard," cyflwynodd Perl ei hun.

Ar hynny, gwelwodd wyneb y wraig ac agorodd ei cheg mewn braw cyn gafael yn ffrâm y drws i sadio'i hun.

"Perl?" holodd yn anghrediniol, ar ôl dod o hyd i'w llais.

"Ia," atebodd Perl gan nodio'i phen.

"Perl!" meddai'r hen wraig unwaith eto wrth i gysgod o wên ansicr ddechrau ymddangos ar ei hwyneb wrth iddi sylwi ar wallt cyrliog tywyll a llygaid mawr brown yr eneth – mor debyg i rai ei mab. Gyda dwylo crynedig, estynnodd am fraich Perl a'i harwain dros drothwy'r drws ac i mewn i gegin gartrefol, llawn arogleuon pobi hyfryd.

Ar ôl cynnig iddi eistedd wrth y bwrdd mawr pren ynghanol yr ystafell, eisteddodd hithau gyferbyn gan syllu'n hir ar ei hymwelydd cyn i'r llifddorau agor ac iddi ddechrau parablu pymtheg y dwsin yn ei hiaith ei hun. Ymhen sbel, arhosodd ar ganol brawddeg wrth sylweddoli nad oedd Perl yn deall yr un gair. Roedd ganddi gymaint roedd hi eisiau ei ddweud wrth y ferch hon yr oedd hi wedi aros am bron i ddeg mlynedd ar hugain i'w chyfarfod.

Wrth weld ei llesteiriant, estynnodd Perl ei ffôn o'i phoced i ddangos y llun o Marko a'i mam oedd ar y sgrin. Estynnodd Katia am ei sbectol oddi ar y dreser gerllaw ac astudiodd y llun yn ofalus.

"Marko!" meddai toc gan dynnu ei sbectol i sychu deigryn o gornel ei llygaid. Yna, er mawr syndod i Perl, "Nia," ychwanegodd gan bwyntio at lun ei mam.

"Ja sam Markova mama," ceisiodd Katia egluro gan bwyntio ati ei hun i geisio esbonio mai hi oedd mam Marko. Roedd hyn mor anodd heb iaith yn gyffredin; petasai Josip druan yn fyw, buasai o wedi gallu sgwrsio'n ddi-lol yn Saesneg gyda'r ferch. Beth oedd y peth gorau iddi wneud, tybed? Gwaetha'r modd, gwyddai y byddai Ana, ei merch a oedd bellach yn uwch-swyddog nyrsio, yn brysur wrth ei gwaith yn yr ysbyty yn Dubrovnik yr adeg hynny o'r dydd. Petasai hi'n gallu dod draw mi fuasai hi'n gallu cyfathrebu'n rhwydd gyda'r ferch hefyd gan ei bod yn siarad Saesneg rhugl wedi iddi dreulio cyfnod o dair blynedd yn America ar ôl y rhyfel.

Yna, cafodd syniad. Heb oedi rhagor cododd ar ei thraed gan ystumio gyda'i dwylo i'r ferch aros ble roedd hi tra byddai hi yn gwneud galwad ffôn. Gwrandawodd Perl ar Katia'n traethu'n gynhyrfus gyda rhywun ar ben arall y lein; a diolchodd i'r drefn bod yr hen wraig wedi deall o'r diwedd ei bod angen cysylltu â Marko. Unwaith y byddai hi'n cael cysylltiad uniongyrchol gydag o ei hun, byddai pethau'n siŵr o fod yn haws, meddyliodd wrth ddisgwyl i Katia drosglwyddo'r derbynnydd iddi hi.

Yn ddiarwybod i Perl fodd bynnag, roedd Katia wedi cysylltu gyda'i ffrind, Elena Marić a oedd yn byw rhyw wyth cilometr i'r de o Cavtat, ym mhentref Člipi. Ers y cyfnod y bu Elena a'i phlant yn ymgartrefu gyda Josip a hithau yn ystod y rhyfel, roedd hi wedi bod fel ail ferch iddynt, ac roedd hi a Pavao ei gŵr, wedi cadw mewn cysylltiad cyson ar hyd y blynyddoedd. Roedd Luka eu mab a oedd yn fabi bychan adeg y rhyfel, wedi dilyn ei dad i faes meddygaeth, ac roedd o bellach yn feddyg yn yr un ysbyty ag Ana. Gwyddai Katia ei fod yn treulio ychydig o ddyddiau i ffwrdd o'i waith, gartref gyda'i rieni, ar y pryd. Gwyddai hefyd fod ganddo Saesneg rhugl ar ôl treulio blynyddoedd yn astudio ym Mhrydain.

Pan gafodd Elena air i mewn, darbwyllodd ei ffrind i beidio â chynhyrfu gan gadarnhau y byddai Luka yn siŵr o ddod drosodd ar ei union i helpu i gyfieithu ac egluro popeth oedd angen ei ddweud rhwng y ddwy. Gyda rhyddhad, gosododd Katia'r derbynnydd yn ôl yn ei grud; er mawr siom i Perl a oedd erbyn hynny wedi paratoi ei hun i sgwrsio gyda Marko dros y ffôn.

Wrth weld y siom ar wyneb ei wyres, aeth yr hen wraig ar ei hunion i weini paned o goffi iddi a thamaid o *Bajadera torte* yr oedd newydd orffen ei phobi'r bore hwnnw. Doedd dim yn ei thyb hi a allai godi calon fel tamaid o rywbeth da i'w fwyta, a gwenodd wrth edrych ar Perl yn brathu'n eiddgar i mewn i'r gacen felys, lawn menyn a chnau Ffrengig; a chofiodd fel roedd bwyd wedi bod yn gyfrwng cyfathrebu rhwng Nia a hithau pan ddaeth Marko â hi draw i'r tŷ i'w cyfarfod y tro hwnnw flynyddoedd lawer ynghynt.

Pennod 36

"**D**WI'N GWELD DY fod yn cael dy fwydo'n barod!" oedd sylw cyfeillgar Luka Marić wrth iddo gamu i mewn i'r gegin rhyw hanner awr yn ddiweddarach. "Does neb yn cael gadael cartref Katia heb dderbyn llond bol o fwyd gorau Cavtat!" ychwanegodd wrth daflu winc gyfeillgar i gyfeiriad yr hen wraig a oedd yn amlwg yn falch iawn o'i groesawu i'w thŷ.

Teimlodd Perl ei chalon yn suddo i'w sodlau. Roedd hi wedi gobeithio mai Marko fyddai wedi cyrraedd pan glywodd gloch y drws yn canu, ac nid yr ymwelydd hyderus hwn a oedd, o beth a dybiai, oddeutu'r un oed â hithau. Syllodd arno'n gegagored am sbel gan sylwi ar ei bryd golau, ei wallt llwydfelyn a'i lygaid gwyrddion; mor wahanol ag y gallai dyn fod i'w syniad hi o Groat.

"Luka Marić ydw i, gyda llaw," meddai gan estyn ei law iddi. "Dwi wedi dod draw i dy helpu di a Katia i ddeall eich gilydd ac i geisio egluro pethau i ti."

Gwridodd Perl wrth sylwi pa mor anghwrtais roedd hi'n ymddwyn a cheisiodd wneud sioe o sychu'r ôl siocled a'r briwsion oedd wedi glynu i'w dwylo cyn codi oddi wrth y bwrdd a derbyn ei law estynedig. Roedd y llygaid gwyrddion cyfeillgar wedi dechrau gwneud iddi deimlo yn hunanymwybodol.

"Ydw i'n gallu dirnad acen Albanaidd?" holodd mewn ymgais i guddio'i swildod.

"Siŵr o fod, gan i mi dreulio blynyddoedd yn cymhwyso i fod yn feddyg yng Nghaeredin," chwarddodd. "Mae llawer yn dweud fy mod yn swnio fel Jock pan dwi'n siarad Saesneg, ond medraf dy sicrhau di mai Croat ydw i!"

Wedi i'r cyfarchion fod drosodd, eisteddodd Luka gyferbyn â hi ochr arall i'r bwrdd. Yna, ar ôl iddo brofi tamaid o'r *torte* a sodrodd Katia o'i flaen, aeth ati i egluro pwy ydoedd a beth oedd ei berthynas â'r teulu.

"Felly roeddet ti'n byw yma gyda dy fam a dy chwaer yn ystod cyfnod y rhyfel?" holodd Perl ar ôl clywed ei eglurhad.

"Oeddwn, er dwi'n cofio dim, gan fy mod mor ifanc ar y pryd. Ond mae fy rhieni a Freja fy chwaer yn sôn yn aml am pa mor garedig fu Katia a Josip ei gŵr hefo ni'n ystod yr amser anodd hwnnw."

"Wyt ti'n gwybod unrhyw beth am Marko? Dwi'n iawn i feddwl mai Katia ydi ei fam o?"

Diflannodd y wên oddi ar wyneb Luka a throdd at Katia a roddodd ganiatâd iddo egluro popeth yn y ffordd orau y gallai. Felly, gan godi ar ei draed, gofynnodd i Perl ei ddilyn i ran arall o'r tŷ, gan ei fod angen dangos rhywbeth iddi.

Trawyd Perl gan aroglau polish cryf wrth iddi gamu i mewn i'r parlwr gorau. Gan fod y llenni melfed trwchus wedi eu taenu yn dynn dros y ffenestr i gadw golau'r haul allan, cymrodd amser i'w llygaid ymgyfarwyddo a sylwi ar y dodrefn mahogani trwm a lenwai bron pob twll a chornel o'r ystafell dywyll. Ar gwpwrdd tal a chul wrth y wal gyferbyn â'r ffenest, roedd cannwyll wedi ei goleuo mewn canhwyllbren arian gyda dau lun wedi eu fframio yn sefyll y naill ochr iddi.

Credai Perl ei bod yn edrych ar ryw fath o allor a thybiodd bod hyn yn arferol mewn cartrefi Catholigion yng Nghroatia. Pan agorodd Luka'r llenni fodd bynnag, a gadael i olau llachar yr haul ffrydio i mewn i'r ystafell, sylweddolodd nad llun crefyddol oedd yn un o'r fframiau, ond yn hytrach llun o

Marko wedi ei wisgo mewn lifrai milwrol, yn sefyll yn falch ac yn gefnsyth gan chwifio baner Croatia yn hyderus o'i flaen.

"Hwn oedd y llun olaf a dynnwyd o Marko," eglurodd Luka'n bwyllog. "Roedd o'n gwasanaethu fel *barjaktar* ym mhriodas Stefan ei gefnder y diwrn..."

"Y llun olaf? Ydi hynny'n golygu ei fod o wedi...?" Ni allai orffen ei chwestiwn wrth i fraw fel ias oer grafangu i lawr ei chefn gan fygwth ei llethu'n llwyr. Marko yn farw! Doedd hi ddim wedi dychmygu'r posibilrwydd o hynny am funud a doedd dim wedi ei pharatoi ar gyfer y fath ergyd annisgwyl. Ychydig fisoedd ynghynt roedd hi wedi profi colled pan fu farw ei mam; colled a hiraeth oedd yn dal i frifo i'r byw ac a adawodd fwlch mawr gwag yn ei bywyd. Bwlch yr oedd hi wedi ceisio ei lenwi gyda'r gobaith o gyfarfod a chael ei derbyn gan Marko. Ond nawr, roedd y freuddwyd honno ar ben a'i holl obeithion wedi eu chwalu'n deilchion gan adael dim ond gwacter ofnadwy ar ôl.

"Mae'n ddrwg gen i orfod torri'r newydd i ti fel hyn," torrodd llais Luka ar draws ei myfyrdod gan ei harwain i eistedd ar gadair gerllaw. "Lladdwyd Marko yn ystod y gwarchae ar Dubrovnik ar y chweched o Ragfyr 1991. Roedd o'n un o'r Gwarchodwyr dewr oedd yn ceisio amddiffyn y ddinas."

Roedd yr ias oer yn parhau i gydio fel gefail yn Perl ac yn gwneud hi'n amhosib iddi ymateb i'w eiriau. Roedd hi fel petai wedi ei pharlysu gyda theimlad o siom; siom na fuasai ei breuddwydion a'i disgwyliadau byth yn cael eu gwireddu bellach. Sut oedd bosib teimlo'r fath golled am berson na wnaeth hi erioed ei gyfarfod ac yn wir, nad oedd wedi bod yn ymwybodol o'i fodolaeth tan ychydig fisoedd ynghynt? Person na fu'n ddim mwy na rhith yn ei dychymyg.

Erbyn hynny, roedd Katia wedi closio tuag ati a phan welodd

y poen yn ei llygaid, dechreuodd Perl deimlo euogrwydd ei bod wedi bod yn gyfrifol am agor hen friwiau wrth darfu ar ei bywyd mor ddirybudd. Nid rhith oedd Marko i Katia, ond mab annwyl yr oedd hi'n amlwg yn dal i alaru amdano bron i ddeng mlynedd ar ugain ar ôl iddi ei golli. Wrth sylweddoli hyn, gwnaeth Perl ymdrech i dynnu ei hun at ei gilydd a pheidio ymdrabaeddu ymhellach mewn hunandosturi. Ei lle hi oedd bod yn gryf a chynnig cysur cysidrodd wrth wasgu braich yr hen wraig yn dyner.

Wedi iddi gael cyfle i ddod ati ei hun, estynnodd Katia lun bychan ag ôl traul arno a oedd wedi ei osod yng nghornel y ffrâm lle roedd llun Marko a'i ddangos i Perl. Syllodd hithau'n anghrediniol ar y llun ac wrth ei droi, gwelodd ei henw ei hun a'i dyddiad geni wedi eu hysgrifennu ar ei gefn.

"Roedd y llun yma yn waled Marko," eglurodd Luka. "Yn ôl pob sôn, roedd o wedi ei gludo gydag o i bob brwydr; ac fe ddaeth Katia a Josip o hyd iddo ymysg ei eiddo pan ddychwelwyd hwy iddynt ar ddiwedd y gwarchae."

Trodd Katia at Luka a gofyn iddo egluro i Perl ei bod hi a Josip wedi bod yn aros yn hir i Perl gyrraedd. Yna, gafaelodd yn yr ail ffrâm oddi ar y cwpwrdd. "Dyma Josip, dy daid a fyddai wedi bod mor hapus i dy gyfarfod. Ond yn anffodus fe fuo farw'r llynedd. Mae'n biti garw na fuaset ti wedi dod draw cyn hyn."

Wedi iddi ddeall geiriau Katia a'r siom roedd hi wedi ei achosi wrth gadw draw, eglurodd Perl sut yr oedd ond newydd ddod i wybod am fodolaeth Marko ar ôl marwolaeth ddiweddar ei mam.

"O *moja ljubav* – fy nghariad i! Mae'n ddrwg gen i glywed am farwolaeth Nia. Dwi'm yn deall pam nath hi ddim dweud wrthyt am Marko druan oedd â chymaint o feddwl ohoni hi a thithau. Ond mae'n rhaid bod ganddi ei rhesymau," meddai gydag ochenaid, cyn troi at y cwpwrdd drachefn ac estyn blwch bychan o'r drôr tra roedd Luka'n cyfieithu ei geiriau.

"Marko oedd am i ti gael hon," eglurodd yntau wrth i Katia agor y blwch. "Roedd o wedi ei gadael gydag Ana ei chwaer pan alwodd i'w gweld ychydig oriau cyn iddo gael ei ladd."

Gyda dwylo crynedig, estynnodd Katia'r gadwyn aur ffein gyda pherl werthfawr yr olwg yn crogi oddi arni, a'i gosod am wddw Perl. "Perl i Perl," meddai drwy ei dagrau. "Dyna oedd rhai o eiriau olaf Marko yn ôl Ana."

Ar ôl dychwelyd i'r gegin, dywedodd Perl ei bod yn teimlo y dylai adael, er i Katia geisio ei darbwyllo i aros am ginio. Roedd yr holl brofiadau emosiynol wedi bod yn straen arni ac roedd hi'n ysu am gael bod ar ei phen ei hun i geisio cael trefn ar ei meddyliau.

"Lle ti'n aros?" holodd Luka wrth ei hebrwng at y drws.

"Mewn gwesty i lawr wrth yr harbwr. Dwi wedi llogi ystafell yno am wythnos."

"Mae Katia am i ti wybod bod croeso i ti aros yma gyda hi."

"Nei di ddiolch iddi, ond dwi'n meddwl fod yn well i mi ddychwelyd i'r gwesty ar hyn o bryd." Ond pan welodd y siom ar wyneb Katia, ychwanegodd y byddai'n siŵr o ddychwelyd i'w gweld y diwrnod canlynol.

"Mae fy nghar i tu allan, fysa ti'n hoffi i mi dy ddanfon i lawr i'r gwesty?"

"Na, dwi'n meddwl fod yn well gen i gerdded os 'di ddim gwahaniaeth gen ti. Fe wneith awyr iach les i mi."

"Wel, os ti'n siŵr. Ond cymra fy rif ffôn i rhag ofn y byddi di angen cwmni rywbryd eto. Dwi adra o fy ngwaith am ychydig ddyddiau ac mi fyswn i'n fwy na bodlon dy hebrwng o gwmpas a dangos yr ardal i ti tra byddi di yma."

"Diolch. Mi fuasai hynny'n grêt," atebodd Perl wrth iddynt gyfnewid rhifau.

Cyn troi i ffarwelio gyda Katia a safai'n ddisgwylgar wrth y drws yn eu gwylio, gofynnodd iddo beth oedd y gair Croatiaidd am nain.

"*Baka*!" Blasodd y gair ar ei thafod wrth droi at yr hen wraig a'i chusanu'n dyner ar ei boch. "*Hvala Baka!*" ychwanegodd – diolch nain.

Wrth gerdded nôl lawr y grisiau cerrig, roedd meddyliau Perl ar chwâl. Mewn llai na dwyawr roedd ei holl obeithion wedi eu chwalu'n llwyr wrth iddi ddarganfod fod Marko wedi ei ladd yn y rhyfel, flynyddoedd lawer ynghynt. Credai i sicrwydd ei fod wedi ei charu, doedd dim dwywaith am hynny. Wedi'r cwbl, roedd o wedi cario ei llun gydag o i'r brwydrau ac roedd wedi gadael y gadwyn a'r berl iddi, meddyliodd wrth fyseddu'r tlws gwerthfawr a osododd Katia am ei gwddw. Petasai o wedi cael byw, mi fuasai'n sicr o fod wedi cysylltu, yna mi fuasai bywyd wedi bod mor wahanol. Ond nawr, gyda Nia a Marko'n farw, roedd hi wedi ei gadael yn gwbl amddifad heb deulu yn y byd heblaw am ei hanner brawd a'i chwaer. Pam oedd raid i Bethan sôn wrthi am fodolaeth Marko? Pam fynnodd hi ddod i Groatia i chwilio amdano? Roedd hi wedi hoelio ei gobeithion ar freuddwydion gwag ers marwolaeth ei mam.

Cyn i gwmwl o anobaith ei llethu, arhosodd yn ei hunfan wrth i'r ffaith nad oedd hi'n gwbl amddifad ei tharo yn sydyn. Roedd yn wir ei bod newydd ddod i ddeall ei bod wedi colli ei thad; ond roedd hi hefyd wedi darganfod nain newydd a oedd yn amlwg yn fwy na pharod i'w derbyn gyda breichiau agored; ac er y problemau ieithyddol, synhwyrai Perl y gallai perthynas agos dyfu rhyngddynt.

Wrth gyrraedd gwaelod y grisiau, trodd ei feddyliau at Luka. Roedd ganddo yntau ryw garisma oedd yn ei denu ato a synnodd ei hun wrth sylweddoli gymaint yr edrychai ymlaen at gael bod yn ei gwmni yn ystod y dyddiau oedd i ddod.

Erbyn cyrraedd yn ôl i'r gwesty, roedd y cwmwl o hunandosturi wedi dechrau codi oddi ar ei hysgwyddau. Roedd haul y prynhawn yn grasboeth ac ysai am gael trochi ei chorff chwyslyd ym mhwll nofio'r gwesty.

Pennod 37

"MAE'R LLE 'MA yn troi yn un canolfan gwyliau mawr a dienaid gyda'r holl ddatblygiadau newydd 'ma sy'n cael eu codi ym mhob twll a chornel," cwynodd Katia wrth i'r car ddringo i fyny'r allt a arweiniai allan o Cavtat. "Tydi o ddim digon ganddyn nhw bod bron pob un o'r tai sydd i lawr yn yr hen dref wedi eu troi'n fflatiau gwyliau neu'n dai haf. Fy nhŷ i ydi'r unig un ar y stryd acw bellach sy'n dal heb ei drawsnewid. Dwi'n cofio amser pan ro'n i'n 'nabod pawb, ond erbyn hyn mae'r hen gymdogaeth glòs wedi diflannu bron yn llwyr ac mae'r lle fel pentre' marw gyda'r tai bron i gyd yn wag a'r siopau ar gau yn ystod y gaea'."

"Trïwch beidio â phoeni am bethau fel 'na heddiw, Katia," ceisiodd Luka ei chysuro wrth lywio'r car. "Steddwch nôl a mwynhewch eich hun. 'Da ni ar ein ffordd i Čilipi, sydd fel 'da chi'n gwybod, yn parhau i fod yn bentref llawn pobl leol."

"Ti'n llygad dy le, mae pobl Čilipi i'w canmol am y ffordd ma' nhw 'di cadw at eu hen draddodiadau. Maddeuwch i hen wraig am gael pwl o'r felan," meddai gan droi ei phen i edrych yn ymddiheurol ar Perl a eisteddai yn sedd gefn y car.

"Peidiwch ag ymddiheuro, *Baka*, dwi'n deall yn iawn. Mae'r un problemau mewn rhannau o Gymru hefyd, lle mae prisiau tai wedi mynd yn bell allan o gyrraedd pobl leol ac yn eu gorfodi i symud o'u hardaloedd," atebodd Perl ar ôl deall beth oedd yn ei chorddi.

Derbyniodd groeso cynnes pan ddychwelodd i dŷ ei nain y bore hwnnw ac erbyn i Luka gyrraedd i hebrwng y ddwy i'w bentref genedigol, roeddent wedi dod i ddeall ei gilydd yn rhyfeddol er gwaetha'r anawsterau ieithyddol.

Erbyn iddynt gyrraedd Čilipi a gadael y car ar gwr y pentref, roedd tipyn gwell hwyliau ar Katia wrth i'r tri ohonynt gerdded yn hamddenol, gan gyfarch hwn a'r llall, tuag at sgwâr y pentref, lle safai'r eglwys. Roedd hi'n fore Sul braf gyda dim i amharu ar dawelwch y lle, heblaw caniad y clychau yn gwahodd y ffyddloniaid i'r offeren.

Pan gyraeddasant sgwâr y pentref, sylwodd Perl fod amryw o bobl leol ac ymwelwyr wedi ymgynnull yno'n barod ac roedd rhai o'r gwragedd lleol yn eu gwisgoedd traddodiadol wrthi'n gosod eu stondinau ar y cyrion, yn y gobaith o werthu rhywfaint o'u gwaith llaw o lieiniau bwrdd, hancesi a chlustogau sidan a addurnwyd gyda gwaith brodwaith cain oedd mor nodweddiadol o'r Konavle, ardal fwyaf deheuol Croatia.

Ar dop y rhes lydan o risiau cerrig a arweiniai at ddrws yr eglwys, safai rhieni Luka'n aros amdanynt, ac wedi iddo gyflwyno Perl, croesawodd Elena hi'n gynnes yn ei Saesneg prin, cyn troi i gyfarch Katia, ei hen ffrind.

"Mae'n bleser gan fy ngwraig a minnau eich cyfarfod," meddai Pavao ei gŵr oedd yn parhau i fod yn feddyg teulu yn yr ardal. "Mae Katia wedi sôn gymaint amdanoch ar hyd y blynyddoedd; a dyma chi, wedi cyrraedd atom o'r diwedd! Dewch, mae hi'n amser i ni fynd i mewn i'r eglwys, oherwydd mae'r offeren ar fin cychwyn."

Bwriodd Perl gipolwg bryderus i gyfeiriad Luka. "Paid â phoeni, mi gawn ni aros yn y cefn a sleifio allan pan fynnwn ni," sibrydodd yn ei chlust wrth i'r tri arall groesi eu hunain cyn ymuno gyda'r gynulleidfa helaeth yng nghorff yr eglwys.

Wedi i'w llygaid ymgyfarwyddo â'r gwyll, edrychodd o'i

hamgylch ar yr adeilad hardd gyda'i ffenestri lliw, yr allor addurnedig a'r lluniau a cherfluniau o seintiau a addurnai'r muriau; mor wahanol i gapeli moel Cymru. Yna, tarodd ei llygaid ar olygfa annisgwyl. Mewn cilfach yn agos i gefn yr eglwys safai cerfluniau o'r Teulu Sanctaidd a oedd, am ryw reswm wedi eu distrywio. Safai Joseff a'r bachgen Iesu gyda'u pennau maluriedig wedi eu gosod ar lawr wrth eu traed, tra syllai'r Forwyn Fair yn ddall allan o ddau dwll gwag yn ei phen, lle arferai ei llygaid fod. Gorweddai ei heurgylch rhydlyd yn simsan dros ei hysgwydd, gan atgoffa Perl o degan ar stondin hwp-la mewn ffair.

Pan sylwodd Luka ar ei phenbleth, pwyntiodd at blac a osodwyd gerllaw a eglurai'r cwbl mewn un frawddeg foel.

Dinistriwyd y ffigyrau hyn o'r Teulu Sanctaidd gan luoedd Serbia a Montenegro wedi iddynt losgi'r pentref i'r llawr.

Hyd at y funud honno, rhywbeth haniaethol oedd y rhyfel am annibyniaeth Croatia wedi bod yng ngolwg Perl; rhywbeth a ddigwyddodd flynyddoedd ynghynt. Ond wrth edrych ar y difrod direswm hwn, sylweddolodd gymaint roedd y bobl hyn wedi ei ddioddef er mwyn ennill eu hannibyniaeth.

Sleifiodd Perl a Luka allan cyn diwedd yr offeren a dewis dwy o'r seddi pren a osodwyd yn rhesi ar risiau'r eglwys yn barod ar gyfer perfformiad o'r dawnsio traddodiadol oedd i ddilyn. Roedd hi mor heddychlon a thawel yno dan ganghennau'r goeden ddeiliog a'u cysgodai rhag gwres haul ganol dydd, heb ddim i amharu ar y llonyddwch ar wahân i lais soniarus yr offeiriad a gariai ar yr awel o du mewn i furiau gwynion yr eglwys.

"Ti'n dawel," meddai Luka ymhen sbel.

"Ceisio dychmygu sut le oedd yma yn ystod y rhyfel o'n i."

"'Chydig iawn neith fy rhieni a'u ffrindiau sôn am y peth, ond o beth dwi'n ddeall, roedd hi'n amser anodd iawn yma a lladdwyd sawl un."

"Ond pam ymosod ar bentref bach fel..." Boddwyd gweddill ei geiriau gan ru erchyll a swniai fel petai'r awyr yn cael ei rwygo uwch ei phen wrth i'r Boeing 737 hedfan heibio'n isel.

"Dyna i ti dy ateb. Mae'r maes awyr mor agos i ni fan hyn, ti'n gweld," eglurodd Luka wrth i'r awyren bellhau. "Hynny, a'r ffaith fod Čilipi ar y briffordd sy'n arwain i Dubrovnik o Montenegro."

Wedi i'r gwasanaeth ddod i ben, llifodd pobl allan o'r eglwys gan ymuno gyda'r ymwelwyr oedd eisoes yn llenwi'r seddi ar gyfer y perfformiad. Yna, ymddangosodd grŵp o offerynwyr gyda'u casgliad o offerynnau cerdd traddodiadol i ddiddanu'r gynulleidfa cyn i'r dawnswyr yn eu gwisgoedd hyfryd ymddangos i swyno pawb gyda'u dawnsfeydd cywrain. Eglurodd Luka mai pobl leol oedd y dawnswyr a'r offerynwyr a gredai'n angerddol mewn pwysigrwydd cadw hen draddodiadau'r ardal yn fyw. "Filip, fy mrawd yng nghyfraith sy'n chwarae'r *tamburitza*, yr offeryn tebyg i gitâr."

Wrth edrych ar y perfformiad, llanwyd Perl â balchder ei bod yn rhannol o'r un dras â'r bobl stoicaidd hyn oedd wedi goresgyn gorthrwm a thrais gan barhau i ddathlu eu cenedlaetholdeb mewn ffordd mor brydferth.

"Nest di fwynhau?" holodd Luka ar ddiwedd y perfformiad.

Amneidiodd Perl ei phen gan ei bod dan ormod o deimlad i ateb ar ei hunion.

"Ty'd, awn ni i gyfarfod fy chwaer Freja. Roedd hi'n un o'r criw oedd yn dawnsio."

"Freja – dyma Perl, wyres Katia," meddai gan gyfarch ei chwaer a groesawodd Perl yr un mor gynnes â gweddill ei theulu.

"Mae eich gwisg mor hardd," meddai Perl wrth gael cyfle i sylwi'n fanwl ar y sgert o sidan claerwyn a'r wasgod ddu fechan oedd wedi eu haddurno gyda border o frodwaith cywrain.

"Diolch," atebodd Freja'n llawn balchder. "Fy hen, hen nain bwythodd rhain gyda'i llaw, flynyddoedd maith yn ôl."

"Ond ma' nhw'n edrych mor newydd!"

"'Da ni wedi dysgu gwarchod ein hen bethau a'n traddodiadau yn Čilipi. Un o'r pethau cyntaf wnaeth y pentrefwyr wrth i'r gelyn agosáu oedd cuddio'u hofferynnau a'u gwisgoedd traddodiadol yn ofalus."

Wrth adael y pentref, holodd Luka beth fuasai Perl yn hoffi ei wneud nesaf, gan fod Katia wedi dewis derbyn gwahoddiad Elena a Pavao i aros gyda hwy am weddill y dydd.

"Mi fyswn i'n hoffi cael gwybod mwy am beth ddigwyddodd i Marko," atebodd hithau ar ei hunion.

"Mi ddylem fynd draw i Dubrovnik felly. Ond gad i mi wneud un alwad cyn i ni gychwyn," meddai gan dynnu ei ffôn o'i boced.

***

Wedi iddynt gyrraedd y ddinas, aethant ar eu hunion i brynu pâr o docynnau ar gyfer y car cebl a gludai pobl i fyny ac i lawr Mynydd Srđ. Wrth i'r car grogi oddi ar wifren yn uchel uwchben y llechwedd serth, cafodd Perl olygfa anhygoel o'r hen dref gyda'i thoeau melyngoch a amgylchynwyd gan furiau gwynion trwchus a ddisgleiriai fel hadau pomgranad anferthol yn haul llachar y prynhawn.

Pan ddaeth y car cebl i stop ar gopa'r mynydd, anelodd y mwyafrif o'r ymwelwyr draw at lwyfan cyfagos i gael tynnu lluniau o'r golygfeydd eithriadol a geid oddi yno.

"Ty'd, fe adawn ni lonydd i rhain dynnu eu lluniau, ac mi awn ni ar ein hunion i'r hen gaer sydd bellach yn amgueddfa i goffáu'r rhyfel," cynigiodd Luka gan ei harwain ar hyd llwybr graeanog a llychlyd tuag at hen adeilad a fu'n sefyll ar ben y mynydd yn gwarchod Dubrovnik ers dyddiau Napoleon.

Wrth ymlwybro'n araf drwy ystafelloedd yr hen gaer, gan aros i ddarllen y byrddau arddangos a adroddai hanes y gwarchae ar y ddinas islaw a'r rhan allweddol a chwaraeodd y llond dwrn o warchodwyr dewr oedd yno, daeth Perl i werthfawrogi cymaint o arwr oedd Marko wedi bod mewn gwirionedd. Yn un o'r ystafelloedd, chwaraeai ffilm ar ddolen ddi-dor o ddarllediadau Paul Davies, gohebydd o adran newyddion ITV ar y pryd, a ddangosai erchylltra'r cyrch ar y ddinas.

Ar ôl gadael y gaer, aeth y ddau at leoliad y groes fawr wen gerllaw a osodwyd ar safle'r un a ddinistriwyd yn ystod y rhyfel. "O beth ddeallais, dyma'r union fan lle cafodd Marko ei ladd," meddai Luka. "Roedd o newydd ddychwelyd i fyny o'r dref pan saethwyd o gan sneipar."

Wrth glywed y ffeithiau moel, daeth pwl o alar dwys ac annisgwyl dros Perl, a oedd wedi cadw rheolaeth mor dynn ar ei hemosiynau tan hynny. Wrth sefyll ar yr union fan lle'i lladdwyd sylweddolodd mai nid rhith oedd Marko ond person o gig a gwaed. Ei thad na chafodd erioed y cyfle i'w gyfarfod. Agorodd y llifddorau a thywalltodd yr holl deimladau o golled a siomedigaethau yn llifeiriant dagreuol i lawr ei gruddiau.

"Mae'n wir ddrwg gen i," ymddiheurodd Luka yn lletchwith cyn cynnig cysur iddi drwy ei chynnal yn ei freichiau. Gallai gicio ei hun am beidio dal ei dafod a sylweddoli maint y pwysau emosiynol oedd arni.

Pan ddaeth ati ei hun o'r diwedd, cododd ei phen oddi ar ei ysgwydd ac edrych arno'n ymddiheugar drwy ei hamrannau oedd yn drwm o ddagrau. "Sori, ro'n i'n methu atal fy hun."

"Arna i oedd y bai yn bod mor anystyriol. Mi ddylwn fod wedi sylwi y buasai fy ngeiriau yn dy gyffwrdd i'r byw."

"Na, paid ag ymddiheuro," meddai hithau gan sychu ei dagrau a tharo sbectol haul ar ei thrwyn i guddio ei llygaid clwyfus.

Wedi iddynt ddychwelyd mewn distawrwydd anghyfforddus i lawr i'r ddinas, awgrymodd Luka eu bod yn mynd i gael tamaid i'w fwyta. "Mi wn i am fwyty arbennig o dda ar un o'r strydoedd cefn, lle mae'r bobl leol yn tueddu i fynd allan o brysurdeb y Stradun. Ma' nhw'n gwneud pitsa anhygoel yno."

Plymiodd calon Perl. Ni allai yn ei byw ddychmygu bwyta unrhyw beth a dyheuai am gael dychwelyd i lonyddwch ei hystafell yn y gwesty. Ond doedd hi ddim am ei siomi, ac yntau wedi bod mor garedig. Felly, pan ddaeth y gweinydd cyfeillgar a oedd yn amlwg yn adnabod Luka'n dda â dau bitsa marinara anferth a salad Groegaidd a'u gosod o'u blaenau ar un o'r rhes o fyrddau ar y stryd gul, synnodd ei hun wrth sylwi pa mor llwglyd oedd hi wedi'r cwbl.

Fel roeddent yn gorffen bwyta, daeth gwraig ganol oed, hynod o smart atynt gyda'i dillad graenus a'i cholur perffaith gan gyfarch Luka'n gyfeillgar.

"Dwi mor falch dy fod wedi gallu dod!" meddai yntau, gan godi oddi wrth y bwrdd yn eiddgar i'w chyfarch, drwy ei chusanu'n gynnes ar ei dwy foch.

Daeth teimlad o genfigen annisgwyl dros Perl wrth iddi

sylwi ar yr agosatrwydd amlwg oedd rhyngddynt. Beth oedd y berthynas rhwng y ddau, tybed?

"Perl, dyma Ana, dy fodryb," torrodd Luka ar draws ei meddyliau gyda'r cyflwyniad annisgwyl, cyn iddi gael amser i ddyfalu ymhellach. "Wyt ti'n cofio i mi wneud galwad ffôn cyn i ni gychwyn o Čilipi? Wel, trefnu wnes i ein bod yn ei chyfarfod hi yma, oherwydd does neb a all dy oleuo di'n well am hanes Marko na'i chwaer."

Syllodd Perl yn gegagored ar y wraig gan sylwi ar y ddau lygad tywyll, y gwallt tonnog du a'r wyneb clên oedd mor debyg i'r lluniau o Marko.

"Rwyf wedi edrych ymlaen i dy gyfarfod," meddai Ana mewn Saesneg ag acen Americanaidd, gan wasgu Perl tuag ati. "Pan gysylltodd Mama i ddweud dy fod wedi cyrraedd, mi drefnais i gael wythnos o wyliau i ffwrdd o 'ngwaith. Rwy'n bwriadu gadael am Cavtat heno."

"Rydan ni newydd fod i fyny i ben Mynydd Srđ," eglurodd Luka ar ôl i Ana eistedd wrth y bwrdd ac archebu salad iddi ei hun. "Roedd Perl yn awyddus i wybod beth ddigwyddodd i Marko. Dwi'n siŵr y gelli di roi mwy o fanylion iddi yn llawer gwell na fi."

Gyda chymorth Luka pan na allai ddod o hyd i'r geiriau Saesneg, adroddodd Ana hanes Marko yn ystod y rhyfel; yr erchyllterau a welodd yn Vukovar, ei daith hir llawn peryglon ar draws y wlad, a'r gwroldeb a ddangosodd ar ei ddiwrnod olaf. Eglurodd hefyd ei fwriad i ddod drosodd i Gymru, bwriad y bu'n rhaid iddo ei ohirio oherwydd y rhyfel.

Ddwy awr yn ddiweddarach a sawl cwpaned o goffi gwag o'u blaenau, cododd y tri oddi wrth y bwrdd ac anelu tuag at y Stradun. Roedd yr haul wedi llithro'n is yn yr awyr erbyn hynny, gan beri i gysgodion yr adeiladau ymledu dros slabiau llyfn y brif stryd a dod â rhywfaint o ryddhad o wres llethol y dydd.

"Hoffwn i ti weld rhywbeth cyn i ni adael Dubrovnik," meddai Ana gan dywys Perl drwy'r tyrfaoedd at adeilad hynafol y Palas Sponza â'i bileri gothig a safai ym mhen pella'r Stradun.

Wrth gamu i mewn i'r stafell ddigon di-nod wrth fynedfa'r palas, fe'i trawyd gan dawelwch y lle ar ôl prysurdeb y stryd. Yna, tarodd ei llygaid ar y degau o luniau du a gwyn a osodwyd yn rhesi ar hyd waliau moel yr ystafell goffa; lluniau o wynebau'r bechgyn a roddodd eu bywydau i amddiffyn y ddinas yn ystod y rhyfel am annibyniaeth; bechgyn ifanc bron bob un, â'u bywydau wedi eu torri'n llawer rhy fyr. Yn eu plith roedd llun o Marko gyda'i enw a'i ddyddiadau oddi tano. Teimlodd Perl y dagrau'n cronni yng nghornel ei llygaid unwaith eto wrth edrych ar wyneb y gŵr ifanc un ar hugain oed – ei thad, a oedd yn flynyddoedd iau na hi pan ddaeth ei fywyd byr i ben.

Pennod 38

BORE TRANNOETH, DEFFRODD Perl yn anghyfforddus o boeth a chwyslyd ar ôl noson o droi a throsi yn ei gwely. Cofiodd iddi ddeffro rywbryd yng nghanol y nos gyda'i chalon yn curo ar ôl profi hunllef ddychrynllyd, lle gwelsai Marko'n syrthio'n gelain wrth droed y groes; ac er iddi ymbilio'n daer arno i chwilio am loches, ni fynnai wrando arni. Bu'n effro am oriau wedi hynny yn ceisio dirnad beth a wnaeth iddo adael ei hun fod yn darged mor hawdd i'r sneipar Serbaidd oedd yn cuddio yn y llwyni. Yn ôl Ana, credwyd iddo fynd yno i dalu gwrogaeth i gyd-filwr a laddwyd ar y safle ynghynt y diwrnod hwnnw. Ond roedd yn amhosib gwybod yn union beth oedd cyflwr ei feddwl ar ôl bod yn dyst i'r fath erchyllterau ag yr oedd o wedi eu gweld yn ystod y rhyfel.

Teimlai falchder wrth ddeall ei fod yn cael ei ystyried yn arwr a bod yr hyn a gyflawnodd y diwrnod hwnnw wedi cyfrannu at ddod â therfyn ar y gwarchae a fu ar Dubrovnik. Roedd o, fel yr holl fechgyn ifanc eraill oedd â'u lluniau i'w gweld yn yr ystafell goffa, wedi rhoi ei fywyd yn aberth dros ryddid ei wlad. A fuasai hi, a ystyriai ei hun yn genedlaetholwraig, yn barod i wneud yr un peth petasai angen? Ychydig ddyddiau cyn hedfan drosodd i Groatia, bu ar orymdaith yng Nghaernarfon i ddangos ei chefnogaeth i annibyniaeth i Gymru. A ddeuai hynny yn ystod ei hoes hi, tybed? Ac os dôi, a fyddai'n dod yn ddi-drais? Arferai glywed ei thaid yn traethu gydag argyhoeddiad ers pan roedd hi'n ifanc, fod gan bob gwlad yr hawl i lywodraethu ei hun. Yn aml iawn fodd bynnag, roedd gan y pwerau mawrion syniadau tra gwahanol, fel ag a welwyd yn ddiweddar yng Nghatalonia, lle ymosodwyd yn giaidd ar y bobl am feiddio cynnal refferendwm i benderfynu eu dyfodol eu hunain.

Fel un a astudiodd hanes yn y coleg, gwyddai nad oedd yr un wlad heb ei beiau ac roedd hanes gwaedlyd ac anodd i Groatia fel amryw o wledydd eraill. Byddai troseddau yn erbyn dynoliaeth yn cael eu cyflawni yn aml o'r ddwy ochr yn ystod rhyfel, ac o beth a ddeallai, bu cryn feirniadu ar luoedd Croatia am eu rhan hwythau mewn gweithgareddau treisgar, fel y lladdfa a fu yn nhref Gospić yn 1991 ac yn ystod Operation Storm yn 1995, pan laddwyd llawer iawn o sifiliaid o dras Serbaidd.

Edrychai fel petai'r wlad wedi cefnu ar ei gorffennol gwaedlyd erbyn hyn ac ysai Perl am gael dysgu llawer mwy am ei hanes a'i thraddodiadau, a thrwy hynny ddod i ddeall mwy am Marko.

Cododd o'i gwely ac aeth allan ar y balconi i geisio cael mymryn o awyr iach i'w hysgyfaint, gan iddi deimlo fel petai ar fin mygu yn yr ystafell drymaidd. Roedd hi bron yr un mor glòs a mwll y tu allan fodd bynnag. Islaw'r gwesty, gorweddai'r môr yn llwyd a llonydd dan awyr a oedd yr un mor llwydaidd gyda gwawn o dawch tenau'n gorchuddio'r haul gwelw, dilewyrch.

Dim drwg o beth fyddai cael bore distaw i geisio cael trefn ar ei meddyliau ar ôl y llanast o emosiynau y bu'n eu teimlo ers iddi gyrraedd Croatia. Gadawodd yr emosiwn a deimlodd ar ben y mynydd y diwrnod cynt ei ôl arni. Tybed beth oedd Luka yn ei feddwl ohoni a hithau wedi gwneud cymaint o sioe ohoni ei hun wrth safle'r groes? Ni allai ei feio petasai'n penderfynu peidio cysylltu â hi eto.

Ar ôl brecwast, ailystyriodd, doedd o ddim yn syniad da iddi dreulio'r diwrnod ar ei phen ei hun yn ymdrybaeddu mewn hunandosturi. Felly, dringodd i fyny at dŷ Katia, a threuliodd oriau yn gwrando ar Ana'n adrodd hanesion am blentyndod Marko a hithau.

"Dangos hwn iddi," meddai Katia wrth ei merch ymhen sbel gan estyn albwm o luniau teuluol.

"Dyma Mama a Tata ar ddydd eu priodas," meddai gan ddangos llun du a gwyn o bar ifanc a safai'n ffurfiol ochr yn ochr. "A dyma Marko yn fabi yn edrych mor debyg i'r llun yna ohonot ti sydd yn y parlwr... Llun ohona'i ar fy niwrnod cyntaf yn yr ysgol... Ewyrth Ivo, brawd Tata; Jaka ei wraig a gafodd ei lladd yn ystod y rhyfel... Stefan a Marina..." Teimlai Perl ei phen yn troi gyda'r holl wybodaeth ac enwau newydd. Roedd yr holl bobl yma yn perthyn iddi hi, pobl nad oedd ganddi unrhyw syniad o'u bodolaeth cyn hynny. Yr unig luniau oedd ganddi ddiddordeb ynddynt mewn gwirionedd oedd y rhai o Marko.

"Pwy sydd gyda Marko yn y llun yma?" holodd gan bwyntio at lun o ddau fachgen yn eu harddegau gyda'u breichiau wedi eu taenu'n gyfeillgar dros ysgwyddau ei gilydd.

"Petar Novak," atebodd Ana gan ysgwyd ei phen yn drist. "Roedd Marko a Petar yn arfer bod fel dau frawd cyn y *nevolje* – y trwbwl."

Tra roedd Perl ac Ana'n pori yn yr albwm, roedd Katia yn ôl ei harfer yn brysur yn paratoi bwyd gan rowlio toes ar gyfer gwneud *Štrukli* i ginio iddynt. Wedi iddi gael ei bodloni fod hwnnw'n ddigon tenau, gosododd bentwr o gaws colfran meddal arno a'i blygu a'i dorri'n barseli bychan, cyn eu gollwng i sosban o ddŵr berwedig oedd yn ffrwtian ar y stôf.

"Mae Mama yn holi os wyt ti'r un fath â dy fam," meddai

Ana wrth wahodd Perl i flasu'r bwyd. "Mae hi'n cofio'n dda nad oedd Nia yn rhy hoff o gaws am ei bod yn arfer bod yn ei oglau pob dydd wrth ei gwaith."

Fe synnwyd Perl fod Katia yn gwybod cymaint am Nia, ond prysurodd i'w darbwyllo ei bod hi wrth ei bodd gyda chaws, wrth fynd ati i brofi'r cinio blasus.

Wrth i'r ddwy fynnu golchi llestri ar ôl y pryd bwyd, holodd Ana am fywyd Perl yng Nghymru ac aeth ati i adrodd am ei phlentyndod ar y fferm gyda Nia, yr efeilliaid, Huw a'i rieni; gan osgoi trafod y teimlad o wrthodigaeth a brofodd drwy ei hoes. Doedd dim diben codi'r hen grachen honno gyda'i theulu newydd, a doedd hi ddim am i Ana feddwl ei bod yn gwbl druenus ac anghenus.

"Mi fysa fy nhaid arall wedi dod ymlaen yn dda gyda Marko, dwi'n siŵr," meddai. "Roedd o'n gredwr cryf y dylai pob gwlad gael yr hawl i lywodraethu ei hun."

"Mae'n debyg y buasai wedi dod ymlaen yn dda gyda Mama hefyd," atebodd Ana gan droi i edrych drwy'r ffenest ar Katia a oedd am unwaith yn pendwmpian yn ei chadair ar y teras. "Efallai ei bod hi'n anodd i ti gredu hynny erbyn hyn, ond fe chwaraeodd hithau ei rhan yn ystod y rhyfel, drwy drefnu i warchod y ffoaduriaid a ddaeth i Cavtat i chwilio am loches."

Wrth ddychwelyd i lawr i'r gwesty yn hwyrach ymlaen yn y dydd, roedd y tywydd yn parhau i fod yn annioddefol o glòs, a phrysurodd Perl ei chamau wrth sylwi bod cymylau duon wedi ymgasglu ar y gorwel a bod dwndwr taranau i'w clywed yn y pellter. Yn ei brys, bu bron iddi daro i mewn i rywun a ddringai i fyny i'w chyfarfod.

"Cymer ofal! 'Sa ti'n gallu baglu'n hawdd ar y grisiau serth yma!" meddai gan afael ynddi i'w sadio.

"Luka? Be ti'n neud yn fa'ma?" holodd hithau ar ôl adennill ei chydbwysedd.

"Dod i chwilio amdanat ti, gan nad oeddet yn ateb dy ffôn."

"Mi adawais i o yn fy ystafell."

"Ro'n i'n dechrau poeni amdanat gan nad o'n i'n cael ateb, felly mi alwais yn y gwesty i weld os oedd popeth yn iawn ar ôl ddoe. Yna, wrth sylwi nad oeddat ti yno, penderfynais ddringo i fyny i dŷ Katia i chwilio amdanat."

Llifodd ton gynnes o hapusrwydd dros Perl wrth sylweddoli fod Luka yn malio gymaint amdani.

"Ty'd," meddai gan ei gollwng o'i afael. "Mae'n well i ni frysio, cyn i'r glaw gyrraedd."

Fel y cyraeddasant waelod y grisiau, fflachiodd mellten lachar gan oleuo pobman, cyn i ru byddarol y daran ysgwyd yr adeiladau o'u hamgylch i'w seiliau. Rhedodd y ddau nerth eu traed am loches y gwesty, ond roedd y glaw wedi dechrau disgyn yn llif yn bell cyn iddynt gyrraedd, felly doedd dim amdani ond anelu at y bar agosaf, lle cawsant fochel rhag y dilyw. Eisteddasant yn ddiolchgar wrth un o'r byrddau ratan simsan gan anwesu eu mygiau o goffi poeth wrth wrando ar y dafnau trymion a drawai yn erbyn to sinc y bar fel cannoedd o forthwylion, a sylwi ar y bargod yn llifo fel llen ddiddiwedd dros ei ymyl.

"Yli," meddai Luka toc, "mae gen i un diwrnod arall o wyliau cyn mynd nôl i weithio yn yr ysbyty. 'Sa ti'n fodlon i mi ddangos peth o'r ardal i ti fory?"

"'Swn i'n licio hynny."

"Da iawn. Beth am ddal y fferi gynta i Dubrovnik? Mae'n werth mynd yn gynnar cyn i'r tyrfaoedd gyrraedd y lle."

"Ond beth am y tywydd?"

"Mi fydd hi wedi clirio ar ôl y storm yma, gei di weld. Ond yn y cyfamser, tra rydan ni yn styc yn y bar 'ma, mi adrodda'i rywfaint o hanes Cavtat i ti."

***

Am hanner awr wedi saith y bore canlynol, eisteddai'r ddau ym mhen blaen y llong fferi, fel y gallent wneud yn fawr o'r olygfa wrth iddynt hwylio i lawr yr arfordir tuag at Dubrovnik. Fel y proffwydodd Luka, roedd y storm wedi clirio'r aer ac roedd hi'n ddiwrnod hynod o braf gydag awel ysgafn a gosai wyneb y dŵr wrth iddynt hwylio allan o fae cysgodol Cavtat.

Anadlodd Perl yn ddwfn, gan adael i'r awel ffres adnewyddu ei hysbryd yn llwyr ar ôl y dyddiau cynt. Roedd diwrnod difyr yng nghwmni Luka o'i blaen ac roedd yn benderfynol o fwynhau pob eiliad ohono.

Wrth hwylio heibio i draeth tywodlyd hyfryd, peth prin yn y rhan honno o arfordir Croatia, syllodd Perl yn anghrediniol ar adfail hen blas a fu'n amlwg yn adeilad urddasol unwaith, ond a oedd bellach yn ddim mwy na chragen wag. O'i amgylch safai adfeilion concrid eraill a adeiladwyd yn null pensaernïol brwtalaidd y chwedegau a'r saithdegau.

"Kupari ydi fan'na," eglurodd Luka pan sylwodd ar ei phenbleth. "Roedd o'n arfer bod yn bentref gwyliau a oedd yn eiddo i fyddin Iwgoslafia cyn iddo gael ei ddinistrio yn ystod y rhyfel yn 1991. Arferai Tito ei hun dreulio ei wyliau yno pan roedd y lle yn ei anterth. Yn ystod y gwarchae ar Dubrovnik, ymosodwyd ar y lle gan warchodwyr Croatia a gymerodd y safle drosodd dros dro, cyn i'r Serbiaid dalu'r pwyth yn ôl gan ddinistrio'r gwestai'n llwyr a'u hysbeilio o bopeth."

"Ond pam nad oes neb wedi datblygu'r safle ers hynny?"

"Dwi ddim yn siŵr pwy sydd berchen ar y lle erbyn hyn, gan nad ydi Iwgoslafia yn bod bellach. Ond 'swn i'n synnu dim na fydd rhyw ddatblygwr yn siŵr o gael ei fachau arno cyn hir. Mae llawer o bobl leol am iddo aros fel ag y mae o, i'n hatgoffa o'r frwydr am annibyniaeth."

Wrth iddynt nesáu at Dubrovnik, hwyliasant heibio i drwyn o graig a ymwthiai allan i'r môr, lle safai adfail anferth arall oedd wedi ei orchuddio â graffiti.

"Y Belvedere ydi honna. Roedd hi'n arfer bod yn un o westai mwyaf moethus Iwgoslafia cyn iddi gael ei bomio amser y rhyfel pan roedd hi'n llawn o ffoaduriaid oedd wedi dod i geisio lloches o rannau eraill o Groatia. A dweud y gwir, dwi'n siŵr i mi glywed fod rhai o dy deulu di'n aros yno ar y pryd ar ôl i'w cartref gael ei ddinistrio. Yn ôl yr hanes, fe aethon nhw i fyw ar fwrdd llong roeddent wedi llwyddo i'w chuddio o olwg y Serbiaid wedi hynny. Dwi'n eithaf siŵr bod yr hanes yn wir. Hola Ana i ti gael y manylion yn iawn."

Pennod 39

OEDD PERL DDIM wedi llawn werthfawrogi harddwch dinas Dubrovnik pan ymwelodd â'r lle ar y Sul, gan ei bod dan gymaint o bwysau emosiynol ar y pryd. Wrth gerdded strydoedd y ddinas y bore Mawrth canlynol fodd bynnag, fe'i trawyd gan ei phrydferthwch, ac arhosai bob hyn a hyn i edmygu popeth a welai o'i hamgylch.

"Does ryfedd i George Bernard Shaw alw'r lle yn baradwys ar y ddaear," meddai gan werthfawrogi'r fflagiau llyfnion a ymdebygai i farmor o dan ei thraed a'r adeiladau calchfaen ysblennydd a ddisgleiriai yn heulwen y bore.

"Nac i Byron ei galw yn Berl yr Adriatig," ychwanegodd Luka, cyn gofyn a fuasai hi'n hoffi cerdded yr hen waliau fel y gallai gael golwg iawn ar yr hen dref.

Fel yr addawodd, roedd yr olygfa oddi ar rodfa'r muriau trwchus yn fendigedig, gyda chromen y gadeirlan a thyrau'r gwahanol eglwysi a phalasau Baróc niferus yn ymwthio rhwng clytwaith o deils melyngoch y toeau.

"Drycha sut mae rhai o'r teils yn oleuach na'r lleill." tynnodd ei sylw. "Teils newydd ydi'r rhai golau a osodwyd ar ôl i'r hen rai gael eu dinistrio gan y Serbiaid yn ystod cyfnod y gwarchae. Yn ôl pob sôn, gwnaethpwyd difrod i dros saith deg y cant o doeau'r hen dref adeg hynny."

Cerddasant ymlaen i gyfeiriad y gorllewin, gan sylwi ar yr hen gaerau soled a warchodai'r dref rhag ymosodiadau o'r môr, ac a atgoffai Perl o gestyll Caernarfon a Chonwy. Nid muriau a godwyd gan y gelyn i orthrymu'r bobl leol ac i'w cadw allan oedd muriau Dubrovnik fodd bynnag, cywirodd ei hun; ond yn hytrach muriau a adeiladwyd gan y bobl i warchod eu hunain rhag eu gelynion.

"Rydan ni'n sefyll ar Ynys Ragusa yn fan hyn," torrodd Luka ar draws ei meddyliau.

"Sut felly? O be wela'i, tydi Dubrovnik ddim yn ynys."

Gan aros i edrych allan dros ymyl y mur, eglurodd Luka yr hen hanes. Ganrifoedd lawer ynghynt roedd Ynys Ragusa wedi ei gwahanu o'r tir mawr gan sianel gul; gydag amser tyfodd treflan ar yr ochr arall i'r sianel a enwid yn Dubrovnik ar ôl y *dubrava*, sef y coed derw a dyfai yno. Yn y ddeuddegfed ganrif, cyfunodd y ddau le, pan lenwyd y sianel i mewn a datblygodd y ddinas i fod yn borthladd llewyrchus a wasanaethai fel cyswllt rhwng Môr y Canoldir a gwledydd y Balcan.

Bu canrifoedd o heddwch wedi hynny, gan roi cyfle i wyddoniaeth, celf a llenyddiaeth ffynnu. Yna, yn 1667, cafwyd daeargryn anferth a laddodd dros bum mil o bobl ac a ddinistriodd ran helaeth o bensaernïaeth a chelf y Dadeni, gan adael y lle bron yn adfail llwyr. Methodd y ddinas adennill ei chyfoeth a'i statws yn llawn ar ôl y daeargryn.

"Gyda'r holl arian sy'n llifo i mewn yma'n ddyddiol o bocedi'r twristiaid, mae'r lle ar i fyny unwaith eto," meddai gydag ochenaid wrth edrych i lawr ar y tyrfaoedd oedd erbyn hynny'n gwau drwy ei gilydd fel morgrug ar y strydoedd islaw. "Ond tydi hynny ddim heb ei anfanteision chwaith, ac mae llawer o bobl leol yn cwyno bod gormod yn ymweld â'r ddinas erbyn hyn ac nad ydi'r holl fusnes twristiaeth yma'n gynaliadwy."

"Wyt ti o'r un farn?"

"Wel, ydw i raddau. Mae'r pwysau ar yr ysbyty yn gallu bod yn drwm iawn yn ystod y tymor gwyliau, gyda chymaint o ymwelwyr oedrannus yn ymweld â'r lle."

Wrth iddynt agosáu at gwblhau eu taith o'r waliau, trawodd llygaid Perl ar ynys goediog a edrychai fel petai'n nofio ar wyneb y dŵr rhyw gilometr a hanner i ffwrdd o'r harbwr .

"Ynys Lokrum ydi honna. Roedd hi'n arfer bod yn ddihangfa hwylus o brysurdeb Dubrovnik tan yn ddiweddar. Ond bellach mae'r lle dan ei sang bob dydd, oherwydd yno y ffilmiwyd llawer o olygfeydd ar gyfer *Game of Thrones*."

"Fe gadwn ni'n glir, felly," chwarddodd hithau'n ysgafn, heb unryw ymwybyddiaeth o bwysigrwydd yr ynys yn hanes carwriaeth ei rhieni.

Erbyn iddynt ddringo i lawr o'r waliau, teimlai Perl effaith yr haul a oedd wedi codi'n uchel i'r awyr uwch eu pennau erbyn hynny, ac roedd yn falch pan gynigiodd Luka eu bod yn aros i gael torri eu syched yn un o'r bariau ar y Stradun. Wrth yfed eu diodydd oer, eisteddodd y ddau yn ôl dan yr adlen i wylio'r tyrfaoedd yn mynd heibio; rhai yn ymlwybro'n araf ac eraill yn prysuro gan geisio powlio eu cesys dros y slabiau disglair at eu bysiau neu geir na châi ddod i mewn i'r Hen Dref. Gwenodd y ddau ar ei gilydd wrth sylwi ar y clwstwr o Japaneaid arhosodd o'u blaenau i dynnu hunluniau di-rif; a chydymdeimlo gyda'r tywysydd druan a oedd yn amlwg dan straen wrth iddi geisio arwain ei chriw o dwristiaid drwy'r tyrfaoedd fel iâr gyda'i chywion.

"Mae'n rhaid i ti weld hyn," meddai toc ar ôl iddynt dorri eu syched, gan ei harwain i gyfeiriad hen sgwâr y farchnad.

Wrth i gloch y gadeirlan daro hanner dydd, daeth dyn gyda llond bwced o rawn a'i wasgaru ar lawr wrth i gannoedd ar gannoedd o golomennod blymio'n un cwmwl pluog o'r toeau cyfagos, lle roeddent wedi bod yn aros yn eiddgar fel y gwnaent yn ddyddiol. Ar hynny, rhoddodd Perl sgrech anfwriadol a chladdodd ei phen yng nghesail Luka.

"Be sy?" holodd, gan synnu at ei hymateb annisgwyl.

"Dos â fi o'ma! Ma' gen i ofn adar!," cyfaddefodd gan ddal ei gafael yn dynn ynddo.

"Doedd gen i ddim syniad," meddai gan ei harwain yn ddigon pell o'r llanast colomennod a oedd wrthi'n brysur yn pigo'r grawn erbyn hynny.

"Mae'n siŵr dy fod yn meddwl fy mod yn hollol hurt," meddai hithau'n chwithig wrth sylwi ei bod wedi gwneud sioe ohoni ei hun o'i flaen unwaith eto.

"Wel, dwi ddim yn cwyno," atebodd, cyn plannu cusan ysgafn ar ei boch.

Hedfanodd gweddill eu hamser yn Dubrovnik heibio mewn cwmwl o hapusrwydd wrth iddynt ymlwybro'n gymodlon gan aros bob hyn a hyn i werthfawrogi'r rhyfeddodau o'u hamgylch. Synnwyd Perl pan sylweddolodd fod cymaint mwy nag adeiladau hanesyddol i'r Hen Dref, gan ei bod yn parhau i fod yn gymuned lle'r oedd pobl gyffredin yn byw eu bywydau o ddydd i ddydd; lle eisteddai hen wragedd yn gwau wrth eu drysau agored, gan gadw llygaid ar eu golchiadau a ymestynnai ar leiniau ar draws y strydoedd culion; tra ciciai eu hwyrion beli ar sgwariau coblog, gan freuddwydio am fod y Modrić nesaf a arweiniai Croatia i rownd derfynol Cwpan y Byd unwaith eto.

Yn ystod eu taith yn ôl ar y fferi i Cavtat, adroddodd Luka ei hanes yn fachgen ifanc yn Čilipi; ei benderfyniad i ddilyn ei dad i faes meddygaeth a'r modd y derbyniodd ysgoloriaeth i astudio yn yr Alban cyn dod yn ôl i weithio yn yr ysbyty yn Dubrovnik.

"Beth amdanat ti?" holodd toc. "Chydig iawn dwi'n ei wybod amdanat ti, heblaw dy fod ofn adar!" meddai'n chwareus.

"Taw â dy herian," ymatebodd hithau, cyn cyfaddef ei bod

wedi bod ofn adar ers i Dylan, ei brawd ei chloi hi yng nghwt y gwyddau pan roeddent yn blant.

"Wyddwn i ddim fod gen ti frawd. Oes gen ti ragor o deulu?"

Amlinellodd Perl hanes ei phlentyndod ar y fferm fel ag y gwnaeth gydag Ana, heb fynd i unrhyw fanylion am sut roedd wedi cael ei thrin dros y blynyddoedd. Roedd hynny'n hen hanes bellach ac roedd yn amser rhoi caead ar yr holl deimlad o gam a fu yn ei phoeni mor hir.

"Mi fûm i draw yng Nghymru un tro, i weld gêm rygbi gyda chriw o'r coleg" meddai Luka. "Roedd Caerdydd yn ddinas braf, o be gofia i. Ond mae'n rhaid i mi gyfaddef na wnes i ddeall fawr ddim am reolau'r gêm."

"Wel, mi fydd yn rhaid i ti ddod draw eto felly bydd, os bydd Brexit yn caniatáu, er mwyn i mi gael cyfle i dy ddysgu di am rygbi ac i ddangos Cymru i ti," meddai hithau cyn mynd ymlaen i sôn yn llawn balchder am ei gwlad a'i hiaith a chymaint roeddent yn ei olygu iddi.

Pennod 40

"YDI O'N WIR bod aelodau o'r teulu wedi cuddio ar eu cwch, dan drwyn y Serbiaid ar ôl i'r gwesty gael ei fomio adeg y rhyfel?" holodd Perl ei modryb fore trannoeth.

"Ydi," atebodd Ana gan adrodd yr hanes yn llawn wrth iddynt gydgerdded i fyny'r llwybr tuag at fynwent Cavtat a safai ar fryncyn uwchben yr Hen Dref. Eglurodd sut y bu Stefan Babić, ei chefnder, yn ddigon hirben i guddio ei brif ased, sef ei gwch pleser drud o olwg y Serbiaid cyn yr ymosodiad ar harbwr Dubrovnik yn Rhagfyr 1991, pan ddinistriwyd eiddo llawer o'i gystadleuwyr yn y busnes llogi cychod. Yn dilyn condemniad rhyngwladol, daeth y blocâd o'r môr i ben, ac fe hwyliodd Stefan y *Progutati* tua'r gogledd at Ynys Hvar, gyda Marina ei wraig feichiog ac Ivo ei dad ar ei bwrdd. Yno cawsant loches drwy weddill cyfnod y rhyfel, yn ddigon pell o'r ymladd ar y tir mawr. Yn ddyn busnes wrth reddf, buan y gwelodd Stefan ei gyfle i ddechrau menter broffidiol drwy gludo ffoaduriaid cyfoethog i ddiogelwch yr Eidal.

"Yn ôl y sôn bu'n ymhél rhywfaint â'r farchnad ddu," gostyngodd Ana ei llais a chodi ei haeliau'n awgrymog. "Beth bynnag am hynny, pan ddaeth heddwch o'r diwedd, dychwelodd yn ddyn cefnog i Dubrovnik, lle cododd ei fusnes cychod yn ôl ar ei draed pan ddaeth yr ymwelwyr yn eu holau."

"Ma' hynna'n swnio fel stori mewn ffilm Hollywoodaidd! Be sydd wedi dod o'r teulu erbyn hyn?"

Eglurodd Ana sut roedd Stefan wedi prynu bwyty yn Cavtat oedd yn arbenigo mewn bwyd môr pan ddangosodd ei fab,

Malik, ddiddordeb mewn arlwyo. "Mae *Restoran Ivo* yn sefyll reit ar lan y dŵr yn yr harbwr ac mae Malik wedi enwi'r lle ar ôl ei daid gan fod llawer o'r diolch i Ewyrth Ivo fod y fenter yn un mor llwyddiannus, gan iddo dreulio llawer iawn o'i amser yno yn rhoi ei ŵyr ar ben ffordd a'i ddysgu sut i ddewis y pysgod gorau ac i fargeinio gyda'r pysgotwyr ddaw â'u dalfa i'r lan yn gynnar bob bore. Mae'n ddigon posib dy fod wedi sylwi ar y lle."

"Dwi 'di cerdded heibio sawl gwaith yn ystod yr wythnos ac wedi meddwl y bysa hi'n braf cael swper yno un noson."

"Wel, fe gei di dy ddymuniad, achos mae Mama a finnau wedi cael syniad o gael dathliad arbennig ar dy noson ola di yma, fel y gallwn dy gyflwyno di i weddill y teulu cyn i ti ddychwelyd i Gymru. Fe gei di gyfle i gyfarfod Ivo a Stefan bryd hynny."

Wrth glywed geiriau ei modryb, cydiodd ton gynnes yn Perl wrth iddi sylweddoli ei bod wedi cael ei derbyn gyda breichiau agored gan Katia ac Ana a'u bod yn awyddus i'w chyflwyno i weddill y teulu. Erbyn hynny, roedd yn wir edifar ganddi na fuasai wedi bwcio gwyliau llawer hirach nag yr wythnos oedd yn prysur ddod i ben. Pan wnaeth hi'r trefniadau i ddod draw fodd bynnag, ni wyddai sut dderbyniad fyddai'n ei disgwyl pan gyrhaeddai Cavtat.

"Taswn i'n aros llawer hirach, mi fyswn i fel casgen gron yn mynd adra, hefo'r holl fwyd bendigedig mae *Baka* yn mynnu fy mod yn ei brofi!"

"Fel 'na mae Mama druan, mae hi'n credu mewn bwydo pawb pob cyfle gaiff hi. Ers i Tata farw'r llynedd, mae hi'n ceisio llenwi ei hamser drwy bobi rhywbeth yn dragywydd. Er mod i'n ceisio dod adref ati cyn amled ag y medra'i, dwi'n credu ei bod hi'n eithaf unig. Mae dy gael di yma wedi gwneud byd o les iddi beth bynnag, ac mae'n biti na chafodd Tata druan y cyfle i dy gyfarfod," ychwanegodd wrth ymlwybro rhwng y beddi at fedd ei thad. "Mi fysa fo wedi mwynhau dy gwmni, fel rydw innau," ychwanegodd wrth i'w chalon roi tro sydyn pan sylwodd ar y gyrlen dywyll oedd yn mynnu disgyn dros dalcen ei nith pan blygodd i osod blodau yn y fas. Roedd pob ystum ac edrychiad o eiddo Perl yn ei hatgoffa o Marko, yr hiraethai gymaint amdano.

***

Ar ei noson olaf yn Cavtat, gwisgodd Perl ei ffrog orau, gan ddiolch i'r drefn ei bod wedi ei chynnwys yn ei chês wrth bacio; fel arall ni fuasai ganddi ddim i'w wisgo i gyfarfod y teulu estynedig yn y bwyty, heblaw am ei chasgliad o siorts a chrysau-t amrywiol. Ar ôl tynnu crib trwy ei gwallt, taro mymryn o finlliw ar ei gwefusau a gwisgo cadwyn Marko am ei gwddw, edrychodd yn feirniadol arni ei hun yn y drych. Er ei bod yn rhannol edrych ymlaen at gyfarfod y teulu, roedd rhan ohoni yn poeni am beth fyddai eu barn nhw ohoni.

Ar hynny, torrwyd ar draws ei meddyliau gan ganiad ei ffôn; Luka oedd yno yn gadael iddi wybod ei fod yn y cyntedd yn aros amdani.

"Ti'n edrych yn dda," meddai, gan sylwi ar y llewyrch ar ei chroen a oedd wedi brownio'n hyfryd yn yr haul ac a gâi ei amlygu gan y ffrog felen a orweddai'n berffaith amdani.

"Dwi ddim yn teimlo felly," atebodd hithau. "Ma' fy stumog 'di clymu'n dynn wrth i mi feddwl am gyfarfod rhagor o'r teulu."

"Paid â phoeni, mi fyddan nhw siŵr o gymryd atat ti."

Pan gyrhaeddodd y ddau deras llydan y bwyty, oedd â rhan

ohono wedi ei neilltuo'n arbennig ar gyfer y parti, teimlodd Perl ei hun yn ymlacio wrth sylwi sut yr oeddent wedi mynd i drafferth i'w chroesawu drwy grogi baneri'r ddraig goch yn rhesi o'r adlen.

Croesodd Katia'r llawr at ei hwyres a'i chyflwyno'n llawn balchder gyda chymorth Luka i'r criw a eisteddai'n ddisgwylgar o amgylch bwrdd hir oedd wedi ei osod mewn safle bendigedig, droedfeddi yn unig o lan y dŵr.

Ar ben y bwrdd, eisteddai gŵr oedrannus gyda gwallt a mwstásh claerwyn a gwyneb brown rhychiog a oedd yn dyst i oes o fod allan ar y môr ym mhob tywydd.

"Dyma Ivo, brawd Josip, mae'r bwyty wedi ei enwi ar ei ôl," eglurodd Luka wrth i'r hen bysgotwr wasgu llaw Perl yn gynnes.

I'r chwith iddo, eisteddai gŵr canol oed gyda'i wallt seimlyd wedi ei gribo'n ôl oddi ar ei dalcen. Gwisgai sawl modrwy ddrud am ei fysedd ac ymddangosai cadwyn aur drom dan goler agored ei grys sidan blodeuog. *"Bok!* Fi Stefan. Croeso i teulu Babić" meddai mewn acen drom, gan godi ar ei draed a chusanu cefn ei llaw yn rhodresgar. "Dyma Marina, gwraig fi," ychwanegodd gan amneidio i gyfeiriad gwraig ganol oed, llond ei chroen a wisgai ffrog ddrud oedd yn amlwg wedi dod o gasgliad rhyw gynllunydd enwog. "Marina dim siarad Saesneg ond hi'n deud bod ti yn *izgledaju točno kao Marko* – tebyg iawn i Marko."

Yn nesaf at Marina, eisteddai Ana a darodd winc gefnogol ar Perl wrth sylwi ar ei nerfusrwydd. Ochr arall i'r bwrdd, eisteddai Elena a Pavao, rhieni Luka a'i chwaer Freja a'i gŵr, yr oedd hi eisoes wedi eu cyfarfod yn ystod ei hymweliad â Čilipi yn gynharach yn yr wythnos.

Ar hynny, daeth dyn ifanc tal a thenau o'r gegin wedi ei wisgo fel gweinydd, gyda'i grys gwyn a throwsus du trwsiadus. "Croeso i fwyty Ivo! Malik, dy gyfyrder ydw i," meddai gan ei harwain hi i Luka i eistedd wrth y bwrdd rhwng Katia ac Ivo. "Gobeithio bydd yr arlwy yn plesio."

Doedd dim angen i Malik boeni, roedd y bwyd yn ardderchog, o'r cwrs cyntaf o salad gorgimychiaid bendigedig; y prif gwrs o ddraenog y môr a gafodd, yn ôl Ivo, ei ddal allan yn y bae'r bore hwnnw a'i grilio ac yna'i ffiledu'n gelfydd o'i blaen; i'r strwdel ceirios sur blasus oedd yn nodweddiadol o'r ardal. Yn ystod y wledd, llifodd y gwinoedd lleol gan lacio tafod Perl, a chyn hir, sgwrsiai'n rhwydd gyda'r teulu gyda chymorth Luka, fel petasai wedi eu hadnabod drwy gydol ei hoes.

Wedi i'r bwrdd gael ei glirio a llawer o luniau a hunluniau gael eu tynnu, estynnodd Filip, gŵr Freja y *tamburitza* fu'n gorwedd yn y cês wrth ei draed a dechrau plycio'r tannau gan lenwi'r adlen gyda cherddoriaeth draddodiadol hyfryd. Yna, arweiniodd Freja a'i thad y rhai o'r criw a deimlai'n ddigon heini i ddawnsio'r *Kolo,* gan wau drwy ei gilydd mewn patrymau celfydd wrth lan y dŵr.

"Ti ffansi rhoi cynnig arni?" holodd Luka gan gymryd braich Perl a'i llusgo i ganol y criw cyn iddi gael cyfle i wrthod.

"Tydi pawb o Čilipi ddim yn ddawnswyr o fri felly," meddai hithau'n chwareus wrth sylwi arno'n baglu dros ei draed ei hun wrth geisio efelychu symudiadau'r gweddill.

"Taw, wnei di!" chwarddodd, gan ei gwasgu i'w gesail.

"Mae'r ddau yna'n dod ymlaen yn dda," sibrydodd Elena yng nghlust ei hen ffrind wrth sylwi ar y berthynas glos oedd yn amlwg wedi datblygu rhwng ei mab a Perl.

"Efallai y cei di well lwc efo dy blant di. Ches i fawr o lwyddiant ar drio dewis cymar i Marko druan ac mi fethais ddwyn perswâd ar Ana i setlo lawr a phriodi hefyd, er iddi dderbyn sawl cynnig da dros y blynyddoedd. Fel ti'n gwybod, mae hi wedi cysegru ei hun i'w gwaith ac heb ddangos diddordeb gwirioneddol mewn unrhyw ddyn ers Petar Novak."

"Petar Novak, dyna enw o'r gorffennol. Tybed be ddaeth ohono fo? Mi chwalodd y rhyfel gymaint o fywydau," meddai Elena gan ysgwyd ei phen yn drist.

"Do, mae hynny yn ddigon gwir," cytunodd Katia cyn ychwanegu, "ond mae'n rhaid cofio mai'r rhyfel ddaeth â'n teuluoedd ni at ei gilydd hefyd."

Ar ddiwedd y noson, cododd Ivo ar ei draed i gynnig llwncdestun i Perl a'i chroesawu'n ffurfiol i'r teulu Babić. "Dwi am i ni gofio aelodau eraill fuasai wedi bod wrth eu boddau cael bod yma gyda ni heno," ychwanegodd gan sychu deigryn o gornel ei lygaid. "Jaka, fy ngwraig annwyl; Josip, fy mrawd; a Marko druan a fuasai wedi bod mor falch o gael cyfarfod ei ferch hyfryd."

"I Jaka, Josip, Marko a Perl!" ategodd y gweddill wrth godi eu gwydrau a llyncu'r *rakija*.

Ac i Nia a Marko, fy mam a fy nhad, meddyliodd Perl wrth dderbyn y llwncdestun. Heblaw amdanyn nhw a'u cariad, fyddai dim o hyn wedi bod yn bosib.

Darllen Pellach

Croatia – A History – Ivo Goldstein (Mc Gill – Queen's University Press)

Croatia – a Nation Forged in War – Matthew Tanner (Yale University Press)

Croatia: People, Politics, History, Economy, Transition from Communism to Democracy – Ina Vukic (blog)

The Fall of Yugoslavia – Misha Glenny (Penguin)

The Croatian War of Independence – Ante Nazor (Healthy Eye Series)

The Siege of Vukovar – Ante Nazor (Create Space Independent Publishing Platform)

A Dubrovnik War Story – Anita Rakidžija (Croatian Association of Civilian Victims)

Suffering of Dubrovnik – Dorde Obradović (Ostala Literatura)

Greater Than a Tourist – Zagreb – Marijana Janić (Lock Haven PA)

Dubrovnik Diary – adroddiad personol arolygwr o'r U.E. (New York Times 16/11/91)

Diary of a Siege – adroddiad Paul Davies (gohebydd ITN)

For Baka's Homeland – Michael Palaich (Cro Libertas Publishers)

Girl at War – Sara Nović (Little Brown)

The People We Were Before – Annabelle Thorpe (Quercus)

Yugoslav Peasant Attitudes – Joel Halpern (University of California Press)

Croatia – The Essential Guide to Customs & Culture – Irina Ban (Culture Smart)

Best of Croatian Cooking – Liniana Pavicic a Gordana Pirker-Mosher (Hippocrene Books Inc.)

Dalmatia: Recipes from Croatia's Dalmatian Coast – Ino Kuvacic (Hardie Grant Books SB)